Datenschutzbeauftragte – Einsteigerlektüre für Anfänger

Datenschutzbeauftragte – Einsteigerlektüre für Anfänger

Mit Mustern & Vorlagen

Stephan Hansen-Oest, Rechtsanwalt

Fachmedien Recht und Wirtschaft | dfv Mediengruppe | Frankfurt am Main

Bibliografische Information Der Deutschen Nationalbibliothek

Die Deutsche Nationalbibliothek verzeichnet diese Publikation in der Deutschen Nationalbibliografie; detaillierte bibliografische Daten sind im Internet über http://dnb.de abrufbar.

978-3-8005-0013-0

dfv Mediengruppe

Druck: WIRmachenDRUCK GmbH, Backnang

Printed in Germany

Vorwort

Ich habe in einem Buch eines US-amerikanischen Autors einmal im Vorwort sinngemäß diese Worte gelesen: *„Ich widme dieses Buch meiner Frau und meinen Kindern, ohne die dieses Buch schon Jahre früher hätte fertiggestellt werden können."*

Nun, bei mir liegt es anders. Ich widme dieses Buch meiner lieben Frau und unseren Kindern. Nur haben diese in meinem Fall maßgeblich dazu beigetragen, dass dieses Buch in relativ kurzer Zeit fertiggestellt werden konnte. Sie haben mir den Rücken freigehalten und mich bei jeder Gelegenheit unterstützt. Danke!

Flensburg, 15.04.2020 Stephan Hansen-Oest

Inhaltsverzeichnis

1. Einleitung – Warum ist dieses Buch so, wie es ist …

Dieses Buch soll anders sein als andere Bücher zum Datenschutzrecht. Oder andere Bücher, deren Zielgruppe **Datenschutzbeauftragte** sind.

Dieses Buch darf auch anders sein, weil der Verlag mir dankenswerter Weise erlaubt hat, hier „offen zu sprechen".

Und zwar in einer Art und Weise, die nicht dem klassischen, gewöhnlichen juristischen Stil entspricht. Sondern in einem lockeren, offenen und zugleich auch herzlich norddeutschen Ton.

Dem Datenschutzrecht eilt der Ruf voraus, dass es sich um ein trockenes, langweiliges und sprödes Rechtsgebiet handele. Auch wenn dem nach meiner Überzeugung nicht so ist, würde hier ein juristisch-trockener Schreibstil nicht gerade dazu beitragen, dass wir Datenschutzrecht gut erlernen können.

Die verstorbene Psychologin und Managementtrainerin Vera f. Birkenbihl hat einmal sinngemäß gesagt: „Das Gehirn lernt gern in einem guten Zustand".

Und so habe auch ich die Vorstellung, dass Leserinnen und Leser dieses Buches sich die Inhalte nicht mit Gewalt versuchen, in ihr Hirn „einzuarbeiten", sondern in einer gemütlichen Liege- oder Sitzposition dieses Büchlein nehmen und sich mit einem kleinen Schmunzeln und Augenzwinkern im Gesicht dem Thema „Datenschutz" nähern.

Übrigens war der Untertitel des Buches „Stroh im Kopf" von Vera f. Birkenbihl dieser: „Vom Gehirn-Besitzer zum Gehirn-Benutzer" – auch das ist ein schönes Bildnis, das gut für Anwenderinnen und Anwender der DSGVO passen könnte.

Dieses Buch ist in „Du"-Form geschrieben. Das ist so, weil ich meine, dass du die Inhalte dieses Buches so besser verinnerlichen kannst. Zumindest ist das meine Erfahrung in der Vermittlung von „Datenschutzwissen" der letzten 10 Jahre.

Vielleicht magst du diesen Ansatz nicht. Und vielleicht hast du auch mal gelesen, dass das gar nicht stimmt, sondern „Siezen" viel mehr zum Wissenserwerb beiträgt.

Aber leg diesen Gedanken doch einfach einmal beim Lesen dieses Buches zur Seite und freunde dich zumindest mit dem Gedanken an, dass es stimmen könnte, dass ein „Du“ für ein Erlernen von „Datenschutzwissen“ mehr wirkt.

Und vielleicht hilft dir dabei auch, dass es ein „respektvolles Du“ ist, das wir hier gemeinsam verwenden wollen.

Was vielleicht beim Lesen eines juristisch geprägten Werkes auch „neu“ für dich ist: Die Sprache ist bewusst nicht staubtrocken formal, sondern so, dass du es (hoffentlich) nicht so schwer hast, dieses Buch nicht nur zu lesen, sondern die Inhalte auch zu verstehen.

Also suche dir ein schönes Plätzchen und fang einfach mal an.

Ach, und noch etwas: Ich verwende in diesem Buch mal das generische Femininum und mal das generische Maskulinum. Hierbei gilt, dass sich andere Geschlechter genauso angesprochen fühlen dürfen.

Ich schreibe die DSGVO in diesem Buch übrigens ohne „Bindestrich“. Du kannst in vielen anderen Büchern die Abkürzung „DS-GVO“ lesen. Ich finde es ohne Bindestrich „angenehmer“. Und letztlich kürzt nun auch das Bundesverfassungsgericht (BVerfG) den Gesetzesnamen mit DSGVO ab. Du befindest dich also in guter Gesellschaft, wenn du keinen Bindestrich verwendest.

Apropos gute Gesellschaft: Solltest du bei Twitter aktiv sein, empfehle ich dir das „Team Datenschutz“, dass du unter dem Hashtag „#teamdatenschutz“ findest. Dort findest du viele kompetente Menschen, die sich mit dem Thema DSGVO und Datenschutz befassen. Und das „#teamdatenschutz“ hat es verdient, in diesem Buch genannt zu werden. Denn es war auch für einige Passagen Intuition und Begleitung zugleich.

Seit dem 25.05.2018 wird die Datenschutz-Grundverordnung (DSGVO) angewendet. In Kraft ist sie schon seit dem 24.05.2016. So hatten Unternehmen und öffentliche Stellen „eigentlich“ zwei Jahre Zeit, um sich auf die DSGVO vorzubereiten und die Umsetzung dieser neuen gesetzlichen Regelungen zur Verarbeitung personenbezogener Daten intern voranzutreiben.

Nur war das praktisch mitnichten der Fall. Während ich diese Zeilen schreibe, sind weit über 600 Tage seit der Geltung der DSGVO vergangen. Und wenn wir ganz ehrlich sind, wissen wir heute immer noch nicht so ganz genau, wie wir dieses „Ungetüm“, wie es manche bezeichnen, bewältigen wollen oder sollen.

Und schließlich möchte ich in diesem Buch auch gerne „ehrlich“ sein. Natürlich kann ich dir empfehlen, jede Excel-Datei in dein „Verzeichnis von Verarbeitungstätigkeiten“ zu übernehmen, damit dieses Verarbeitungsverzeichnis (viele kürzen es gerne als „VVT“ ab) möglichst komplett ist. Nur ist damit keinem geholfen. Dir nicht, weil du dann niemals „fertig“ wirst, und der Aufsichtsbehörde nicht, weil sie mit so einem Verzeichnis nicht viel anfangen kann. Und dem Betroffenen übrigens auch nicht. Denn diesem ist letztlich dein Verarbeitungsverzeichnis egal. Er möchte vielmehr, dass du seine personenbezogenen Daten „ordentlich“ verarbeitest.

Ich erzähle in diesem Buch auch Geschichten von mir oder eben auch Dinge, die ich mit Mandantinnen erlebt habe. Die Geschehnisse habe ich dabei jeweils so abgeändert, dass keine Rückschlüsse auf meine Mandantinnen gezogen werden können.

Meine Hoffnung ist, dass dieses Buch auch deswegen „authentisch“ für dich ist. Und da bleibt es nicht aus, dass einige Dinge mit einem Augenzwinkern und manchmal auch einem Grinsen im Gesicht erzählt werden.

Ich fände es auch ein wenig traurig, wenn uns wegen DSGVO & Co. das Lachen vergehen würde. Ich habe gerade wegen der DSGVO in den letzten beiden Jahren viel gelacht. Ja, auch so manche Stilblüten hat die DSGVO oder vielmehr die Anwender der DSGVO hervorgebracht.

2. Drei Buchstaben: DSB

Dieses Buch richtet sich an **Datenschutzbeauftragte**. Egal ob weiblich oder männlich, ob intern oder extern, ob in Unternehmen oder öffentlicher Stelle. Dieses Buch ist eine Einführung für jede Datenschutzbeauftragte und jeden Datenschutzbeauftragten.

Die gebräuchliche Abkürzung für Datenschutzbeauftragte ist **DSB**. Und daher verwende ich sie hier auch in diesem Buch. Wenn ich hier von DSB schreibe, darf sich damit jede Datenschutzbeauftragte und jeder Datenschutzbeauftragte eines Unternehmens oder einer öffentlichen Stelle angesprochen fühlen.

Und natürlich darfst du dich auch angesprochen fühlen, wenn du noch kein DSB bist, sondern erst auf dem Weg dahin bist bzw. überlegst, ob dieses „Berufsbild" etwas für dich ist.

Apropos „Berufsbild". Ein offizielles oder gar festes Berufsbild gibt es für Datenschutzbeauftragte nicht. Einige bedauern dies und beklagen, dass ein fehlendes Berufsbild dazu führe, dass die Qualität der DSB nicht gewährleistet sei.

Nun, das mag stimmen. Jedenfalls in Teilbereichen. Ich berate als Anwalt seit fast 20 Jahren DSB und habe so eine ganze Menge Menschen aus dieser Berufssparte kennengelernt. Ich habe DSB kennengelernt, die eine – nach Ansicht einiger Berufsverbände von DSB – exzellente Ausbildung genossen haben. Andere wiederum waren „Selfmade"-DSB und haben sich sozusagen alles selbst beigebracht.

Ich kann aus meiner Erfahrung mit DSB mit unterschiedlichen Ausbildungen sagen, dass auch eine vermeintlich exzellente Ausbildung in bestimmten Kursen anerkannter Anbieter nicht zwingend dazu führt, dass eine Person als DSB auch das erforderliche Fachwissen anwenden kann. Und so habe ich manchen „Selfmade"-DSB kennengelernt, der jeden anderen DSB mit vermeintlich herausragender Ausbildung im Hinblick auf Kenntnis von Datenschutzrecht und Datensicherheit und die praktische Anwendung dieser Fachbereiche locker in die Tasche stecken konnte.

Und dennoch sehe auch ich das Problem, dass ein fehlendes „offizielles" Berufsbild dazu führt, dass sich eben nahezu jede Person „DSB" nennen kann, ohne den Hauch einer Ahnung im erforderlichen Datenschutzwissen zu haben.

Letztlich ist es Sache der „Verantwortlichen“, also der Unternehmen oder öffentlichen Stelle, einen geeigneten DSB auszuwählen und zu benennen. Hier ist eine sorgfältige Auswahl oberstes Gebot.

Was muss ich als DSB wissen?

Was ein DSB wissen muss, ergibt sich primär zunächst aus dem Gesetz. Oder – besser gesagt – den Gesetzen. Und davon gibt es eine ganze Reihe.

Welche Anforderungen an „Wissen“ an einen DSB nun aber zu stellen sind, ergibt sich erst einmal aus Art. 37 Abs. 5 DSGVO. Denn dort können wir nachlesen, welche Anforderungen ein DSB zu erfüllen hat, damit er zum DSB benannt werden kann.

Wörtlich heißt es in Art. 37 Abs. 5 DSGVO

> *Der Datenschutzbeauftragte wird auf der Grundlage seiner beruflichen Qualifikation und insbesondere des Fachwissens benannt, das er auf dem Gebiet des Datenschutzrechts und der Datenschutzpraxis besitzt, sowie auf der Grundlage seiner Fähigkeit zur Erfüllung der in Artikel 39 genannten Aufgaben.*

Benötigt wird also eine „berufliche Qualifikation“ und insbesondere ein **Fachwissen** auf dem Gebiet des **Datenschutzrechts** und der **Datenschutzpraxis**.

Aus dem Wortlaut ergibt sich zudem, dass dieses Fachwissen schon zum Zeitpunkt der Benennung vorliegen muss. Es gilt also, dass zunächst ein Fachwissen bestehen muss, bevor eine Benennung erfolgen kann.

Das ist in der Praxis häufig schwierig umzusetzen. Denn wie soll ein DSB Fachwissen in der Datenschutzpraxis erwerben, ohne zuvor DSB gewesen zu sein? Es ist ja mitnichten so, dass jede öffentliche Stelle oder jedes Unternehmen eine Abteilung „Datenschutz“ vorhält, in der Menschen Datenschutz praktisch ausüben können, um so eine Datenschutzpraxis zu erwerben.

In der Praxis läuft es vielmehr meist so ab, dass jemand in Unternehmen oder öffentlichen Stelle als DSB „ausgeguckt“ wurde, auf einen DSB-Lehrgang geschickt wurde und nach Rückkehr zum DSB benannt wurde. Wenn der DSB dann einen guten Lehrgang besucht und gut und aufmerksam zugehört hat, dann hat er vielleicht einen Teil des Fachwissens im Datenschutzrecht erlangt, aber sicher keine Datenschutzpraxis.

Und um es ganz ehrlich zu sagen. Das ist auch nicht wirklich schlimm. Denn am allermeisten lernen alle DSB, indem sie als DSB praktisch arbeiten.

Und solltest du bereits bei einem DSB-Lehrgang gewesen sein und nach der Rückkehr bemerkt haben, dass du eigentlich gar nicht weißt, wie du „anfangen“ sollst, dann kann ich dir versichern, dass du nicht alleine bist. Im Gegenteil, den meisten frischgebackenen DSB geht es so, wenn sie vom Lehrgang zurück sind.

Gefühlt liegt da vor vielen ein „Datenschutz-Berg“, dessen Besteigung nicht nur beschwerlich, sondern manchmal unmöglich scheint. Meine Empfehlung lautet dann: Nicht resignieren, sondern den Blick nach vorne richten. Und zwar nicht auf den Gipfel, sondern auf die erste Bergstation. Und dieses Buch wird dich dabei gerne ein wenig begleiten.

Und wenn du dann merkst, dass der Weg zur ersten Bergstation mit ein wenig Hilfe doch „gar nicht so schlimm“ war, dann schaffst du die weiteren Stationen bis zum Gipfel auch. Eine nach der anderen. Bis du dann ganz oben auf dem Gipfel stehst. Und dann hoffentlich den „Überblick“ hast.

Schon an dieser ersten kleinen Stelle, in der es um die gesetzlich geforderte Datenschutzpraxis geht, merken wir also, dass nicht alles, was in Gesetzen schriftlich niedergelegt ist, auch in exakt der Form so umsetzbar ist. Und das muss es auch nicht.

Wir Juristen haben dazu im Studium gelernt, wie Gesetze auszulegen sind, um diese Widersprüche aufzulösen. Und auch wenn du nicht alle Auslegungsmethoden von Gesetzen kennen musst, werden wir doch immer mal wieder an diesen Stellen einhaken, um zu schauen, wie bestimmte Probleme in der Anwendung des Datenschutzrechts gelöst werden könnten.

Aber zurück zum Thema: Ein DSB muss also Fachwissen bzgl. Datenschutzrecht und Datenschutzpraxis haben.

Einigkeit besteht darin, dass es für DSB nicht zwingend ist, ein Studium der Rechtswissenschaften absolviert zu haben. Sicher schadet es nicht, aber erforderlich ist es eben nicht. Dies gilt in gleicher Weise für ein technisches Studium wie z. B. der Informatik. Auch das schadet einem DSB sicher nicht, zwingend ist es aber gleichwohl nicht.

Auch muss die berufliche Qualifikation nicht unbedingt einen Fokus auf dem „Datenschutz“ gehabt haben. Ich denke zwar schon, dass es hilfreich ist, wenn ein DSB in einem rechtlichen Beruf oder einem IT-orientieren Beruf eine Ausbildung gemacht hat. Prädestiniert wäre auch eine berufliche Qualifikation im Bereich der Revision oder auch des Qualitätsmanagements. Denn gerade diese Bereiche prägten in den letzten Jahren den Datenschutz.

Aber zwingend ist dies – wie gesagt – alles nicht. Die rechtswissenschaftliche Literatur in Deutschland diskutiert die Anforderungen an einen DSB immer noch primär mit Blick auf das erforderliche **Fachwissen**. Dieses soll nach häufig vertretener Auffassung vorliegen, wenn ein DSB

- genügend rechtliche Kenntnisse im Datenschutzrecht
- genügend technische Kenntnisse im Bereich der Datensicherheit und
- genügend organisatorische Kenntnisse über die Abläufe von Datenverarbeitung im Unternehmen oder der öffentlichen Stelle

hat.

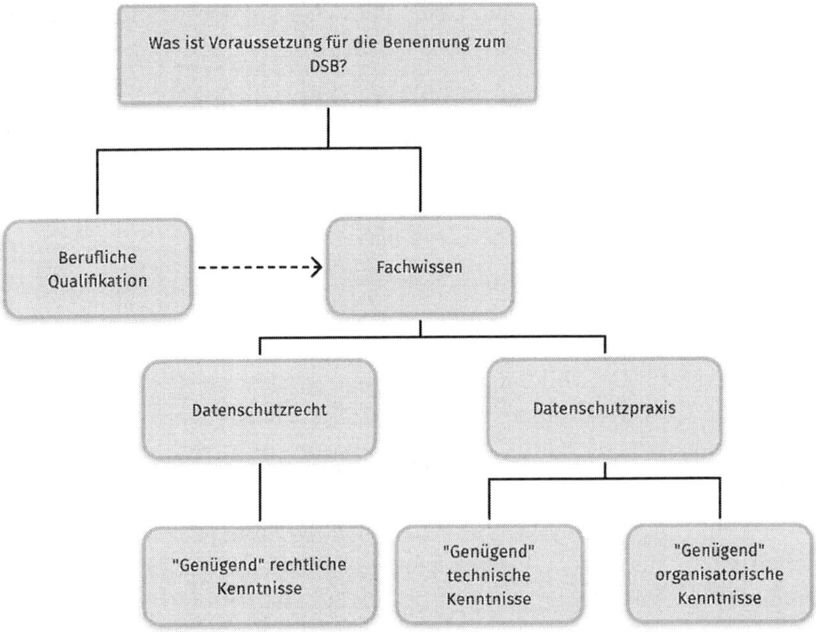

Offen ist, wie dieses Fachwissen belegt werden kann.

Gebräuchlich ist eine Abschlussprüfung, die ein DSB ggf. am Ende seines Lehrgangs absolviert hat. Wirklich aussagekräftig ist dies jedoch häufig nicht.

Es kommt durchaus vor, dass Aufsichtsbehörden z. B. im Zusammenhang mit einer Beschwerde eines Betroffenen bei einem Unternehmen nachfragen, wer zum DSB benannt ist und wie dieser sein Fachwissen erworben hat.

Hier wird jedoch in aller Regel keine absolvierte Prüfung verlangt. Eine gewisse „Ausbildung“ in Form eines Lehrgangs, Teilnahme an Schulungen oder Seminaren sollte aber schon nachgewiesen werden können.

Ich persönlich halte es für viel wichtiger, dass DSB sich regelmäßig und fortwährend weiterbilden. Denn das eigentliche Fachwissen wird erst durch ein „Tun“ in der Praxis erworben und kann dann in weiteren Fortbildungen, Schulungen oder Seminaren (online/offline) vertieft werden.

Letztlich kann sich aber jede Person einfach „DSB“ nennen, da die Berufsbezeichnung an sich nicht geschützt oder die Berufsausbildung nicht staatlich reguliert ist.

Ein DSB ohne „Grundausbildung“ wird allerdings schnell an seine oder ihre Grenzen kommen.

Zusammengefasst muss ein DSB also grundlegende Kenntnisse im Datenschutzrecht, der Datensicherheit und der Organisation von Datenverarbeitung im betreffenden Unternehmen bzw. der öffentlichen Stelle haben.

Nach Erwägungsgrund 97 der DSGVO ist das geforderte Niveau des Fachwissens übrigens abhängig von der durchgeführten Datenverarbeitung und dem Schutzbedarf der Daten.

3. Begriffsklärungen

Wer sich mit Datenschutz beschäftigt, wird nicht umhinkommen, bestimmte Begriffe kennenzulernen und anzuwenden. Wir werden viele Begriffe im Laufe dieses Buches näher besprechen. Für das Grundverständnis der ersten Kapitel ist es aber ratsam, sich einige Begriffe schon hier zu vergegenwärtigen.

Übrigens: Wenn du im Kontext mit einer Frage der DSGVO nicht genau weißt, was ein Begriff bedeutet, sollte dein erster Blick gleich auf Art. 4 DSGVO fallen. Denn dort sind 26 wichtige Begriffe der DSGVO „legaldefiniert". Das ist praktisch, denn dann haben wir eine feste Definition dessen, was mit dem jeweiligen Begriff gemeint ist. Jetzt sind diese Definitionen leider nicht immer verständlich. Aber immerhin sind sie stets ein guter Ausgangspunkt für weitere Überlegungen.

Folgende grundlegende Begriffe kommen sehr häufig vor, wenn wir uns mit Datenschutz und der DSGVO beschäftigen.

3.1. Verantwortlicher

Hier haben wir eine Definition in Art. 4 Nr. 7 DSGVO. Auch wenn sie anfangs ganz verständlich daherkommt, merken wir dann später aber, dass es doch nicht ganz so klar ist. Denn dort, wo wir z. B. die Auftragsverarbeitung von der eigenen Verantwortlichkeit abgrenzen müssen, herrscht häufig Unklarheit.

Nach Art. 4 Nr. 7 ist ein **Verantwortlicher** „die natürliche oder juristische Person, Behörde, Einrichtung oder andere Stelle, die allein oder gemeinsam mit anderen über die Zwecke und Mittel der Verarbeitung von personenbezogenen Daten entscheidet."

Es ist also die „Stelle", die **alleine** oder **gemeinsam mit anderen** über die **Zwecke** und **Mittel** der Datenverarbeitung **entscheidet**.

Wann ich nun allerdings „entscheiden" kann, steht dort nicht. Im zweiten Halbsatz finden wir nur die Regelung, dass im nationalen Recht der Mitgliedsstaaten – also z. B. im deutschen Recht – die Zwecke und Mittel der Verarbeitung bzw. die Kriterien, wann ich Verantwortlicher bin, durch das nationale Recht vorgegeben werden können.

Das hilft alles nur bedingt weiter. Die Norm ist in sich nicht eindeutig. Immer wenn Rechtsnormen nicht eindeutig sind, dürfen sie sie mit den juristischen Auslegungsmethoden auslegen.

Und hier ist zunächst ein besonderer Punkt zu beachten, den deutsche Juristen gerne übersehen oder übersehen wollen. Denn europäische Rechtsnormen sind grundsätzlich europarechtsautonom auszulegen. Das bedeutet, dass z. B. für die Auslegung von Normen der DSGVO nur anderes europäisches Recht herangezogen wird und nicht Regelungen, die im deutschen Recht bestehen. So können wir z. B. bei der Auslegung der DSGVO nicht die Rechtsprechung des BVerfG zum Recht auf informationelle Selbstbestimmung heranziehen. Denn dieses Recht ist vom BVerfG aus den Grundrechten des Grundgesetzes (GG) abgeleitet worden. Das europäische Recht kennt dieses Recht auf informationelle Selbstbestimmung nicht.

Was bedeutet das nun für die Auslegung des Begriffs des Verantwortlichen in Art. 4 Nr. 7 DSGVO? Wie bei anderen Normen der DSGVO auch, dürfen wir uns umschauen, welche im Europarecht geltenden Normen es sonst noch gibt.

Leider werden wir da nicht direkt fündig. Fündig würden wir allerdings bei einer Konvention des Europarats. Der Europarat ist nicht institutionell mit der Europäischen Union verbunden und Konventionen des Europarats sind formal betrachtet keine Rechtsquelle des europäischen Rechts.

Für das Verständnis, wann jemand Verantwortlicher ist, ist gleichwohl ein Blick in das „Übereinkommen zum Schutz des Menschen bei der automatischen Verarbeitung personenbezogener Daten“ („Konvention Nr. 108“), das durch den Vertrag 223 des Europäischen Rats vom 10.10.2018 modernisiert wurde, sehr erhellend.

Denn dort findet sich eine viel bessere Definition des Verantwortlichen als in Art. 4 Nr. 7 DSGVO.

In der „Konvention Nr. 108“ ist der „Verantwortliche“ (englisch: **„controller“**) nämlich in Art. 2 lit. d) wie folgt definiert:

> *"controller" means the natural or legal person, public authority, service, agency or any other body which, alone or jointly with others, has* ***decision-making power*** *with respect to data processing;*

Der Begriff „decision-making power", den wir mit **Entscheidungsbefugnis** übersetzen können, bringt viel besser zum Ausdruck, wann eine Stelle **Verantwortlicher** ist. Und daher wird dieser – auch wenn er genau genommen nicht unmittelbar europarechtlich verankert ist – hier zugrunde gelegt.

Verantwortlich bin ich für die Verarbeitung personenbezogener Daten, wenn ich alleine (oder gemeinsam mit anderen) die **Befugnis** zur Entscheidung über Zwecke und Mittel der Datenverarbeitung habe.

Diese **Entscheidungsbefugnis** kann sich z. B. aus einem **Gesetz** ergeben, das mir diese Befugnis direkt zuweist.

Oder durch ein Gesetz, das mir eine bestimmte Aufgabe oder Rolle zuweist, aus der sich die **Entscheidungsbefugnis** über das Ob und Wie einer Datenverarbeitung ableiten lässt.

Oder letztlich kann sich eine **Entscheidungsbefugnis** aus den objektiven Umständen ergeben. Wenn mir z. B. eine vertragliche Regelung in zulässiger Weise eine Entscheidung über die Datenverarbeitung zubilligt, so kann sich hieraus die Entscheidungsbefugnis ergeben.

Aber Achtung: Das bedeutet jetzt nicht, dass ich einfach nur im Vertrag regeln könnte, wer verantwortlich ist. Der Vertrag muss schon die objektive Aufgabenwahrnehmung widerspiegeln. So kann ich nicht einen Auftragsverarbeiter, der meinen Weisungen unterworfen ist, per Vertrag selbst zum Verantwortlichen definieren, ohne dass dieser die Daten auch für eigene Zwecke verarbeitet.

3.2. Gemeinsam Verantwortliche

Dieser Begriff ist schon durch Art. 4 Nr. 7 DSGVO mitdefiniert. Denn dort ist ja von der alleinigen oder **gemeinsamen** Entscheidung bzw. Entscheidungsbefugnis über Zweck und Mittel der Datenverarbeitung die Rede.

Eine gemeinsame Verantwortlichkeit liegt praktisch sehr häufig vor. Das hat allerdings primär damit zu tun, dass der EuGH diese Rechtsfigur recht extensiv auslegt.

Im Englischen sprechen wir bei der gemeinsamen Verantwortlichkeit von „Joint Control“ oder „Joint Controllership“. Da der Begriff **„Joint Control (JC)“** sich auch im deutschsprachigen Raum etabliert hat, solltest du diesen auch kennen.

3.3. Auftragsverarbeiter

Auftragsverarbeiter ist die natürliche oder juristische Person, Behörde, Einrichtung oder andere Stelle, die personenbezogene Daten im Auftrag des Verantwortlichen verarbeitet (Art. 4 Nr. 8 DSGVO).

Aus der Definition ergibt sich im Umkehrschluss, dass diejenigen, die Auftragsverarbeiter sind, nicht zugleich Verantwortliche sein können.

Und wenn du darüber nachdenkst, wirst du erkennen, dass daher die Abgrenzungsfrage, ob eine Auftragsverarbeitung vorliegt oder nicht, primär danach zu beantworten ist, wer alleine oder gemeinsam mit anderen verantwortlich ist. Der Auftragsverarbeiter ist lediglich Dienstleister des Verantwortlichen und verarbeitet die Daten vor allem nicht für eigene Zwecke.

3.4. Personenbezogene Daten

Nach altem Recht, also der alten Fassung des BDSG („BDSG a. F.“) waren personenbezogene Daten Einzelangaben über persönliche oder sachliche Verhältnisse einer bestimmten oder bestimmbaren Person.

Das war eine schöne knackige Definition. Sicher hat diese nicht das Problem gelöst, ob es für die Annahme eines Personenbezuges erforderlich ist, ob ich selbst einen Personenbezug herleiten können muss oder ob schon ausreicht, dass irgendeine es kann. Aber es war eine verständliche Definition.

Nach der neuen Definition des Art. 4 Nr. 1 DSGVO sind personenbezogenen Daten „alle Informationen, die sich auf eine identifizierte oder identifizierbare natürliche Person (im Folgenden „betroffene Person“) beziehen“. Auch das ist eine gut verständliche Beschreibung. Um das Problem der „Personenbeziehbarkeit“ besser zu lösen, ist in Art. 4 Nr. 1 DSGVO im 2. Halbsatz noch die Identifizierbarkeit konkretisiert worden:

> *„Als identifizierbar wird eine natürliche Person angesehen, die direkt oder indirekt, insbesondere mittels Zuordnung zu einer Kennung wie einem Namen, zu einer Kennnummer, zu Standortdaten, zu einer Online-Kennung oder zu einem oder mehreren besonderen Merkmalen identifiziert werden kann, die Ausdruck der physischen, physiologischen, genetischen, psychischen, wirtschaftlichen, kulturellen oder sozialen Identität dieser natürlichen Person sind.“*

Interessanterweise löst auch diese Definition per se nicht die Frage, ob ich selbst den Personenbezug herstellen können muss. Hier könnte man aber ggf. die Rechtsprechung des EuGH zur alten EG-Datenschutzrichtlinie (95/46/EG) heranziehen. Vor allem gibt es aber noch eine Konkretisierung in Erwägungsgrund 26 der DSGVO:

> *Um festzustellen, ob eine natürliche Person identifizierbar ist, sollten alle Mittel berücksichtigt werden, die von dem Verantwortlichen oder einer anderen Person nach allgemeinem Ermessen wahrscheinlich genutzt werden, um die natürliche Person direkt oder indirekt zu identifizieren, wie beispielsweise das Aussondern. Bei der Feststellung, ob Mittel nach allgemeinem Ermessen wahrscheinlich zur Identifizierung der natürlichen Person genutzt werden, sollten alle objektiven Faktoren, wie die Kosten der Identifizierung und der dafür erforderliche Zeitaufwand, herangezogen werden, wobei die zum Zeitpunkt der Verarbeitung verfügbare Technologie und technologische Entwicklungen zu berücksichtigen sind.*

Wichtig: Die Erwägungsgründe der DSGVO selbst sind keine verbindlichen Rechtsvorschriften. Sie können lediglich zur Auslegung der in den Artikeln der DSGVO niedergelegten Rechtsvorschriften herangezogen werden.

Tipp: Für DSB-Einsteiger möchte ich folgenden Anfänger-Rat geben. Zwar kommt der Frage, ob Daten personenbezogen sind oder nicht, eine entscheidende Bedeutung zu; denn die DSGVO findet nur Anwendung auf die Verarbeitung *personenbezogener* Daten. Gleichwohl ist der Begriff der personenbezogenen Daten doch sehr weit. Häufig macht es Sinn, diesen Prüfungsschritt bei der Frage, ob eine Datenverarbeitung zulässig ist oder nicht, zu überspringen.

Nimm einfach mal an, dass es sich um personenbezogene Daten handelt. Wenn du dann eine Rechtsgrundlage finden würdest, die die Verarbeitung dieser personenbezogenen Daten erlaubt, dann kannst du ähnlich einem „Erst-recht-Schluss“ davon ausgehen, dass eine Verarbeitung nicht-personenbezogener Daten erst recht erlaubt wäre.

3.5. Besondere Kategorien personenbezogener Daten („Magendaten“)

In Art. 9 DSGVO werden **besondere Kategorien personenbezogener Daten** unter einen speziellen Schutz gestellt.

Dabei handelt sich um personenbezogene Daten, aus denen die **rassische und ethnische Herkunft**, **politische Meinungen**, **religiöse** oder **weltanschauliche Überzeugungen** oder die **Gewerkschaftszugehörigkeit** hervorgehen, sowie **genetische Daten**, **biometrische Daten** zur eindeutigen Identifizierung einer natürlichen Person, **Gesundheitsdaten** und **Daten zum Sexualleben** oder der **sexuellen Orientierung**.

Ich nenne diese Kategorie **„Magendaten“**. Warum **„Magendaten“**? Das lässt sich leicht erklären. Immer wenn du mit diesen Arten von Daten zu tun hast, sollte sich dein Magen umdrehen. Und damit meine ich nicht das „Übergeben“, sondern, dass dein „Bauchgefühl“ sich bemerkbar macht. Denn diesen Magendaten ist gemein, dass diese deshalb besonders schutzwürdig sind, weil sie in den Händen Dritter, die diese Daten „nichts angehen“, eine Gefahr für die Betroffenen darstellen können, weil sie ggf. Nachteile für sich befürchten müssen.

Fortan wirst du also bei „Magendaten“ ein kleines Warnsignal im Körper hören. Das sagt dir „STOPP! – Hier ist ggf. etwas zu beachten“.

Und das ist es auch. Denn nach Art. 9 Abs. 1 DSGVO ist die Verarbeitung von Magendaten grundsätzlich untersagt.

Von jedem Grundsatz gibt es Ausnahmen. Und so sind in Art. 9 Abs. 2 DSGVO eine Reihe von Ausnahmen geregelt. Nur muss ich diese auch erkennen und dann ggf. anwenden können. Greift eine Ausnahme nicht, dann ist die Verarbeitung von „Magendaten" untersagt.

3.6. Gebräuchliche Abkürzungen

„Datenschützer" verwenden gerne Abkürzungen für bestimmte Begriffe, die sich mit der Zeit eingebürgert haben. Hier ist eine kleine Übersicht:

- **PB** = Personenbezug
- **DV** = Datenverarbeitung
- **AV** = Auftragsverarbeitung
- **AVV** = Auftragsverarbeitungsvertrag
- **VVT** = Verzeichnis von Verarbeitungstätigkeiten oder Verarbeitungsverzeichnis
- **TOM(s)** = Technische und organisatorische Maßnahmen (zur Datensicherheit)
- **DSFA** = Datenschutz-Folgenabschätzung
- **JC** = Joint Control
- **JCA** = Joint Control Agreement (Vertrag über die gemeinsame Verantwortlichkeit)
- **C2C** = Controller to Controller (für Datenübertragungen zwischen zwei jeweils „alleine" Verantwortlichen)
- **SCC** = Standard Contractual Clauses – EU-Standardvertragsklauseln für die Verarbeitung von Daten in Drittländern
- **CoC** = Codes of Conduct (Verhaltensregeln i. S. d. Art. 40 DSGVO)
- **BCR** = Binding Corporate Rules (Verbindliche interne Datenschutzvorschriften i. S. d. Art. 47 DSGVO)

- **EDSA** = Europäischer Datenschutzausschuss – Gremium der Aufsichtsbehörden der EU (Art. 68 ff. DSGVO)
- **DSK** = Datenschutzkonferenz – Gremium der unabhängigen deutschen Datenschutzaufsichtsbehörden des Bundes und der Länder

4. Wer bin ich als DSB?

Wenn Mandanten mich fragen, was die Kernkompetenz ist, die ein DSB haben sollte, dann ist meine Antwort aktuell: **Frustrationstoleranz**

Ich meine das ganz ehrlich. Ich habe eine Menge von DSB in den letzten Jahren gesprochen, die gerade zu Beginn ihrer Tätigkeit unbefriedigt waren. Das hat vielerlei Gründe und hat neben der anfangs ggf. bestehenden eigenen Unsicherheit im Umgang mit dieser neuen Aufgabe auch Gründe, die im Unternehmen oder der Behörde selbst liegen.

In vielen Unternehmen und öffentlichen Stellen wird Datenschutz als „leidiges Thema" wahrgenommen. Es gilt häufig das Vorurteil „Datenschutz bringt uns nichts, kostet aber Zeit und Geld". Die Motivation, Tätigkeiten in diesem Bereich zu fördern und besonders zu unterstützen, ist oft gering.

Viele DSB sind in der Fremdwahrnehmung durch Kolleginnen und Kollegen eher anstrengend, weil sie eine zusätzliche „Hürde" bei Abstimmungen oder Entscheidungen sein können. Einige nennen die Funktion des DSB sogar „lästig".

Und dabei stimmt dies alles in der Form so sicher nicht. Und jeder DSB kann durch eigene Art und eigenes Auftreten dazu beitragen, das Thema Datenschutz intern „positiv" zu besetzen.

Auf einigen Datenschutz-Schulungen hört man gerne mal den Spruch:

> *Ein guter DSB bist du erst, wenn du mittags alleine in der Kantine sitzt.*

Nun, diese sicher nicht ganz ernst gemeinte Sichtweise ist nicht meine. Ich bin der festen Überzeugung, dass ein DSB das Thema Datenschutz im Unternehmen besser durch positive Motivation fördern kann.

Natürlich muss es auch Kontrolle durch den DSB geben. Schließlich gehört das zu den gesetzlichen Aufgaben. Aber ein DSB kann vor allem auch ein Bewusstsein für den verantwortungsvollen Umgang mit personenbezogenen Daten fördern, wenn er die Beschäftigten, die gute Ideen im Bereich Datenverarbeitung haben, in besonderem Maße lobt und erwähnt.

Die Umsetzung von Datenschutz im Unternehmen hat mich immer ein wenig an das Trainieren von Walen erinnert. Wie trainiert man Wale? Nun, sicher nicht durch Strafe. Das wäre aus Sicht des körperlich unterlegenen Trainers selten eine gute Idee.

Vielmehr trainiert man Wale, indem man sie (1.) beobachtet und (2.) im Falle eines positiven Verhaltens belohnt.

Nun würde ich nicht erwarten, dass du als DSB künftig mit einem Eimer Fische durch die Büros läufst. Aber ich denke, du weißt, was ich damit meine.

Du wirst als frischgebackener DSB deine eigenen Erfahrungen machen müssen. Und es ist selbstverständlich, dass du als DSB auch Fehler machen wirst. Fehler gehören dazu. Und durch Fehler lernen wir. Genau genommen zeigen uns Fehler als eine Form von Feedback, was wir künftig besser machen können. Fehler sind daher nichts Schlimmes.

In gleicher Weise darfst du auch bei Fehlern von Beschäftigten im Bereich Datenschutz den positiven Aspekt des Fehlers nutzen. So ärgerlich Fehler im Bereich Datenschutz sind. Sie sind, wenn sie erkannt werden, eine der Hauptquellen für die Verbesserung von Datenverarbeitung in Unternehmen und Behörden.

Deine Aufgabe darf es daher sein, deinen *eigenen* Weg als DSB zu finden, diesen regelmäßig zu hinterfragen und im Hinblick auf Optimierungsmöglichkeiten anzupassen. Das klingt wie Qualitätsmanagement in eigener Angelegenheit. Und das ist es auch. Und dass Qualitätsmanagement gerade im Datenschutzrecht der DSGVO eine besondere Rolle spielt, werden wir in diesem Buch auch später noch behandeln.

4.1. Stellung des DSB

Die Stellung des DSB ist in Art. 38 DSGVO gesetzlich geregelt. So lautet jedenfalls die Überschrift des Art. 38 DSGVO. Inhaltlich wird dabei nicht unmittelbar die Stellung des DSB im Unternehmens- oder Behördengefüge thematisiert. Vielmehr sind in dieser Norm Pflichten des Verantwortlichen (und des Auftragsverarbeiters) zur Einbindung des DSB, zu seiner Unterstützung und zum Verbot der Benachteiligung des DSB geregelt.

Konkret ist der DSB nach Art. 38 DSGVO wie folgt zu **unterstützen** bzw. zu behandeln:

- **Frühzeitige Einbindung:** „Der Verantwortliche und der Auftragsverarbeiter stellen sicher, dass der Datenschutzbeauftragte **ordnungsgemäß** und **frühzeitig** in alle mit dem Schutz personenbezogener Daten zusammenhängenden Fragen **eingebunden wird**."
- **Ressourcen:** „Der Verantwortliche und der Auftragsverarbeiter unterstützen den Datenschutzbeauftragten bei der Erfüllung seiner Aufgaben gemäß Artikel 39, indem sie die für die Erfüllung dieser Aufgaben erforderlichen **Ressourcen** und den **Zugang zu personenbezogenen Daten und Verarbeitungsvorgängen** sowie die zur Erhaltung seines **Fachwissens** erforderlichen Ressourcen zur Verfügung stellen."
- **Weisungsfreiheit:** „Der Verantwortliche und der Auftragsverarbeiter stellen sicher, dass der Datenschutzbeauftragte bei der Erfüllung seiner Aufgaben keine Anweisungen bezüglich der Ausübung dieser Aufgaben erhält."
- **Benachteiligungsverbot:** "Der Datenschutzbeauftragte darf von dem Verantwortlichen oder dem Auftragsverarbeiter wegen der Erfüllung seiner Aufgaben nicht abberufen oder benachteiligt werden."
- **Berichtsrecht/-pflicht:** „Der Datenschutzbeauftragte berichtet unmittelbar der höchsten Managementebene des Verantwortlichen oder des Auftragsverarbeiters."

Den DSB treffen nach Art. 38 DSGVO auch **Pflichten**:

- **Ansprechpartner:** „Betroffene Personen können den Datenschutzbeauftragten zu allen mit der Verarbeitung ihrer personenbezogenen Daten und mit der Wahrnehmung ihrer Rechte gemäß dieser Verordnung im Zusammenhang stehenden Fragen zu Rate ziehen."
- **Geheimhaltung und Vertraulichkeit:** „Der Datenschutzbeauftragte ist nach dem Recht der Union oder der Mitgliedstaaten bei der Erfüllung seiner Aufgaben an die Wahrung der Geheimhaltung oder der Vertraulichkeit gebunden."

Auch zu den Fragen der **Unabhängigkeit** und zur Vermeidung von **Interessenkonflikten** sind in Art. 38 DSGVO Regelungen vorgesehen:

- **Kein „Vollzeit-DSB“:** Der Datenschutzbeauftragte kann andere Aufgaben und Pflichten wahrnehmen.
- **Interessenkonflikte** „Der Verantwortliche oder der Auftragsverarbeiter stellt sicher, dass derartige Aufgaben und Pflichten nicht zu einem Interessenkonflikt führen.“

Ferner enthält auch das **BDSG** noch einige Regelungen für Datenschutzbeauftragte. Diese sind in den §§ 5–7 BDSG zu finden. Diese gelten aber zunächst nur für DSB in öffentlichen Stellen – und zwar auch nur soweit der Anwendungsbereich des BDSG eröffnet ist. Nach § 1 Abs. 1 BDSG gelten diese Regelungen also für DSB von öffentlichen Stellen des Bundes und auch öffentlichen Stellen der Länder, wenn diese Bundesrecht ausführen und soweit das jeweilige Landesdatenschutzgesetz (LDSG) keine eigene Regelungen für DSB enthält.

Nach § 38 Abs. 2 BDSG gelten aber zumindest § 6 Abs. 4 BDSG, § 6 Abs. 5 Satz 2 BDSG und § 6 Abs. 6 BDSG grundsätzlich auch für DSB von nichtöffentlichen Stellen (also z. B. Unternehmen, Vereinen etc.). Und daher schauen wir uns diese Regelungen noch einmal gezielt an.

In § 6 Abs. 4 BDSG ist zunächst ein Schutz vor Abberufung von DSB und ein Kündigungsschutz enthalten. Diese Regelungen geltend jedoch nur, sofern eine gesetzliche Pflicht zur Benennung eines DSB besteht.

Die Abberufung ist die Aufhebung der Benennung des DSB. Diese ist nach § 6 Abs. 4 BDSG nur zulässig, wenn zugleich eine Kündigung aus wichtigem Grund i. S. d. § 626 BGB („außerordentliche Kündigung“) gerechtfertigt wäre. Mit anderen Worten. Der DSB müsste z. B. eine Straftat während der Arbeitszeit begangen haben oder einen sonstigen erheblichen Rechtsverstoß, damit eine Abberufung möglich wäre.

Zudem haben interne DSB einen **Kündigungsschutz**. So ist nach § 6 Abs. 4 Satz 2 BDSG eine Kündigung des Arbeitsverhältnisses nur zulässig, wenn Tatsachen vorliegen, welche die öffentliche Stelle oder das Unternehmen zur Kündigung aus wichtigem Grund ohne Einhaltung einer Kündigungsfrist berechtigen.

Ferner gibt es auch noch einen **nachgelagerten Kündigungsschutz**. Selbst wenn der DSB seine Tätigkeit als DSB im Unternehmen oder der öffentlichen Stelle aufgegeben hat, ist die Kündigung innerhalb eines Jahres für den Arbeitgeber nicht möglich. Ausgenommen wären davon wieder nur die Fälle, in denen eine außerordentliche Kündigung im o.g. Sinne ausgesprochen werden könnte.

Dieser nachgelagerte Kündigungsschutz wird in der Praxis durchaus relevant. Wenn z.B. ein Unternehmen z.B. wegen geringerer Beschäftigtenzahlen nicht mehr gesetzlich verpflichtet sein sollte, einen DSB zu benennen, kann eine Abberufung des DSB erfolgen. Dann beginnt der nachgelagerte Kündigungsschutz, so dass dem ehemaligen DSB frühestens nach Ablauf eines Jahres gekündigt werden könnte.

Hinsichtlich der **Stellung** im organisatorischen Sinne, können wir uns den DSB „freischwebend“ direkt unter dem „Top-Management“ vorstellen, an das der DSB berichtet. Im Gegensatz zum Verhältnis gegenüber den Fachbereichsleitungen hat die Leitungsebene **kein Weisungsrecht** gegenüber dem DSB.

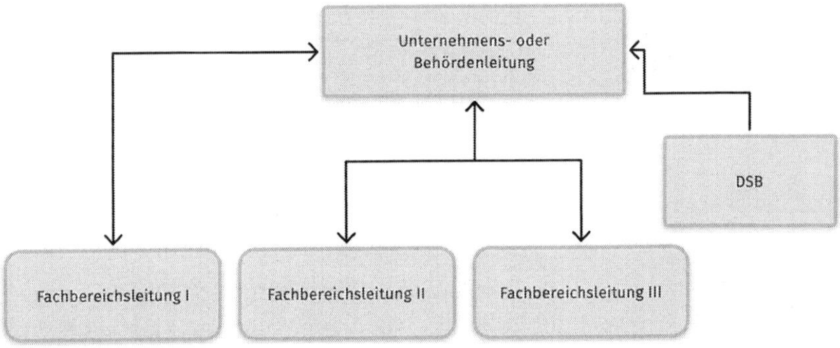

Der DSB berichtet somit unmittelbar der Unternehmens- oder Behördenleitung.

Nach § 6 Abs. 5 BDSG können Betroffene den DSB eines Unternehmens oder einer öffentlichen Stelle direkt zu Rate ziehen. Insoweit ist der DSB dann zur **Verschwiegenheit** über die Identität der betroffenen Person sowie über Umstände, die Rückschlüsse auf die betroffene Person zulassen, verpflichtet.

Der DSB darf daher diese Fälle nicht unter Angaben zur Person dem Verantwortlichen melden. Voraussetzung hierfür ist, dass der Betroffene den DSB von dieser Verschwiegenheit befreit.

Häufig wird diese Verschwiegenheitspflicht vom Betroffenen aufgehoben, wenn diesem vom DSB deutlich gemacht wird, dass – was oft vorkommt – eine Hilfe oder Problemlösung nur möglich ist, wenn der Vorfall unter Angabe des Namens der Person beim Verantwortlichen angesprochen wird.

Für die Befreiung von der Verschwiegenheit ist keine Form vorgesehen. Diese muss also nicht schriftlich erfolgen. Für Zwecke des Nachweises würde ich aber zumindest eine Befreiung von der Verschwiegenheit in Textform (z. B. E-Mail) empfehlen. Ausreichend ist, wenn der Betroffene dem DSB z. B. diese Formulierung in Textform sendet:

> *Hiermit befreie ich die Datenschutzbeauftragte der Mustermann GmbH von ihrer Pflicht zur Verschwiegenheit i. S. d. § 6 Abs. 5 BDSG. Ich bin damit einverstanden, dass die Datenschutzbeauftragte gegenüber der Mustermann GmbH Angaben zu meiner Person zur Klärung meiner Anfrage macht.*

Schließlich steht dem DSB sogar in bestimmten Fällen ein **Zeugnisverweigerungsrecht** nach § 6 Abs. 6 BDSG zu. Dies allerdings nur dann, wenn der Leitung des Unternehmens bzw. der Leitung der öffentlichen Stelle, für die die Benennung zum DSB erfolgt ist, aus beruflichen Gründen ein Zeugnisverweigerungsrecht zusteht.

Beispiel: Eine DSB eines Steuerberaters hätte, da dem Steuerberater wegen seiner Berufsgeheimnispflicht i. S. d. § 203 StGB auch ein Zeugnisverweigerungsrecht nach § 53 StPO zustehen kann, ebenfalls ein Zeugnisverweigerungsrecht.

Ob der DSB dieses Zeugnisverweigerungsrecht ausübt oder nicht entscheidet dann übrigens nicht der DSB selbst, sondern der jeweilige Berufsgeheimnisträger, für den der DSB tätig ist.

Flankierend zu diesem Zeugnisverweigerungsrecht unterliegen in diesen Fällen auch die Akten und andere Dokumente der DSB einem Beschlagnahmeverbot.

4.2. Aufgaben des DSB

Die Aufgaben des DSB sind in Art. 39 DSGVO festgelegt. Es sind exakt **fünf Aufgaben** vorgesehen:

1. **Unterrichtung und Beratung** des Verantwortlichen oder des Auftragsverarbeiters und der Beschäftigten, die Verarbeitungen durchführen, hinsichtlich ihrer Pflichten nach der DSGVO oder sonstigen Datenschutzvorschriften;
2. **Überwachung der Einhaltung** der DSGVO und sonstiger Datenschutzvorschriften. Dazu gehört auch die Überwachung der Datenschutz-Strategien wie z. B. die Zuweisung von Zuständigkeiten, die Sensibilisierung und Schulung der Mitarbeiter etc.;
3. **Beratung im Zusammenhang mit der Datenschutz-Folgenabschätzung** und Überwachung ihrer Durchführung. Diese Aufgabe ist nur „auf Anfrage" zu erfüllen, muss also vom Verantwortlichen oder Auftragsverarbeiter eingefordert werden;
4. **Zusammenarbeit mit der Aufsichtsbehörde** und die
5. Tätigkeit als **Anlaufstelle für die Aufsichtsbehörde**.

Sowohl die Aufgabe der Zusammenarbeit mit der Aufsichtsbehörde als auch die der Anlaufstelle für die Aufsichtsbehörde sind praktisch wenig bedeutsam. Wenn Aufsichtsbehörden sich an Verantwortliche oder Auftragsverarbeiter wenden, dann tun sie dies vornehmlich direkt diesen gegenüber. Es kommt zwar vor, dass auch der DSB dann in die Kommunikation einbezogen wird. Häufig erfolgt dies jedoch proaktiv durch den Verantwortlichen selbst.

Aus der Aufgabe der „Zusammenarbeit mit der Aufsichtsbehörde" kann die Aufsichtsbehörde auch nicht verlangen, dass der DSB gegen seine ggf. bestehenden eigenen Vertraulichkeits- oder Geheimhaltungspflichten gegenüber seinem Arbeitgeber bzw. Kunden verstößt. Gemeint ist wohl vielmehr nur der gegenseitige Austausch von Informationen.

Die bedeutendste (weil „gefährlichste") Aufgabe des DSB ist die **Überwachung der Einhaltung** der DSGVO und des sonstigen Datenschutzrechts. Hieraus ist zwar keine Pflicht des DSB ableitbar, dass dieser für die Einhaltung der DSGVO verantwortlich ist. Diese Verantwortung trägt stets das jeweilige Unternehmen bzw. die öffentliche Stelle selbst.

Dem DSB obliegt jedoch die Pflicht, **Kontrollen** durchzuführen, um seiner Pflicht der Überwachung der Einhaltung des Datenschutzrechts nachzukommen.

Nur: Wieviel Kontrolle ist nötig? Das ist nicht vorgegeben. Letztlich entscheidet das jeder DSB für sich selbst. Denn auch insoweit ist er weisungsfrei und erfüllt die Aufgaben im eigenen Ermessen. Aber der DSB hat nach Art. 39 Abs. 2 DSGVO bei der Erfüllung seiner Aufgaben dem jeweiligen Risiko, das aus der Datenverarbeitung hervorgeht, gebührend Rechnung zu tragen.

Das bedeutet, dass der DSB mehr oder umfangreichere Kontrollen durchzuführen hat, wenn der Schutzbedarf der personenbezogenen Daten hoch ist und/oder ein hohes Risiko mit der Verarbeitung dieser Daten einhergeht.

Wenn der Schutzbedarf jedoch nur „normal" und das Risiko eher niedrig ist, kann ein DSB bei der Durchführung von Kontrollen auch durchaus eine nur geringe Kontrolldichte rechtfertigen.

Schließlich ist auch die **Unterrichtung und Beratung** des Unternehmens oder der öffentlichen Stelle hinsichtlich der DSGVO und des sonstigen Datenschutzrechts eine bedeutsame Aufgabe. In der Praxis wird meist die Beratung auf Anfrage zur Tätigkeit des DSB gehören.

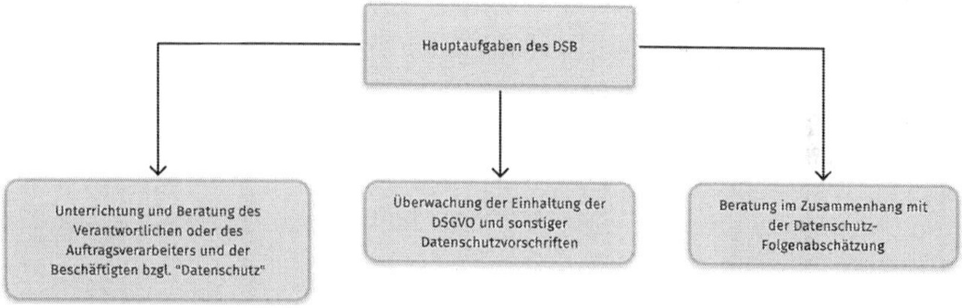

Da der DSB aber auch direkt der Leitungsebene berichtet, kann auch eine Unterrichtung über aktuelle interne Vorfälle oder neue Entscheidungen von Gerichten oder Aufsichtsbehörden gegenüber der Leitungsebene zur regulären Tätigkeit des DSB gehören.

Insbesondere werden DSB häufig durch Fragen zum Datenschutz von Kolleginnen und Kollegen in Anspruch genommen. Diese wollen z. B. in neuen Projekten oder bei bestimmten Verarbeitungen wissen, wie das Datenschutzrecht einzuhalten ist.

Vielen DSB ergeht es in der Praxis leider so, dass sie für eigene proaktive Tätigkeiten neben den Beratungs- und Kontrollaufgaben kaum noch Zeit finden.

4.3. Was ist nicht Aufgabe des DSB?

Es ist (eigentlich) nicht Aufgabe des DSB, das sog. **Verarbeitungsverzeichnis** zu erstellen und zu pflegen. Genau genommen dürfte er dies gar nicht erstellen; sondern seine Aufgabe ist vielmehr, die Einhaltung der Pflicht zur Erstellung eines Verarbeitungsverzeichnisses zu kontrollieren. Wenn er das Verarbeitungsverzeichnis jedoch selbst erstellt, würde nur eine sog. In-Sich-Kontrolle möglich sein, die in der Regel keine wirksame Kontrolle darstellt. Denn der DSB würde sich hier nur selbst kontrollieren und sich im Zweifel für seine Tätigkeit „auf die Schulter klopfen".

Es ist ferner (eigentlich) nicht Aufgabe des DSB, **Datenschutzschulungen** für Beschäftigte durchzuführen. Auch hier ist es (eigentlich) Aufgabe des DSB, darüber zu wachen, dass der Verantwortliche Schulungen zum Datenschutz für die Beschäftigten durchführt.

Und es ist auch eigentlich nicht Aufgabe des DSB, eine **Meldung einer „Datenpanne"** bei Vorliegen einer Meldepflicht nach Art. 33 DSGVO gegenüber der Aufsichtsbehörde durchzuführen.

Meiner Erfahrung nach erwartet aber der Großteil der Verantwortlichen und Auftragsverarbeiter, dass der DSB sich genau um diese (lästigen) Aufgaben kümmert.

Es ist nun deine Entscheidung, wie du mit diesen Anforderungen, die in der Praxis auf dich zukommen können, umgehen möchtest. Wenn du „auf Nummer sicher" gehen möchtest, dann verweigerst du unter Hinweis auf deine Kontrollaufgabe die Durchführung dieser Aufgaben.

Ein Mittelweg dürfte m. E. aber auch vertretbar sein. So könntest du lediglich an den betreffenden Aufgaben mitwirken. Du kannst z. B. einen Vorschlag für Teile des Verarbeitungsverzeichnisses erstellen, der dann vom Unternehmen „übernommen" werden kann.

Bei Datenschutzschulungen von Beschäftigten kenne ich zudem derzeit keine Aufsichtsbehörde, die die Durchführung von Schulungen durch den DSB als ein ernsthaftes „Compliance“-Problem ansehen würde.

Und auch bei der Meldung von Datenpannen kannst du als DSB mitwirken. Melden sollte allerdings der Verantwortliche selbst. Der DSB sollte die Meldung also z. B. nicht unterzeichnen.

4.4. Haftung des DSB

Die DSGVO selbst enthält in Art. 82 DSGVO eine Haftungsnorm für Verstöße gegen die DSGVO, die dem Betroffenen Schadensersatzansprüche zubilligt.

Diese Norm richtet sich aber an Verantwortliche und Auftragsverarbeiter und nicht unmittelbar an DSB. Ein Betroffener wird also zunächst immer direkt den Verantwortlichen oder den Auftragsverarbeiter in Anspruch nehmen.

Theoretisch ist zwar auch eine sog. deliktische Haftung des DSB nach § 823 BGB denkbar. Praktisch relevant dürfte dies aber selten sein. Denn für den Betroffenen ist es wesentlich erfolgsversprechender seine Ansprüche direkt an den Verantwortlichen bzw. beteiligte Auftragsverarbeiter zu richten, da Art. 82 DSGVO insoweit eine Beweislastumkehr zugunsten des Betroffenen vorsieht. Diese würde jedoch nicht bei der deliktischen Haftung nach § 823 BGB greifen.

Diese Ausführungen betreffen zunächst nur das sog. **Außenverhältnis**, also die direkte Haftung gegenüber dem Betroffenen.

Im sog. **Innenverhältnis**, also im Verhältnis zwischen dem internen DSB und dem Arbeitgeber profitiert der interne DSB jedoch von der sog. privilegierten Arbeitnehmerhaftung. Danach kommt eine Haftung des internen DSB bei lediglich **leichter Fahrlässigkeit** nicht in Betracht.

Unter leichter Fahrlässigkeit verstehen wir ein sog. „Augenblicksversagen“. Wenn ich z. B. auf einen falschen Knopf bei der Bedienung einer Software drücke, könnte dies als leichte Fahrlässigkeit angesehen werden. Eine Haftung der Arbeitnehmerin kommt in diesen Fällen dann nicht in Betracht.

Die nächste Stufe der Fahrlässigkeit ist die **mittlere Fahrlässigkeit**. Bei der mittleren Fahrlässigkeit missachtet die Arbeitnehmerin die im Verkehr erforderliche Sorgfalt. Diese wird von Arbeitsgerichten z. B. dann angenommen, wenn ein LKW-Fahrer vergisst, die Handbremse nach dem Parkvorgang anzuziehen.

Bei den Fällen mittlerer Fahrlässigkeit kann die Arbeitgeberin die Mitarbeiterin im Rahmen ihres Mitverschuldens auf Ersatz des Schadens in Anspruch nehmen.

Schließlich folgt in der nächsten Stufe die **grobe Fahrlässigkeit**. Diese liegt vereinfacht formuliert dann vor, wenn wirklich jedem in der bestimmten Situation hätte klar sein müssen, dass man nicht so handelt, wie der Arbeitnehmer dies im konkreten Fall getan hat. Dazu gehört z. B., dass man nicht unter Alkoholeinfluss Auto fährt.

Bei grober Fahrlässigkeit kann die Arbeitgeberin in der Regel den gesamten Schaden von dem Arbeitnehmer ersetzt verlangen. Ein Teil der Rechtsprechung möchte diesen Anspruch auf drei Bruttomonatsgehälter beschränken. Diese pauschale Beschränkung hat das Bundesarbeitsgericht (BAG) jedoch abgelehnt (BAG, Urteil vom 15.11.2012, Az.: 8 AZR 705/11). Vielmehr sei stets eine Abwägung aller Umstände im Einzelfall erforderlich.

Bei vorsätzlichem Handeln, wenn der Arbeitnehmer einen Schaden also mit „Wissen“ und „Wollen“ verursacht, haftet der Arbeitnehmer der Arbeitgeberin gegenüber voll.

Die vorgenannte Privilegierung der Haftung von **internen DSB** besteht bei **externen DSB** nicht. Diese haften also gegenüber ihrem Kunden für Schäden voll, soweit sie Pflichtverletzung begangen haben. Eine Pflichtverletzung liegt immer dann vor, wenn z. B. die vereinbarten vertraglichen Leistungen nicht oder schlecht erfüllt wurden. Sofern der externe DSB keine (wirksame) Haftungsbeschränkung gegenüber seinem Auftraggeber vereinbart hat, haftet der externe DSB dem Auftraggeber gegenüber daher ggf. für Schäden in voller Höhe.

Tipp: Externe DSB sollten in ihren Verträgen immer nur die Leistungen aufführen, die als Aufgaben des DSB in Art. 39 DSGVO aufgeführt sind. Bei darüber hinaus vertraglich vereinbarten Leistungen sollte der DSB Sorge dafür tragen, dass diese auch gegenüber dem Auftraggeber erfüllt werden (können).

4.5. Wann muss ein DSB benannt werden?

Bei der Frage, **ob** ein DSB benannt werden muss, haben wir Regelungen in der DSGVO und auch im BDSG. Hintergrund hierfür ist, dass die EU-Mitgliedsstaaten im Hinblick auf das „Ob“ einer Benennung von DSB eigene Regelungen im nationalen Recht vorsehen können.

Die Bundesrepublik Deutschland hat von dieser Möglichkeit in § 38 BDSG Gebrauch gemacht.

Für öffentliche Stellen ist die Frage einer Pflicht zur Benennung von DSB allerdings schon in der DSGVO sehr einfach geregelt. Denn nach Art. 37 Abs. 1 lit. a) DSGVO haben Behörden oder andere öffentliche Stellen immer einen DSB zu benennen. Ausgenommen hiervon sind Gerichte.

Nichtöffentliche Stellen müssen nach Art. 37 Abs. 1 lit. b) DSGVO einen DSB benennen, wenn die **Kerntätigkeit** in der Durchführung von Datenverarbeitung besteht, die aufgrund ihres Umfangs und/oder ihrer Zwecke eine umfangreiche regelmäßige und systematische Überwachung von betroffenen Personen erforderlich macht.

Mit dieser Formulierung hat der Gesetzgeber dem Normanwender leider keinen Gefallen getan. Denn wirklich verständlich anwendbar ist diese Norm nicht. Der Begriff der „Kerntätigkeit“ lässt sich zwar noch abgrenzen, denn nach Erwägungsgrund 97 soll eine Kerntätigkeit die „Haupttätigkeit“ des Verantwortlichen sein und die Verarbeitung personenbezogener Daten nicht nur eine Nebentätigkeit sein.

Wann jedoch eine „Erforderlichkeit“ zur umfangreichen regelmäßigen und systematischen Überwachung von betroffenen Personen gegeben sein soll, bleibt schleierhaft.

Eher anwendbar ist dann die weitere Vorgabe zur Benennung eines DSB in den Fällen des Art. 58 Abs. 1 lit. c) DSGVO. Danach ist eine Benennung eines DSB erforderlich, wenn die Kerntätigkeit des Verantwortlichen oder Auftragsverarbeiters in der „umfangreichen“ Verarbeitung „besonderer Kategorien von Daten“ („Magendaten“) oder von Daten über strafrechtliche Verurteilungen und Straftaten i. S. d. Art. 10 DSGVO liegt.

Auch hier steckt der Teufel aber im Detail. Könnte man nicht annehmen, dass es zur Kerntätigkeit der Ärzte gehört, Gesundheitsdaten zu verarbeiten? Nun, ich meine schon. Aber die Aufsichtsbehörden in Deutschland sind sich darüber einig, dass die Kerntätigkeit der Ärzte in der Behandlung des Patienten liegt und die Datenverarbeitung nur Nebentätigkeit sei.

Nun, das ist nachvollziehbar. Überzeugend ist es allerdings m. E. nicht.

Ich gehöre nicht zu den Menschen, die der Auffassung sind, dass der Datenschutz bei Ärzten durch eine DSB zwingend besser werden würde. Die Regelungen in Art. 37 Abs. 1 DSGVO zum „Ob“ der Benennung einer DSB zeigen hier aber einfach, wie schwer und schlecht diese zu handhaben sind.

Da loben wir uns doch, dass der deutsche Gesetzgeber in § 38 BDSG eine wesentlich klarere Regelung gefasst hat, mit der wir in der Praxis doch etwas besser arbeiten können.

Nach § 38 Abs. 1 Satz 1 BDSG haben nichtöffentliche Stellen eine Datenschutzbeauftragte zu benennen, soweit sie in der Regel mindestens **20 Personen** ständig mit der automatisierten Verarbeitung personenbezogener Daten beschäftigen.

Diese Regelung, die an die Anzahl der Personen geknüpft ist, ist in der Praxis wesentlich besser handhabbar. Zwar ist noch im Detail umstritten, wann eine „ständige“ Beschäftigung mit der automatisierten Verarbeitung personenbezogener Daten vorliegt oder nicht. Die Aufsichtsbehörden legen hier z. T. einen unternehmensfreundlichen Ansatz an. Während ich z. B. eine ständige Beschäftigung mit der automatisierten Verarbeitung schon dann annehme, wenn eine Mitarbeiterin einen E-Mail-Account bei dem Unternehmen hat, halten viele Aufsichtsbehörden dies nicht für ausreichend.

Im Zweifel schadet es meist nicht, bei der für das jeweilige Unternehmen zuständigen Aufsichtsbehörde einmal nachzufragen, ob sie im konkreten Fall eine Benennung für erforderlich halten.

Ferner ist die Benennung eines DSB nach § 38 Abs. 1 Satz 2 BDSG dann Pflicht, wenn das Unternehmen Verarbeitungen durchführt, für die eine Datenschutz-Folgenabschätzung (DSFA) nach Art. 35 DSGVO erforderlich ist. In diesen Fällen ist dann – unabhängig von der Beschäftigtenzahl – eine DSB-Benennung zwingend.

4.6. Muster einer Benennung

Benennung zum Datenschutzbeauftragten

Die
Mustermann GmbH
Musterstraße
12345 Musterstadt

– Verantwortlicher –

bestellt hiermit

Michael Mustermann
Musterstraße
12345 Musterstadt

– Datenschutzbeauftragter –

mit Wirkung zum xx.xx.xxxx zum Datenschutzbeauftragten des Verantwortlichen.

Der Verantwortliche stellt sicher, dass der Datenschutzbeauftragte bei der Erfüllung seiner Aufgaben keine Anweisungen bezüglich der Ausübung dieser Aufgaben erhält. Der Datenschutzbeauftragte darf vom Verantwortlichen wegen der Erfüllung seiner Aufgaben nicht abberufen oder benachteiligt werden. Eine Abberufung darf nur dann erfolgen, wenn eine gesetzliche Grundlage für eine Abberufung vorliegt.

Der Datenschutzbeauftragte berichtet unmittelbar der höchsten Managementebene des Verantwortlichen.

Der Verantwortliche wird den Datenschutzbeauftragten ordnungsgemäß und frühzeitig in alle mit dem Schutz personenbezogener Daten zusammenhängenden Fragen einbinden.

Der Verantwortliche unterstützt den Datenschutzbeauftragten bei der Erfüllung seiner Aufgaben gemäß Art. 39 der Datenschutz-Grundverordnung (DSGVO), indem er die für die Erfüllung der Aufgaben erforderlichen Ressourcen und den Zugang zu personenbezogenen Daten und Verarbeitungsvorgängen sowie die zur Erhaltung seines Fachwissens erforderlichen Ressourcen zur Verfügung stellt.

Betroffene Personen können den Datenschutzbeauftragten zu allen Fragen im Zusammenhang mit der Verarbeitung ihrer personenbezogenen Daten und mit der Wahrnehmung ihrer Rechte nach der DSGVO zu Rate ziehen.

Der Datenschutzbeauftragte ist bei der Erfüllung seiner Aufgaben an die Wahrung der Geheimhaltung gebunden. Weiter ist der Datenschutzbeauftragte zur Verschwiegenheit über die Identität der betroffenen Person sowie über Umstände, die Rückschlüsse auf die betroffene Person zulassen, verpflichtet, soweit er nicht davon durch die betroffene Person befreit wird.

Die Aufgaben des Datenschutzbeauftragten ergeben sich aus der DSGVO. Dazu gehören insbesondere:
- Unterrichtung und Beratung des Verantwortlichen und der Beschäftigten, die Verarbeitungen durchführen, hinsichtlich ihrer Pflichten nach der DSGVO oder anderen jeweils geltenden datenschutzrechtlichen Vorschriften;
- Überwachung der Einhaltung der Vorgaben der DSGVO und anderer Datenschutzvorschriften sowie der Strategien des Verantwortlichen für den Schutz personenbezogener Daten einschließlich der Zuweisung von Zuständigkeiten, der Sensibilisierung und Schulung der an den Verarbeitungsvorgängen beteiligten Mitarbeiter und der diesbezüglichen Überprüfungen;
- Beratung – auf Anfrage – im Zusammenhang mit der Datenschutz-Folgenabschätzung und Überwachung ihrer Durchführung gemäß Artikel 35 DSGVO;
- Zusammenarbeit mit der Aufsichtsbehörde;
- Tätigkeit als Anlaufstelle für die Aufsichtsbehörde in mit der Verarbeitung zusammenhängenden Fragen, einschließlich der vorherigen Konsultation gemäß Artikel 36 DSGVO, und gegebenenfalls Beratung zu allen sonstigen Fragen.

Der Datenschutzbeauftragte erklärt mit der Unterschrift auf diesem Dokument sein Einverständnis mit der Benennung seiner Person zum Datenschutzbeauftragten.

____________________	____________________
Ort, Datum	Ort, Datum
____________________	____________________
– Verantwortlicher –	– Datenschutzbeauftragter –

5. Rechtliche Grundlagen

5.1. Rechtsquellen

Das Datenschutzrecht kennt viele Rechtsquellen. Wenn wir uns die Normenhierarchie aus Sicht der Bundesrepublik Deutschland ansehen, dann steht ganz oben (noch über dem GG) das EU-Recht bzw. Europarecht.

Das **Europarecht** besteht aus dem **primären Unionsrecht („Primärrecht“)**, den völkerrechtlichen Verträgen der EU und dem **sekundären Unionsrecht („Sekundärrecht“)**.

Genau genommen gibt es dann noch ein „Tertiärrecht“. Das braucht uns aber hier in diesem Buch nicht weiter zu interessieren.

Zwischen Primärrecht und Sekundärrecht gibt es – wie auch in unserer Rechtsordnung in Deutschland – ein Rangverhältnis. Denn Normen des Sekundärrechts dürfen nicht gegen Normen des Primärrechts verstoßen bzw. diesen widersprechen.

Dieser Grundsatz wird bei der Auslegung von Normen der DSGVO immer wieder relevant. Aber das werden wir noch sehen. Im nachfolgenden Schaubild sind die Rechtsquellen des Europarechts einmal (vereinfacht) skizziert:

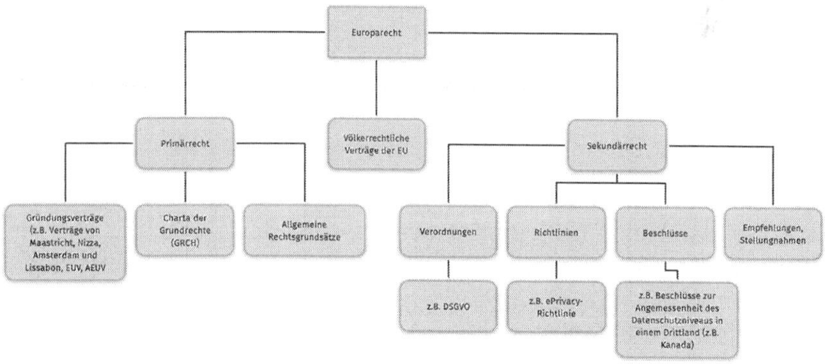

Für die Auslegung der DSGVO merken wir uns folgende Grundsätze:

1. Normen der DSGVO dürfen dem Primärrecht (wie z. B. der GRCh) nicht widersprechen. Sie sind primärrechtskonform auszulegen.

2. Bei der systematischen Auslegung von DSGVO-Normen sind andere europäische Rechtsvorschriften zu beachten bzw. heranziehbar. Dazu gehören insbesondere auch Beschlüsse der EU-Organe (z. B. EU-Parlament, Rat, EU-Kommission).

Im europäischen **Primärrecht** haben wir in der **Grundrechte-Charta (GRCh)** zwei Grundrechte, die sich unmittelbar (Art. 8 GRCh – Schutz personenbezogener Daten) und mittelbar (Art. 7 GRCh – Achtung des Privat- und Familienlebens) auf den „Datenschutz" beziehen.

Einen wichtigen Punkt dürfen wir hier nicht vergessen: Datenschutz ist kein „Super-Grundrecht", das über anderen Grundrechten steht. In der Systematik der GRCh sind die Grundrechte miteinander in ein Gleichgewicht zu bringen. So gibt es nicht nur ein Recht auf den Schutz personenbezogener Daten, sondern als möglichen Gegenspieler gibt es die Rechte auf Berufsfreiheit (Art. 15 GRCh), unternehmerische Freiheit (Art. 16 GRCh) und auch das Eigentumsrecht (Art. 17 GRCh). Diese Grundfreiheiten können Verantwortliche ggf. für sich in Anspruch nehmen, um die Verarbeitung personenbezogener Daten auf Ebene des Primärrechts zu rechtfertigen.

Das ist insgesamt eine auch für Juristen schwierige Aufgabe, diese Grundfreiheiten im Einzelfall auszutarieren. Für dich als beginnenden DSB reicht es zunächst aus, dass du weißt, dass Datenschutz eben nicht per se vorrangig ist, sondern die Zulässigkeit einer Datenverarbeitung häufig von den Umständen des Einzelfalles abhängt.

Im europäischen **Sekundärrecht** haben wir vor allem die DSGVO als Rechtsquelle. Verordnungen der EU gelten unmittelbar in jedem Mitgliedsstaat. Im Gegensatz zu Richtlinien der EU ist daher eine Umsetzung im jeweiligen nationalen Recht nicht erforderlich.

Apropos Richtlinie: Eine Richtlinie mit Datenschutz-Belang ist die sog. ePrivacy-Richtlinie (2002/58/EG). Diese wurde 2009 durch eine ergänzende Richtlinie (2009/136/EG) um das sog. „Cookie Law" ergänzt. Allerdings ist eine Umsetzung in Deutschland nach herrschender Meinung (h. M.) nicht erfolgt.

In der Normenhierarchie aus Sicht der Bundespublik Deutschland folgt dann das Grundgesetz, gefolgt von dem Bundesrecht und dann dem Landesrecht.

Zwischen dem Grundgesetz und den Bundesrecht steht dann noch das **Völkerrecht**, also z. B. völkerrechtliche Verträge, die zwischen Staaten geschlossen werden.

Zu den völkerrechtlichen Verträgen zählen auch die Abkommen bzw. Konventionen des Europarats. Abkommen des Europarats müssen in den jeweiligen Teilnehmer-Staaten (der Europarat hat 47 Mitglieder) durch die Ratifizierung verbindlich gemacht werden.

Im Hinblick auf Datenschutz ist der Beschluss des Europarats über die Modernisierung des sog. Vertrages Nr. 108 vom 10.10.2018 relevant. Durch diesen ist die Modernisierung des **„Übereinkommens zum Schutz des Menschen bei der automatischen Verarbeitung personenbezogener Daten“ („Konvention Nr. 108“)** vereinbart worden. Die geänderte Übereinkunft muss nun noch von den Staaten, die dem Europarat beigetreten sind, ratifiziert werden.

Im Bundesrecht haben wir als Rechtsquelle für das Datenschutzrecht zunächst das BDSG. Hier besteht die Besonderheit, dass alle Normen, die auf § 44 BDSG folgen, nur für die Verarbeitung personenbezogener Daten durch die für die Verhütung, Ermittlung, Aufdeckung, Verfolgung oder Ahndung von Straftaten oder Ordnungswidrigkeiten zuständigen **öffentlichen Stellen**, soweit sie Daten zum Zweck der Erfüllung dieser Aufgaben verarbeiten.

Es ist ein häufiger Anfängerfehler von DSB, dass diese sich auf Normen z. B. zur Datensicherheit (§ 64 BDSG) beziehen, obwohl diese für Unternehmen (oder z. B. Vereine) gar nicht anwendbar sind.

Ferner gibt es viele weitere Bundesnormen, in denen Regelungen zum Datenschutz enthalten sind – wie z. B. im Sozialrecht (z. B. SGB X).

Auch auf Ebene des Landesrechts gibt es viele Gesetze zum Datenschutz. Jedes Bundesland hat ein Landesdatenschutzgesetz. Und auch in den einzelnen Fachgesetzen (z. B. im Bereich der Informationsfreiheit) finden sich Regelungen zum Datenschutz.

Für Anfänger reicht jedoch zu Beginn zunächst die Kenntnis einiger Normen der DSGVO und des BDSG aus.

5.2. Sachlicher und räumlicher Anwendungsbereich

Wann die DSGVO sachlich Anwendung findet, ergibt sich aus Art. 2 DSGVO. Einfacher ist es jedoch zunächst, eine negative Abgrenzung vorzunehmen:

Für was findet die DSGVO keine Anwendung?

Die DSGVO findet **keine Anwendung**, wenn die Verarbeitung personenbezogener Daten

1. durch natürliche Personen zur Ausübung ausschließlich **persönlicher** oder **familiärer Tätigkeiten** (sog. **„Haushaltsprivileg“**) erfolgt;
2. nichtautomatisiert erfolgt und keine Speicherung der Dateien in einem **„Dateisystem“** erfolgt oder erfolgen soll;
3. durch die zuständigen Behörden zum Zwecke der Verhütung, Ermittlung, **Aufdeckung** oder **Verfolgung von Straftaten** oder der Strafvollstreckung, einschließlich des Schutzes vor und der **Abwehr von Gefahren für die öffentliche Sicherheit** (Polizei, Staatsanwaltschaft etc.) erfolgt.

Das sog. **Haushaltsprivileg** (1.) wird von der Rechtsprechung (EuGH), der rechtswissenschaftlichen Literatur und den Aufsichtsbehörden eher eng ausgelegt. Hintergrund hierfür ist vor allem auch die sog. „Lindqvist“-Entscheidung des EuGH (Urteil vom 06.11.2003, AZ: C-101/01). Seit dieser Entscheidung vertritt der EuGH nämlich die Auffassung, dass die Veröffentlichung von Informationen an einen unbestimmten Personenkreis (wie z. B. über eine Internetseite) nicht vom Haushaltsprivileg umfasst ist und daher in diesen Fällen das Datenschutzrecht anzuwenden ist.

Der Begriff des **Dateisystems** ist zwar in Art. 4 Nr. 6 DSGVO definiert. Nur hilft diese Definition in der Praxis nur bedingt weiter. Ein Dateisystem ist danach „jede strukturierte Sammlung personenbezogener Daten, die nach bestimmten Kriterien zugänglich sind, unabhängig davon, ob diese Sammlung zentral, dezentral oder nach funktionalen oder geografischen Gesichtspunkten geordnet geführt wird.“

Wie schwierig die Abgrenzung hier ist und wann ein Dateisystem vorliegt, hat in Deutschland sehr prägnant der Streit um die Namen auf Klingelschildern gezeigt. Seitdem der Journalist Hendrik Wieduwilt diesen Vorgang in einem Beitrag in der FAZ im Oktober 2018 sehr schön mit „Dingdong, Datenschutz" betitelt hat, ist das Thema auch unter „#klingelgate" oder „Ding-Dong-Gate" bekannt geworden.

Selbst Aufsichtsbehörden in Deutschland waren untereinander im Streit darüber, ob die Klingelschilder mit den Namen an Mehrfamilienhäusern nun ein Dateisystem darstellen oder nicht oder als Resultat einer automatisierten Verarbeitung dann jedenfalls deswegen der DSGVO unterliegen.

Die Wahrheit ist derzeit, dass niemand exakt sagen kann, wann nun ein Dateisystem vorliegt oder nicht. Und wir werden in dieser Einsteigerlektüre sicherlich dieses Problem nicht lösen können.

Nun haben wir ein Gefühl dafür bekommen, wann die DSGVO nicht zur Anwendung kommt. Und wir merken uns, dass die DSGVO aber auf jeden Fall dann zur Anwendung kommt, wenn Unternehmen oder öffentliche Stellen automatisiert personenbezogene Daten verarbeiten.

Leider ist auch der **räumliche Anwendungsbereich** der DSGVO praktisch nicht ganz einfach geregelt. Dabei hört es sich zunächst in Art. 3 DSGVO alles recht einfach an.

Denn danach findet die DSGVO zunächst für alle Verantwortlichen oder Auftragsverarbeiter Anwendung, die ihren „Sitz" in der EU haben. Genau genommen geht es um Datenverarbeitungstätigkeiten einer Niederlassung und deswegen nennen wir das auch „Niederlassungsprinzip".

Merken können wir uns das aber zunächst einfacher: Die DSGVO findet räumlich auf alle öffentlichen und nichtöffentlichen Stellen in der EU Anwendung (sofern die Anwendung nicht sachlich ausgeschlossen ist, s. o.).

Das „Neue" an der DSGVO war aber ja gerade ein Ansatz, der auch die großen Anbieter von Internetdiensten aus den USA oder sonstigen Drittländern klarer an die Regelungen der DSGVO zu binden. Hierfür hat man in Art. 3 Abs. 2 DSGVO das sog. **„Marktortprinzip"** verankert. Danach findet die DSGVO nämlich auch von Verantwortlichen oder Auftragsverarbeitern in Ländern außerhalb der EU („Drittländer") Anwendung, **wenn** die Datenverarbeitung im Zusammenhang damit steht, dass Betroffenen in der EU Waren oder Dienstleistungen angeboten werden. Und dabei kommt es auch nicht darauf an, ob diese Angebote kostenpflichtig sind oder nicht.

Und ferner soll die DSGVO auch für Verantwortliche und Auftragsverarbeiter in Drittländern gelten, wenn die Verarbeitung die Beobachtung des Verhaltens betroffener Personen in der EU betrifft.

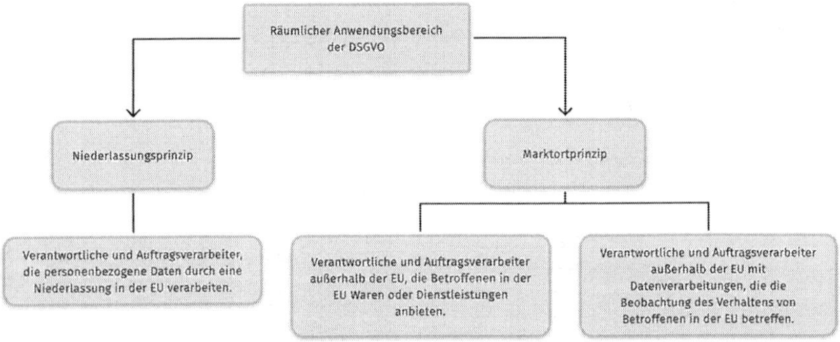

In vielen Details – gerade bei der Einbindung von Auftragsverarbeitern und Unterauftragsverarbeitern – ist hier aber noch vieles umstritten.

5.3. Struktur der DSGVO

Die DSGVO hat einen gut strukturierten Aufbau. Die 11 Kapitel sind wie folgt aufgebaut:

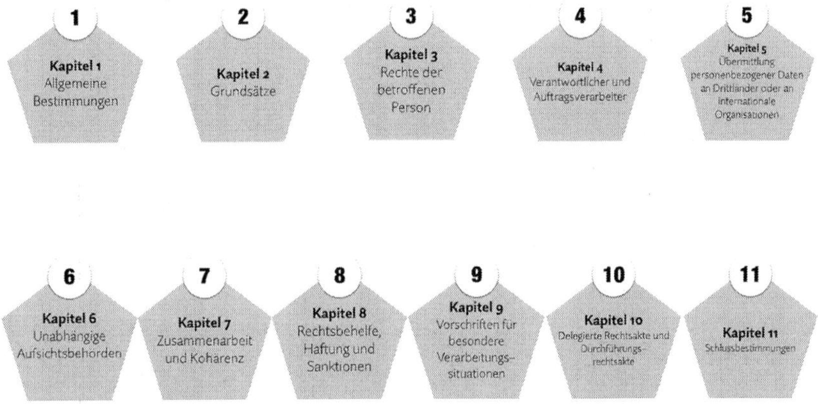

Schon anhand der Überschriften der Kapitel können wir leicht erkennen, dass wir uns nicht mit jedem Kapitel gleichermaßen viel beschäftigen müssen.

Noch besser: Mit einigen Kapiteln brauchen wir uns gar nicht zu beschäftigen. Die Schlussbestimmungen in Kapitel 11 und auch die Durchführungsrechtsakte in Kapitel 10 sind praktisch für Einsteiger nicht von Bedeutung.

Und was ist mit den Kapiteln zu den Aufsichtsbehörden und deren Zusammenarbeit (Kapitel 6 und 7)? Nun, da müssen wir uns zunächst auch nur merken, dass die Aufsichtsbehörden eine Menge Befugnisse gegenüber Verantwortlichen haben und auf komplizierte Weise miteinander zusammenzuarbeiten haben. Zumindest wenn es um Datenverarbeitung mit grenzüberschreitenden Bezügen geht („One Stop Shop" (OSS)).

Dann sieht es schon einfacher aus:

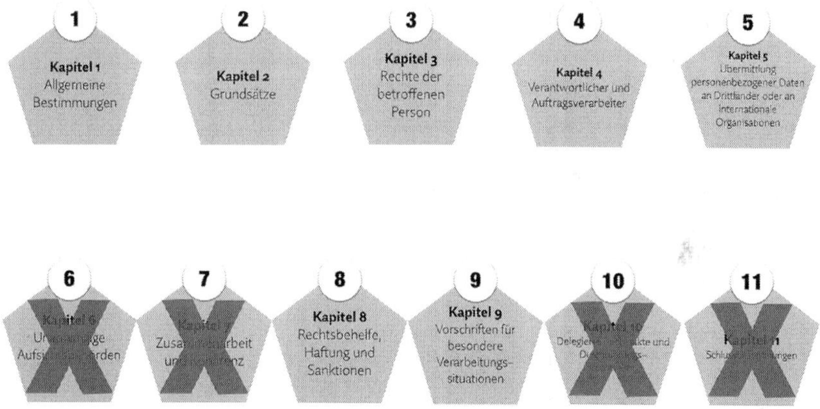

Da es für Einsteiger zunächst beim Wissenserwerb darum gehen sollte, wie ich Datenschutzrecht einzuhalten habe und nicht wie Verstöße geahndet werden können, können wir auch das Kapitel 8 streichen. Wir merken uns hier nur, dass Aufsichtsbehörden Bußgelder und andere Sanktionen verhängen können und dass es einen Schadensersatzanspruch von Betroffenen gibt.

Und auch das Kapitel 9 brauchen wir als Einsteiger nicht. Denn dort sind im Wesentlichen Öffnungsklauseln enthalten, die den Mitgliedsstaaten eröffnen, z. B. im Bereich der Meinungsfreiheit oder auch auf dem Gebiet des Arbeitsrechts eigene gesetzliche Regelungen zu treffen.

Dann sieht das Ganze doch noch übersichtlicher aus:

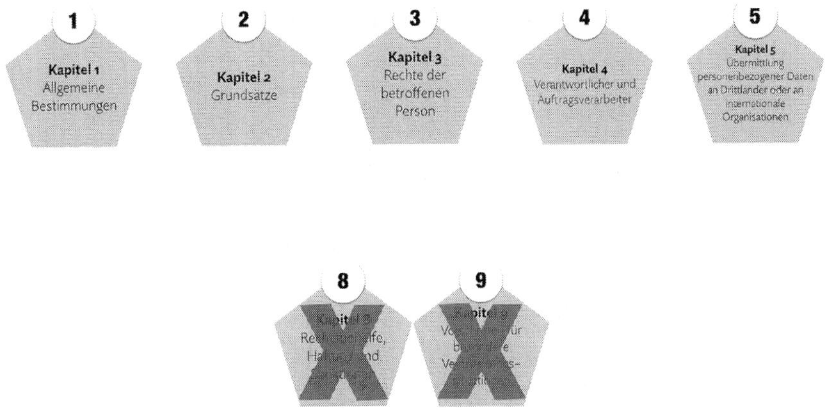

Es verbleiben dann also zunächst noch fünf Kapitel. Und wenn wir uns dann vor Augen führen, dass wir in der Praxis nur sehr selten das Kapitel 1 mit den allgemeinen Bestimmungen benötigen und schließlich auch das Thema „Drittlandsverarbeitung" zunächst ausklammern, dann bleiben letztlich nur drei Kapitel übrig:

Auch diese drei Kapitel sind für Einsteiger schon ausreichend „Stoff". Es bringt Einsteigern nur nichts, wenn sie gleich am Anfang überfordert sind. Daher beschäftigen wir uns zunächst nur mit diesen drei Kapiteln und schauen uns dann später noch die Drittlandsverarbeitung an, um die praktisch relevantesten Fälle in diesem Gebiet zumindest grob kennenzulernen.

Die drei Kapitel, mit denen wir uns beschäftigen sind wie folgt aufgebaut:

- Kapitel 2 – Grundsätze
  - Art. 5 Grundsätze für die Verarbeitung personenbezogener Daten
  - Art. 6 Rechtmäßigkeit der Verarbeitung
  - Art. 7 Bedingungen für die Einwilligung
  - Art. 8 Bedingungen für die Einwilligung eines Kindes in Bezug auf Dienste der Informationsgesellschaft
  - Art. 9 Verarbeitung besonderer Kategorien personenbezogener Daten
  - Art. 10 Verarbeitung von personenbezogenen Daten über strafrechtliche Verurteilungen und Straftaten
  - Art. 11 Verarbeitungen, für die eine Identifizierung der betroffenen Person nicht erforderlich ist
- Kapitel 3 – Recht der betroffenen Person
  - Art. 12 Transparente Information, Kommunikation und Modalitäten für die Ausübung der Rechte der betroffenen Person
  - Art. 13 Informationspflicht bei Erhebung von personenbezogenen Daten bei der betroffenen Person
  - Art. 14 Informationspflicht, wenn die personenbezogenen Daten nicht bei der betroffenen Person erhoben wurden
  - Art. 15 Auskunftsrecht der betroffenen Person
  - Art. 16 Recht auf Berichtigung
  - Art. 17 Recht auf Löschung („Recht auf Vergessenwerden")
  - Art. 18 Recht auf Einschränkung der Verarbeitung
  - Art. 19 Mitteilungspflicht im Zusammenhang mit der Berichtigung oder Löschung personenbezogener Daten oder der Einschränkung der Verarbeitung
  - Art. 20 Recht auf Datenübertragbarkeit
  - Art. 21 Widerspruchsrecht

  - Art. 22 Automatisierte Entscheidungen im Einzelfall einschließlich Profiling
  - Art. 23 Beschränkungen
- Kapitel 4 – Verantwortliche und Auftragsverarbeiter
  - Art. 24 Verantwortung des für die Verarbeitung Verantwortlichen
  - Art. 25 Datenschutz durch Technikgestaltung und durch datenschutzfreundliche Voreinstellungen
  - Art. 26 Gemeinsame Verantwortliche
  - Art. 27 Vertreter von nicht in der Union niedergelassenen Verantwortlichen oder Auftragsverarbeitern
  - Art. 28 Auftragsverarbeiter
  - Art. 29 Verarbeitung unter der Aufsicht des Verantwortlichen oder des Auftragsverarbeiters
  - Art. 30 Verzeichnis von Verarbeitungstätigkeiten
  - Art. 31 Zusammenarbeit mit der Aufsichtsbehörde
  - Art. 32 Sicherheit der Verarbeitung
  - Art. 33 Meldung von Verletzungen des Schutzes personenbezogener Daten an die Aufsichtsbehörde
  - Art. 34 Benachrichtigung der von einer Verletzung des Schutzes personenbezogener Daten betroffenen Person
  - Art. 35 Datenschutz-Folgenabschätzung
  - Art. 36 Vorherige Konsultation
  - Art. 37 Benennung eines Datenschutzbeauftragten
  - Art. 38 Stellung des Datenschutzbeauftragten
  - Art. 39 Aufgaben des Datenschutzbeauftragten
  - Art. 40 Verhaltensregeln
  - Art. 41 Überwachung der genehmigten Verhaltensregeln
  - Art. 42 Zertifizierung

- Art. 43 Zertifizierungsstellen

Um ganz ehrlich zu sein, ist das für Einsteiger in die datenschutzrechtliche Materie immer noch viel zu viel „Stoff". Und daher werden wir bedeutende Kürzungen vornehmen und uns mit den Inhalten beschäftigen, die ich für Einsteiger für vornehmlich relevant halte.

Ich bin der festen Überzeugung, dass du nur dann ein guter DSB wirst, wenn du mit den **„Basics"** beginnst und diese „sitzen". Ich habe oft bei langjährigen Datenschutzbeauftragten die Erfahrung gemacht, dass manchmal die „Basics" einfach verinnerlicht waren. Es bringt eben nichts, wenn ich mich mit irgendwelchen Details der Drittlandsverarbeitung in Sub-Unterauftragnehmer-Konstellationen auskenne, aber passen muss, wenn es um eine Datenverarbeitung auf Basis einer Interessenabwägung geht, weil ich nicht weiß, wie eine Interessenabwägung funktioniert.

Wenn es nur eine Norm gibt, deren Inhalt (nicht Wortlaut) du sofort wiedergeben würdest, wenn ich dich um 3 Uhr nachts aus dem Schlaf reißen würde, dann wäre es **Art. 6 Abs. 1 DSGVO**.

Das ist die Norm, die du einfach beherrschen darfst. Ich nenne diese Norm **Gemüsenorm**. Früher hieß die bei mir „Brot-und-Butter"-Norm. Aber seitdem mich mein Ernährungsmediziner auf „Low Carb" mit Schwerpunkt Gemüse eingeschworen hat, ist es halt meine **Gemüsenorm**.

Aber Spaß beiseite. Art. 6 Abs. 1 DSGVO enthält die Normen, in denen geregelt ist, **ob** und in welchem Umfang ich personenbezogene Daten verarbeiten darf. Es gibt keine Norm in der DSGVO, die wichtiger ist, als diese.

Die angesprochenen **„Basics"**, die DSB als Einstieg kennenlernen sollten, sind diese:

- Grundsätze für die Verarbeitung personenbezogener Daten
- Art. 6 Abs. 1 DSGVO – die Gemüsenorm
  - Einwilligung („ALTernative")
  - Datenverarbeitung zur Erfüllung von Verträgen („Dickes B")
  - Verarbeitung zur Erfüllung einer rechtlichen Verpflichtung („Caesar")

  - Verarbeitung für lebenswichtige Interessen („Dead“)
  - Verarbeitung für Wahrnehmung öffentlicher Aufgaben („Echt jetzt“)
  - Verarbeitung auf Basis einer Interessenabwägung („FETT“)
- Verarbeitung von „Magendaten“
- Grundlegendes zu Informationspflichten
  - Informationspflichten bei der Erhebung beim Betroffenen
  - Informationspflichten bei Daten, die nicht beim Betroffenen erhoben wurden
- Auskunftsrecht und Recht auf Kopie
- Löschansprüche von Betroffenen
- Datenschutz-Compliance und risikobasierter Ansatz
- Privacy by Design & Default
- Auftragsverarbeitung
- Gemeinsame Verantwortlichkeit
- Meldepflichten bei „Datenpannen“
- Datenschutz-Folgenabschätzung (DSFA)
- Verarbeitungsverzeichnis
- Datensicherheit
- Datenschutzmanagement

Lass uns beginnen!

6. Grundsätze für die Verarbeitung personenbezogener Daten

In Art. 5 DSGVO sind die **Grundsätze der Datenverarbeitung** geregelt. Du kannst diese Grundsätze als Regeln verstehen, die sozusagen „vor die Klammer gezogen" sind. Denn sie gelten für jede Verarbeitung von personenbezogenen Daten und enthalten grundlegende Regeln, die bei der Datenverarbeitung zu beachten sind.

Auch wenn die Regelungen generell abstrakt und bewusst nicht konkret bestimmt sind, ist jeder Verstoß gegen diese Grundsätze bußgeldbewehrt und kann mit bis zu 20 Millionen Euro bzw. im Falle von Unternehmen bis zu 4 % des weltweiten Jahresumsatzes geahndet werden.

Einige der bislang verhängten Bußgelder begründen sich auf Verletzungen von Grundsätzen des Art. 5 DSGVO.

Art. 5 DSGVO enthält **sieben Grundsätze** der Verarbeitung personenbezogener Daten:

1. Rechtmäßigkeit, Verarbeitung nach Treu und Glauben, Transparenz
2. Zweckbindung
3. Datenminimierung
4. Richtigkeit
5. Speicherbegrenzung
6. Integrität und Vertraulichkeit
7. Rechenschaftspflicht

Die Grundsätze der Datenverarbeitung sind an sich keine Neuerung der DSGVO. Denn diese gab es schon in der Vorgängerregelung der DSGVO, der EG-Datenschutzrichtlinie (95/46/EG).

Die Grundsätze wurden jedoch an einigen Stellen ergänzt. Und vor allem gibt es mit Art. 5 Abs. 2 DSGVO eine Neuerung durch das sog. „Accountability-Prinzip", das in der deutschen Fassung der DSGVO als „Rechenschaftspflicht" bezeichnet wird.

6.1. Rechtmäßigkeit, Verarbeitung nach Treu und Glauben, Transparenz

Nach Art. 5 Abs. 1 lit. a) DSGVO müssen personenbezogene Daten auf rechtmäßige Weise, nach Treu und Glauben und in einer für die betroffene Person nachvollziehbaren Weise verarbeitet werden (**„Rechtmäßigkeit, Verarbeitung nach Treu und Glauben, Transparenz“**).

Dass Datenverarbeitung rechtmäßig zu erfolgen hat, bedarf keiner weiteren Erklärung.

Dass die Datenverarbeitung in einer transparenten, also für den Betroffenen nachvollziehbaren Weise zu erfolgen hat, ist neu. Der Grundsatz der Transparenz war in der EG-Datenschutzrichtlinie noch nicht enthalten. Auch dieser Grundsatz ist allerdings selbsterklärend. Er wird durch die weiteren Informationspflichten gegenüber Betroffenen in den Art. 12–14 DSGVO konkretisiert.

Für Nicht-Juristen mag der Grundsatz von „Treu und Glauben“ möglicherweise etwas seltsam klingen. Im Bereich des Rechts kommt dieser Begriff allerdings häufiger vor. Auch wenn umstritten ist, was nun genau der Begriff von Treu und Glauben im europäischen Recht genau bedeutet, darfst du dir das mit einem Begriff merken, den du vielleicht kennst: „Hanseatische Kaufmannssitte“

Der Begriff mag vielleicht genauso umstritten sein. Ich verwende ihn dennoch gerne, da es hier auch um den ehrbaren Kaufmann geht. Ein ehrbarer Kaufmann macht das, was er gesagt hat und fühlt sich auch (ohne schriftlichen Vertrag) daran gebunden.

Wenn ich einem Betroffenen also z. B. in meinen Datenschutzhinweisen erläutere, was ich mit seinen Daten machen möchte und vor allem aber auch nicht machen werde, dann darf der Betroffene erwarten, dass der Verantwortliche die Daten nach „Treu und Glauben“ genauso verwendet, wie er gesagt hat, dass er sie verwendet.

Der Grundsatz passt also thematisch gut zum Grundsatz der Transparenz.

6.2. Zweckbindung

Nach Art. 5 Abs. 1 lit. b) DSGVO müssen personenbezogenen Daten für festgelegte, eindeutige und legitime Zwecke erhoben werden und dürfen nicht in einer mit diesen Zwecken nicht zu vereinbarenden Weise weiterverarbeitet werden (**„Zweckbindung“**).

Der Grundsatz der Zweckbindung ist schon seit dem weltweit beachteten Volkzählungsurteil des BVerfG immanenter Bestandteil des Datenschutzrechts.

Der Grundsatz der Zweckbindung soll u. a. verhindern, dass Daten anlasslos auf Vorrat gespeichert werden. Also frei nach dem Motto: „Aktuell haben wir keine Verwendung für die Daten, aber vielleicht ändert sich das ja noch einmal.“

Die Idealvorstellung des Gesetzgebers ist hier, dass der Verantwortliche einen Zweck festgelegt und dokumentiert hat, bevor er überhaupt die personenbezogenen Daten erhebt.

Und wenn der die Daten für den festgelegten Zweck erhoben hat, darf er dieser auch nur für diesen Zweck verarbeiten.

Eine Zweckänderung ist nur bestimmten Voraussetzungen möglich. Für die DSGVO bedeutet das konkret, dass ich bei einer geplanten anderen Verwendung der Daten nach Art. 6 Abs. 4 DSGVO prüfen muss, ob diese Zweckänderung zulässig ist. Leider hilft Art. 6 Abs. 4 DSGVO hier im Detail nicht immer wirklich weiter, weil diese Norm zu den etwas „verunglückten“ der DSGVO gehört. Das ist aber eher ein Thema für die Fortgeschrittenen unter den DSB.

Wir als Einsteiger merken uns hier erst einmal, dass eine Ausnahme von der Zweckbindung nach Art. 6 Abs. 4 DSGVO nur im Rahmen einer Art von Zweck-Kompatibilitätsprüfung zulässig ist. Der Gesetzgeber wäre hier gut beraten gewesen, wenn er einfach geregelt hätte, dass eine Zweckänderung dann zulässig ist, wenn diese bei Beginn der Datenverarbeitung ebenfalls zulässig gewesen wäre. Zum Teil wird vertreten, dass Art. 6 Abs. 4 DSGVO genau das aussagen wolle. Nur steht dort im Wortlaut leider etwas, das dem nicht ganz entspricht.

Eine große und unbeantwortete Frage ist übrigens, wie „eng“ ich den Zweck festzulegen habe. Darf ich z. B. bei der Verarbeitung von Beschäftigten den Zweck „Durchführung des Arbeitsverhältnisses" verwenden oder muss ich z. B. nach Personalbeschaffung, Personalentwicklung und weiteren Zwecken differenzieren? Die Frage ist nicht eindeutig beantwortet. Und beide Varianten haben ihre Vor- und Nachteile. Du wirst selbst deinen Weg diesbezüglich finden und gehen müssen.

6.3. Datenminimierung

Nach Art. 5 Abs. 1 lit. c) DSGVO müssen personenbezogene Daten dem Zweck angemessen und erheblich sowie auf das für die Zwecke der Verarbeitung notwendige Maß beschränkt sein (**„Datenminimierung"**).

Im Vergleich zur früheren Regelung in der EG-Datenschutzrichtlinie ist die Neuregelung schon strikter als zuvor. Früher entsprach die Regelung im Wesentlichen dem Grundsatz der Erforderlichkeit im deutschen Recht. Dieser besagte, dass ich nur die personenbezogenen Daten verarbeiten darf, die erforderlich sind, um den jeweiligen Zweck zu erfüllen bzw. zu erreichen.

Dass der Grundsatz der Datenminimierung nun eine Beschränkung auf das „notwendige Maß" vorsieht, stellt in der Tat eine Verschärfung dar.

Verantwortliche müssen also bei der Datenverarbeitung im Hinblick auf den Umfang der Daten eine kritische Prüfung im Hinblick auf die Erforderlichkeit der Daten vornehmen.

Was das nun allerdings konkret bedeutet, wird die Rechtsprechung der nächsten Jahre zeigen.

6.4. Richtigkeit

Nach Art. 5 Abs. 1 lit. d) DSGVO müssen personenbezogene Daten sachlich richtig und erforderlichenfalls auf dem neuesten Stand sein. Es sind alle angemessenen Maßnahmen zu treffen, damit personenbezogene Daten, die im Hinblick auf die Zwecke ihrer Verarbeitung unrichtig sind, unverzüglich gelöscht oder berichtigt werden (**„Richtigkeit"**).

Der Grundsatz ist weitestgehend selbsterklärend. Dass die Daten „erforderlichenfalls“ auf dem neuesten Stand sein müssen, beinhaltet übrigens nach h. M. keine Pflicht, sich regelmäßig bei den Betroffenen nach der Aktualität der Daten zu erkundigen.

6.5. Speicherbegrenzung

Nach Art. 5 Abs. 1 lit. e) DSGVO müssen personenbezogene Daten in einer Form gespeichert werden, die die Identifizierung der betroffenen Personen nur so lange ermöglicht, wie es für die Zwecke, für die sie verarbeitet werden, erforderlich ist (**„Speicherbegrenzung“**).

Dieser Grundsatz ist ebenfalls nicht neu und wesentlicher Baustein des deutschen und auch europäischen Datenschutzrechts. Wenn der Zweck der Datenverarbeitung entfallen bzw. erfüllt ist, dann sind die personenbezogenen Daten ggf. nicht weiter erforderlich und dann zu löschen.

Aber Achtung: Denn es gibt eine Reihe von gesetzlichen Aufbewahrungspflichten, die es zu beachten gilt.

Und häufig kommt es auch vor, dass nach Erreichen des Zwecks ggf. noch eine zweckändernde Nutzung in Betracht kommt. So werden Daten von ausgeschiedenen Beschäftigten häufig über das Ende gesetzlicher Aufbewahrungspflichten hinaus gespeichert, weil die Erfahrung zeigt, dass viele Beschäftigte kurz vor Erreichen des Rentenalters Sozialversicherungszeiten nachweisen müssen und sich dann freuen, wenn ihre ehemaligen Arbeitgeberinnen diese Daten noch vorliegen haben.

6.6. Integrität und Vertraulichkeit

Nach Art. 5 Abs. 1 lit. f) DSGVO müssen personenbezogene Daten in einer Weise verarbeitet werden, die eine angemessene Sicherheit der personenbezogenen Daten gewährleistet, einschließlich Schutz vor unbefugter oder unrechtmäßiger Verarbeitung und vor unbeabsichtigtem Verlust, unbeabsichtigter Zerstörung oder unbeabsichtigter Schädigung durch geeignete technische und organisatorische Maßnahmen („Integrität und Vertraulichkeit“).

Bei diesem Grundsatz geht es um Datensicherheit. Und mit diesem Grundsatz werde wir uns im Kapitel zur Datensicherheit näher beschäftigen.

6.7. Rechenschaftspflicht

Nach Art. 5 Abs. 2 DSGVO ist der Verantwortliche für die Einhaltung aller vorgenannten Grundsätze verantwortlich und muss dessen Einhaltung nachweisen können (**„Rechenschaftspflicht“**).

Die Rechenschaftspflicht ist neu und mit der DSGVO neu eingeführt worden. Rechtlich ist noch nicht so ganz eindeutig, was diese im Ergebnis alles beinhaltet. Führt sie ggf. zu einer Art von Beweislastumkehr in Gerichtsverfahren? Was muss denn der Verantwortliche alles nachweisen? Wie muss der Nachweis erfolgen? Und wie lange muss ich Nachweise vorhalten?

Alle diese Fragen sind derzeit ungeklärt. Generell empfiehlt es sich, die getroffenen technischen und organisatorischen Maßnahmen zur Umsetzung der DSGVO zu dokumentieren und vor allem auch „aktuell“ zu halten. Dies kann idealerweise über ein implementiertes Datenschutzmanagementsystem (DSMS) erfolgen. Dazu erfahren wir am Ende des Buches mehr.

7. Grundüberlegungen zur „Gemüse-Norm“

Wie bereits erwähnt ist Art. 6 Abs. 1 DSGVO gerade für Einsteiger in das Datenschutzrecht die entscheidende Norm.

Die Norm an sich ist nicht neu. Sie ist in sehr ähnlicher Form bereits in der EG-Datenschutzrichtlinie enthalten gewesen.

Zunächst einmal enthält Art. 6 Abs. 1 DSGVO ein sog. Verbot mit Erlaubnisvorbehalt. Die Verarbeitung personenbezogener Daten ist per se erst einmal nicht erlaubt, wenn nicht mindestens eine der in Art. 6 Abs. 1 DSGVO genannten Zulässigkeitstatbestände anwendbar ist.

Und da wären wir auch schon beim nächsten wichtigen Aspekt, den du dir merken darfst: Du kannst eine Datenverarbeitung nämlich auf mehrere Rechtsgrundlagen aus Art. 6 Abs. 1 DSGVO stützen, sofern diese anwendbar sind. Du musst dich also nicht für eine Rechtsgrundlage zwingend entscheiden.

Beachte aber bitte hier wieder den Grundsatz von Treu und Glauben. Denn wenn du dich auf mehrere Rechtsgrundlagen berufen möchtest, solltest du den Betroffenen hierüber auch entsprechend informieren bzw. ihm Gelegenheit zur Information geben.

Ein verbreiteter Irrglaube ist, dass ich immer eine Einwilligung des Betroffenen brauche, um seine Daten verarbeiten zu dürfen. Das ist mitnichten der Fall. Früher wurde zudem die Einwilligung gerne als „Königin der Rechtsgrundlagen“ benannt. Hintergrund dafür war, dass man glaubte, dass die Einwilligung die für den Betroffenen und den Verantwortlichen vermeintlich sicherste Rechtsgrundlage für eine Verarbeitung sei.

Nur ist das mitnichten der Fall. Für den Verantwortlichen ist eine Einwilligung mit vielen Nachteilen verbunden. So muss ich die Einwilligung für die Dauer der Verarbeitung nachweisen können. Und die Betroffenen können ihre Einwilligung ggf. widerrufen. Was ist, wenn ich die Daten dann doch noch weiterverarbeiten möchte. Kann ich mich dann auf eine andere Rechtsgrundlage berufen? Das sind Fragen, die rechtliche und tatsächliche Probleme aufwerfen, die Verantwortliche in der Praxis häufig übersehen.

Und wenn wir ganz ehrlich sind, ist die Einwilligung auch für die Betroffenen keine „gute“ Rechtsgrundlage. Ein schönes Beispiel dafür sind die täglich vielfach im Internet erteilten „Einwilligungen“ in die Verwendung von Cookies, in die Verarbeitung für Werbezwecke und sonstiges. Kaum ein Betroffener liest sich durch, in was er dort einwilligt. Es werden Einwilligungen erteilt, wie „End-User-License-Agreements“ beim Installieren von Windows-Programmen abgeschlossen werden: Weiter – Weiter – Weiter – Fertigstellen!

Das sind keine ernstzunehmenden Einwilligungen, die den Betroffenen in seinem Sinne schützen. Die Einwilligung in der Praxis ist keine Königin der Rechtsgrundlage. Sie ist vielmehr in die Jahre gekommen („ALT“) und allenfalls eine „ALTernative“, wenn andere Rechtsgrundlagen nicht in Betracht kommen. Das ist zumindest meine Empfehlung. Und viele andere Datenschutzrechtler sehen das anders. Überzeugend finde ich das allerdings nicht. Auch hier wirst du aber deine eigenen Erfahrungen machen müssen.

Und natürlich gibt es auch Bereiche, in denen die Einwilligung entweder die einzige Wahl (z.B. häufig bei „Magendaten“) oder manchmal im Einzelfall die beste Wahl sein kann.

Auch die weiteren, häufig verwendeten Rechtsgrundlagen der Datenverarbeitung wie z.B. die Interessenabwägung oder auch die Erfüllung von Vertragszwecken sind nicht ohne Probleme. So stellt sich hier regelmäßig die Frage der „Erforderlichkeit“. Was genau bedeutet denn erforderlich. Ist es als „zwingend erforderlich“ im Sinne von „unerlässlich“ zu verstehen oder reicht es aus, wenn diese lediglich „zweckdienlich“ ist? Auch hier sind viele Fragen nicht geklärt oder schwierig zu beantworten.

Im Ergebnis kann es für den Einstieg nur darum gehen, dass du ein Gefühl dafür entwickelst, wann eine Rechtsgrundlage in Betracht kommt und unter welchen Voraussetzungen du sie anwenden kannst.

Da unser Gehirn sich die einzelnen Zulässigkeitstatbestände besser merken kann, wenn wir diese nicht konkret nur unter einem „Artikel“ der DSGVO abspeichern, sondern uns einen Ankerbegriff dazu verinnerlichen, verwenden wir im Folgenden diese Begrifflichkeiten:

7.1. Art. 6 Abs. 1 lit. a) DSGVO – Einwilligung → „ALTernative“

Das Wort „ALTernative“ fängt mit dem Buchstaben „a“ an. Und das hat natürlich seinen Sinn, denn die Einwilligung nach Art. 6 Abs. 1 lit. **a**) DSGVO hat schließlich auch ein „a“ in sich.

Warum die Einwilligung bei mir die „ALTernative“ ist, habe ich ein paar Absätze weiter oben ja schon erklärt.

7.2. Art. 6 Abs. 1 lit. b) DSGVO – Datenverarbeitung zur Vertragserfüllung → „Dickes B“

Kennst du das Lied „Dickes B“ von Peter Fox? Wenn ja, dann hast du den Song jetzt bereits im Kopf. Warum verwenden wir nun **„Dickes B“** für die Datenverarbeitung zu Vertragszwecken nach Art. 6 Abs. 1 lit. **b**) DSGVO. Warum es ein „B“ ist, dürftest du bereits verstanden haben. Und dass das „Dickes B“ für Berlin steht, weißt du auch, wenn du das Lied von Peter Fox kennst.

Die Datenverarbeitung zur Erfüllung von Vertragszwecken ist deswegen ein **„Dickes B“**, weil es wie Berlin ist: **Hauptstadt – wichtig – groß**.

Das „Dicke B“ als Rechtsgrundlage ist nämlich die sicherste aller Rechtsgrundlagen, weil im Hinblick auf die Zulässigkeit kaum etwas „anbrennen“ kann, wenn du bei der Erforderlichkeit der Daten Vorsicht walten lässt.

Mit anderen Worten: Wenn die Daten des Betroffenen für die Erfüllung des Vertrages, den du mit dem Betroffenen hast, unerlässlich sind, dann ist die Rechtsgrundlage rechtlich „sicher“.

7.3. Art. 6 Abs. 1 lit. c) DSGVO – Datenverarbeitung zur Erfüllung rechtlicher Pflichten → „Caesar“

Es gibt eine Vielzahl von rechtlichen Pflichten, die öffentliche Stellen und Unternehmen zu erfüllen haben, weil Gesetze es vorsehen.

Wenn ich also gesetzlich verpflichtet bin, personenbezogene Daten zu verarbeiten, dann ist Art. 6 Abs. 1 lit. c) DSGVO die passende Rechtsgrundlage.

Nach h. M. versteht man unter den rechtlichen Pflichten, die hier genannt werden, nur Pflichten, sie sich aus sog. objektivem Recht – also Gesetzen – ergeben. Eine rein vertragliche Verpflichtung reicht hier nicht aus.

Und deswegen nennen wird diesen Zulässigkeitstatbestand des Art. 6 Abs. 1 lit. **c**) DSGVO auch **„Caesar“**. C wie Caesar, denn auch Caesar hat als „Imperator“ die Regeln vorgegeben.

7.4. Art. 6 Abs. 1 lit. d) DSGVO – Datenverarbeitung für lebenswichtige Interessen → „Dead“

In Notsituationen, die vital bedrohlich sind, darf ich personenbezogene Daten zum Schutz der lebenswichtigen Interessen verarbeiten. Das ergibt sich aus Art. 6 Abs. 1 lit. d) DSGVO.

Ich muss bei diesen Fällen an meine Zeit als Rettungssanitäter denken. Wenn du z. B. an einen Unfallort kommst, ist Datenschutz erst einmal zweitrangig, wenn Leben oder Gesundheit konkret gefährdet sind. Es geht um Leben oder Tod. Und daher heißt Art. 6 Abs. 1 lit. **d**) DSGVO bei uns **„Dead“**. Du kannst ihn aber auch z. B. „Danke“ nennen, wenn du den Begriff angenehmer findest. Und warum die Norm praktisch kaum eine Bedeutung und damit auch in dieser Hinsicht „dead“ ist, erfährst du dann, wenn wir uns später konkret mit der Norm befassen.

7.5. Art. 6 Abs. 1 lit. e) DSGVO – Datenverarbeitung für öffentliche Aufgaben → „Echt jetzt“

Bei staatlichem Handeln gegenüber Betroffenen haben wir es eher selten mit Verträgen zu tun. Dieses hoheitliche Handeln erfolgt in der Regel in der Erfüllung oder Wahrnehmung einer Aufgabe, die der jeweiligen öffentliche Stelle durch eine Rechtsvorschrift zugewiesen worden ist.

Aber auch Private können öffentliche Aufgaben wahrnehmen, wenn ihnen diese Aufgabe z.B. im Rahmen einer sog. Beleihung zugewiesen wurde.

In § 3 BDSG wird dieser Zulässigkeitstatbestand noch einmal konkretisiert. Denn eine Verarbeitung personenbezogener Daten durch eine öffentliche Stelle ist nach § 3 BDSG zulässig, wenn sie zur Erfüllung der in der Zuständigkeit des Verantwortlichen liegenden Aufgabe oder in Ausübung öffentlicher Gewalt, die dem Verantwortlichen übertragen wurde, erforderlich ist.

Und warum heißt nun Art. 6 Abs. 1 lit. **e**) DSGVO bei uns **„Echt jetzt“**. Nun, das hat mit einer privaten Begebenheit zu tun. Jemand aus meinem Umfeld hat wegen eines qualifizierten Rotlichtverstoßes im Straßenverkehr einen Bußgeldbescheid erhalten. Beim Öffnen und Lesen dieses Briefes, der im Rahmen der Ausübung der Aufgabe der Straßenverkehrsüberwachungsbehörde erfolgte, entfuhr ihm ein wütendes „Echt jetzt?!“. Und seitdem verwende ich diesen Begriff „Echt jetzt“ als Ankerbegriff für Art. 6 Abs. 1 lit. e) DSGVO.

Verschweigen möchte ich übrigens auch nicht, dass es einen schönen Streit darüber gibt, ob nun die Rechtsgrundlage für Behörden bei der Erfüllung gesetzlicher Aufgaben nicht eher Art. 6 Abs. 1 lit. c) DSGVO ist, weil es sich ja um eine rechtliche Verpflichtung handelt, die der Behörde auferlegt ist. Und ich denke, dass zumindest in den Fällen, wo das Gesetz der Behörde die Möglichkeit gibt, dem Betroffenen durch z.B. Verwaltungsakt ein Dulden oder Handeln aufzuerlegen, „Caesar“ die passendere Rechtsgrundlage ist. Aber der Streit wird durch die Rechtsprechung entschieden werden.

Der Streit ist übrigens deswegen relevant, weil es bei einer Datenverarbeitung auf Basis von „Echt jetzt“ nach Art. 21 Abs. 1 DSGVO ein Widerspruchsrecht gibt.

7.6. Art. 6 Abs. 1 lit. f) DSGVO – Datenverarbeitung auf Basis einer Interessenabwägung → „FETT“

Nach Art. 6 Abs. 1 lit. f) DSGVO darf ich als Verantwortliche personenbezogene Daten verarbeiten, wenn dies zur Wahrung meiner berechtigten Interessen oder der Interessen eines Dritten erforderlich ist und die Interessen oder Grundrechte und Grundfreiheiten der betroffenen Person nicht meine Interessen überwiegen.

Diese Datenverarbeitung auf Basis einer Interessenabwägung nach Art. 6 Abs. 1 lit. **f**) DSGVO heißt bei mir **„FETT“**.

„FETT“ ganz einfach deswegen, weil es eine „fette“ Rechtsgrundlage ist. Es dürfte massenmäßig die wohl am häufigsten verwendete Rechtsgrundlage sein. Dem Internet sei Dank. Denn mit dem reinen Besucher meiner Internetseite habe ich selten ein Vertragsverhältnis. Das „Dicke B“ kommt also nicht in Betracht. Die Einwilligung als „ALTernative“ auch nicht. Also lande ich notgedrungen bei der Interessenabwägung.

Die Interessenabwägung ist aber auch deswegen „FETT“, weil es eine zwar wackelige Rechtsgrundlage ist, die ich aber durch datenschutzfreundliches Handeln absichern kann. Und so wird die Interessenabwägung nicht nur für den Verantwortlichen, sondern auch für den Betroffenen „FETT“.

8. Die Einwilligung – „ALTernative“

Nach Art. 6 Abs. 1 lit. a) DSGVO ist die Verarbeitung personenbezogener Daten zulässig, wenn die betroffene Person ihre Einwilligung zur Verarbeitung ihrer personenbezogenen Daten für einen oder mehrere bestimmte Zwecke gegeben hat.

Aber was genau ist eigentlich eine Einwilligung und welche Bedingungen müssen für eine wirksame Einwilligung erfüllt sein?

Nach Art. 4 Nr. 11 DSGVO ist eine Einwilligung jede **freiwillig** für den **bestimmten Fall,** in **informierter** Weise und **unmissverständlich** abgegebene Willensbekundung in Form einer Erklärung oder einer sonstigen eindeutigen bestätigenden Handlung, mit der die betroffene Person zu verstehen gibt, dass sie mit der Verarbeitung der sie betreffenden personenbezogenen Daten einverstanden ist.

Wir sprechen in diesem Zusammenhang gerne von einer **zweifelsfreien Einwilligung**.

Die Einwilligung muss also diese vier Voraussetzungen erfüllen:

Die Betroffene muss mit der Einwilligung

1. freiwillig,
2. für den bestimmten Fall,
3. in informierter Weise und
4. unmissverständlich

zum Ausdruck bringen, dass sie die Datenverarbeitung wünscht bzw. mit ihr einverstanden ist.

Voraussetzung ist also für eine Einwilligung zunächst einmal, dass es eine **Handlung** der Betroffenen gibt. Eine Nicht-Handlung kann somit keine Einwilligung darstellen. Aus diesem Grund ist z. B. auch eine bereits angekreuzte „Checkbox“ bei einem Formular keine wirksame Einwilligung.

Im Gegensatz zum früheren deutschen Recht bedarf die Einwilligung aber z. B. keiner Schriftform mehr. Vielmehr ist gar keine Form mehr vorgesehen. Die Einwilligung kann also z. B. auch durch „konkludentes“

Verhalten erfolgen. Konkludentes Handeln ist schlüssiges Handeln. Ich kann also aus dem Verhalten der Person klar erkennen, dass sie unmissverständlich etwas möchte, wie z. B. eine Einwilligung abgeben.

Darüber hinaus sieht auch Art. 7 DSGVO noch weitere Bedingungen für eine wirksame Einwilligung vor.

So muss ich als Verantwortlicher nach Art. 7 Abs. 1 DSGVO die Einwilligung nachweisen können, wenn meine Datenverarbeitung auf dieser Einwilligung beruht.

Einen besonderen Schutz soll es nach Art. 7 Abs. 2 DSGVO auch vor „versteckten“ Einwilligungen in Verträgen geben. So kann es bei Verträgen, die ein Betroffener unterzeichnet, durchaus vorkommen, dass im Vertrag selbst eine Einwilligung enthalten ist. Damit der Betroffene diese Einwilligung zwischen den anderen Vertragsregelungen leicht erkennen kann, muss die Einwilligung leicht zugänglich und von den anderen Sachverhalten klar zu unterscheiden sein. Eine ähnliche Anforderung gab es im deutschen Recht auch schon vor der Geltung der DSGVO. Praktisch lässt sich das umsetzen, indem die betreffenden Einwilligungsklauseln im Vertrag z. B. mit einem Rahmen versehen sind oder durch Fettdruck hervorgehoben sind.

Über die Anforderungen der alten Rechtslage hinaus ist nun nach Art. 7 Abs. 2 DSGVO „klare und einfache Sprache“ zu verwenden.

Es gehört zum Wesen der Einwilligung, dass diese auch – mit Wirkung für die Zukunft – widerrufen werden kann. Art. 7 Abs. 3 DSGVO enthält neben dieser Klarstellung aber auch noch die wichtige Vorgabe, dass der Betroffene vor der Abgabe seiner Einwilligung von der Möglichkeit des Widerrufs zu informieren ist.

Ferner muss der Widerruf so einfach wie die Erteilung der Einwilligung sein.

Verhindert werden soll damit, dass Betroffene sehr leicht eine Einwilligung über die Internetseite des Verantwortlichen erteilen können, für den Widerruf aber dann z. B. die Schriftform – also per Post oder durch persönliche Aushändigung – verlangt wird.

Große Unsicherheit bereitet die Regelung des sog. „Koppelungsverbots“ des Art. 7 Abs. 4 DSGVO. Die Regelung ist schon sprachlich eine Herausforderung:

> *Bei der Beurteilung, ob die Einwilligung freiwillig erteilt wurde, muss dem Umstand in größtmöglichem Umfang Rechnung getragen werden, ob unter anderem die Erfüllung eines Vertrags, einschließlich der Erbringung einer Dienstleistung, von der Einwilligung zu einer Verarbeitung von personenbezogenen Daten abhängig ist, die für die Erfüllung des Vertrags nicht erforderlich sind.*

Der Gesetzgeber versucht hier also das Merkmal der Freiwilligkeit zu konkretisieren. Nur gelingt es ihm nicht bzw. nicht so richtig. Problem dieser Regelung ist, dass sie mit anderen Grundrechten und Grundfreiheiten, die auch dem Verantwortlichen zustehen kollidiert und insoweit primärrechtskonform unter Berücksichtigung der GRCh auszulegen ist. Nun können wir trefflich darüber streiten, ob die Vertragsfreiheit auch von der GRCh garantiert wird oder nicht. Tatsache bleibt aber, dass die Regelung auch schon aus ihrem Wortlaut heraus nicht deutlich macht, ob ich nicht als Verantwortliche bei entsprechender Gestaltung meiner Verträge und meiner Einwilligung dieses vermeintliche „Koppelungsverbot“ umgehen kann.

Die bisherige Rechtsprechung in Deutschland und auch die Praxis der Aufsichtsbehörden in der EU ist entsprechend auch eher zurückhaltend mit diesem vermeintlichen „Koppelungsverbot“ umgegangen. Ich denke, es spricht eher dafür, dass wir es als „Nichtkoppelungsgebot“ verstehen dürfen.

Nur in eher drastischen Fällen wird der Anwendungsbereich deutlich denkbar. Wenn z. B. ein KfZ-Händler den Verkauf eines Autos von der Einwilligung des Käufers abhängig macht, dass dieser eine Einwilligung zur Übermittlung der Daten aus dem Kaufvertrag an einen KfZ-Haftpflichtversicherungsmakler erteilt, wäre dies m. E. nach Art. 7 Abs. 4 DSGVO unzulässig.

Im Gegensatz dazu meine ich schon, dass z. B. der Betreiber einer Internetseite eine Einwilligung von dem Betroffenen in die Anzeige verhaltensbezogener Werbung verlangen kann, wenn dieser Beiträge auf der Internetseite ansehen möchte. Genau dieser Fall ist allerdings unter Datenschutzrechtlern stark umstritten und wird auch die Gerichte in Zukunft beschäftigen.

9. Datenverarbeitung für Vertragszwecke – „Dickes B“

Nach Art. 6 Abs. 1 lit. b) DSGVO („Dickes B“) ist die Verarbeitung personenbezogener Daten zulässig, wenn diese für die Erfüllung eines Vertrags erforderlich ist.

Ferner ist „Dickes B“ auch als Rechtsgrundlage anwendbar, wenn personenbezogene Daten zur Durchführung vorvertraglicher Maßnahmen auf Anfrage des Betroffenen verarbeitet werden.

Weitere Voraussetzung ist, dass der Betroffene selbst Vertragspartei des betreffenden Vertrages ist. Umstritten ist dabei, ob der Verantwortliche selbst einen Vertrag mit dem Betroffenen haben muss oder ob es richtigerweise ausreicht, dass der Verantwortliche zwar nicht selbst einen Vertrag mit dem Betroffenen hat, aber für die Abwicklung des Vertrags zwischen einem Dritten und den Betroffenen eine Leistung erbringt. Diese Fragestellung werden wir auch im u. g. Beispiel noch einmal erörtern.

Dreh- und Angelpunkt beim „Dicken B“ ist die **Erforderlichkeit**. Denn dieser Begriff ist nicht eindeutig definiert. In der rechtswissenschaftlichen (deutschen) Literatur bedeutet „erforderlich“ aber nach h. M. nicht „zwingend erforderlich“ oder „unerlässlich“.

Vielmehr soll anhand objektiver Kriterien festgestellt werden, ob es einen unmittelbaren Zusammenhang zwischen der konkreten Datenverarbeitung und dem Zweck des Vertrages gibt. Dabei soll richtigerweise der Grundsatz der Datenminimierung des Art. 5 Abs. 1 lit. c) DSGVO berücksichtigt werden. Aber auch z. B. Kostenminimierungsanforderungen seitens des Verantwortlichen sollen mit herangezogen werden können.

Im Ergebnis wird die weitere Rechtsprechung hier klare Linien entwickeln müssen.

Verantwortliche, die den Grundsatz der Datenminimierung beim „Dicken B“ berücksichtigen, sollten in dieser Rechtsgrundlage aber eine sichere Variante finden können.

Beispiel: Online-Kauf einer Waschmaschine

Der Kunde „K“ bestellt sich beim Online-Händler „A“ eine Waschmaschine im Online-Shop, die zu ihm nach Hause geliefert werden soll. Während des Bestellvorgangs muss „K“ diese Daten angeben. Sie sind als Pflichtfelder gekennzeichnet.

1. Vorname und Nachname

2. Rechnungsanschrift

3. Lieferanschrift

4. E-Mail-Adresse

5. Kreditkartendaten (zwecks Bezahlung)

6. Telefonnummer

Während die Daten zu 1. – 5. jedem als „erforderlich“ erscheinen dürften, könnte bei der Telefonnummer die Frage aufkommen, ob diese „erforderlich“ ist und ob diese auf Basis des „Dicken B“ verarbeitet werden darf.

Nun, die Antwort lautet „Ja“. Die Begründung liegt hier aber in der Art der Ware. Da eine Waschmaschine schwer ist und häufig durch auf Schwerlast spezialisierte Logistikdienstleister ausgeliefert wird, ist eine Angabe der Telefonnummer erforderlich, um einen Liefertermin abzusprechen. Schließlich soll die Waschmaschine nach Möglichkeit beim ersten Auslieferungsversuch auch ausgeliefert werden können.

Im Ergebnis darf „A“ also die Telefonnummer auf Basis von Art. 6 Abs. 1 lit. b) DSGVO erheben.

„A“ gibt die Nummer dann aber nach dem Kauf an den Logistikdienstleister „H“ weiter.

Ist auch dies auf Basis vom „Dicken B“ zulässig?

Hier könnte man natürlich die Auffassung vertreten, dass eine Weitergabe nicht erforderlich ist, da ja „A“ selbst einen Termin mit dem Kunden „K“ absprechen könnte, um diesen dann „H“ mitzuteilen. Nur liegt hier auf der Hand, dass dies einen erheblichen Mehraufwand (und eine zusätzliche Fehlerquelle) bedeuten würde, der auch unter objektiven Umständen nicht den Vertragszwecken entsprechen würde.

Die Weitergabe der Daten von „A“ an „H“ ist daher nach Art. 6 Abs. 1 lit. b) DSGVO ebenfalls zulässig, weil diese zur Erfüllung des Vertrags „erforderlich“ ist.

Der Logistikdienstleister „H“ speichert die Lieferanschrift und Telefonnummer natürlich auch in seinen Datenbeständen. Schließlich muss er ja auch die Lieferung gegenüber seinem Vertragspartner A nachweisen können. Nur braucht „H“ für sich ebenfalls eine Rechtsgrundlage für die Speicherung dieser personenbezogenen Daten. Hier ist umstritten, ob sich „H“ ebenfalls auf das „Dicke B“ berufen darf. Schließlich hat H ja nicht selbst einen Vertrag mit „K“ als Betroffenen.

Richtigerweise kann „H“ sich aber hier ebenfalls auf das „Dicke B“ als Rechtsgrundlage berufen. Denn es ist nach richtiger Auffassung nicht erforderlich, dass „H“ selbst einen Vertrag mit „K“ hat. Es reicht vielmehr aus, dass „H“ im Kontext eines Vertrages mit der Erbringung von Leistungen für „K“ eingebunden ist.

Dieses Beispiel zeigt, dass wir immer ein wenig nachdenken dürfen (und müssen), um passende Rechtsgrundlagen zu finden.

So wäre im Verhältnis zwischen „H“ und „K“ auch denkbar, dass „H“ als Rechtsgrundlage die Interessenabwägung nach Art. 6 Abs. lit. f) DSGVO („FETT“) wählt. Problem ist nur, dass in diesen Fällen auch eine Information zum Widerspruchsrecht an den Betroffenen „K“ erfolgen müsste, was praktisch häufig nicht oder nur aufwändig umsetzbar wäre.

Wenn „K“ keine Waschmaschine, sondern eine Armbanduhr bei „A“ bestellen würde, wäre übrigens die Frage nach der Telefonnummer m. E. klar dahingehend zu beantworten, dass diese für den Kauf und die Lieferung der Ware nicht erforderlich ist. Damit würde das „Dicke B“ als Rechtsgrundlage nicht in Betracht kommen.

10. Datenverarbeitung zur Erfüllung rechtlicher Pflichten – „Caesar“

Nach Art. 6 Abs. 1 lit. c) DSGVO ist die Verarbeitung personenbezogener Daten zulässig, wenn die Verarbeitung zur Erfüllung einer rechtlichen Verpflichtung erforderlich ist, der der Verantwortliche unterliegt.

Bei diesem „Caesar“-Zulässigkeitstatbestand können wir uns kurzfassen. Wenn ein Gesetz vorgibt, ob und ggf. auch wie personenbezogene Daten verarbeitet werden sollen, dann ist dieses vom Verantwortlichen zu befolgen.

Das Paradebeispiel sind z. B. die handels- und steuerrechtlichen Aufbewahrungspflichten oder z. B. die Regelungen des Geldwäschegesetzes.

11. Datenverarbeitung für lebenswichtige Interessen – „Dead"

Diese Norm heißt nicht nur wegen des „d" in Art. 6 Abs. 1 lit. d) DSGVO „dead". Sie ist auch praktisch in der Bedeutung nahezu „dead".

Häufig wird es in Situationen, in denen Daten zum Schutz lebenswichtiger Interessen verarbeitet werden um besondere Kategorien personenbezogener Daten („Magendaten") gehen. Und in diesen Fällen ist Art. 9 DSGVO zu beachten. Ob Art. 9 DSGVO neben Art. 6 DSGVO oder stattdessen die Rechtsgrundlage ist, ist übrigens auch umstritten. Diesen Streit müssen wir hier als Einsteiger aber nicht beantworten. Beschränken wir uns darauf, dass wir wissen, dass die Verarbeitung von „Magendaten" nach Art. 9 Abs. 1 DSGVO grundsätzlich untersagt ist und ich eine Ausnahmeregelung in Art. 9 Abs. 2 DSGVO finden muss.

Wenn der Betroffene nicht imstande ist, eine Einwilligung zu erteilen, weil er z. B. bewusstlos ist, dann kann Art. 9 Abs. 2 lit. c) DSGVO als Rechtsgrundlage herangezogen werden. Wenn die medizinische Behandlung durch Ärzte oder Rettungsassistenten oder andere staatlich zugelassene Gesundheitsberufe erfolgt, kann die Datenverarbeitung auf Basis von Art. 9 Abs. 2 lit. h) DSGVO i. V. m. § 22 Abs. 1 lit. b) BDSG erfolgen.

Und wenn die Verarbeitung von Gesundheitsdaten („Ist Ihnen schwindelig?", „Bekommen Sie gut Luft?") z. B. durch Beteiligte an einem Unfallort erfolgt, wäre die Einwilligung nach Art 9 Abs. 2 lit. a) DSGVO eine denkbare Rechtsgrundlage.

Wie du merkst, schwindet hier der Anwendungsbereich von „Dead" ganz erheblich. Art. 6 Abs. 1 lit. d) DSGVO hat sicher seine Berechtigung. Ich wage aber zu bezweifeln, dass du mit diesem Zulässigkeitstatbestand häufiger in Kontakt kommen wirst.

12. Datenverarbeitung für öffentliche Aufgaben – „Echt jetzt“

Nach Art. 6 Abs. 1 lit. e) DSGVO ist Verarbeitung personenbezogener Daten zulässig, wenn dies für die Wahrnehmung einer Aufgabe im öffentlichen Interesse erforderlich ist oder in Ausübung öffentlicher Gewalt erfolgt, die dem Verantwortlichen übertragen wurde.

Klassischerweise ist diese Norm primär für öffentliche Stellen einschlägig. Auch Private, die als sog. „Beliehene“ öffentliche Aufgaben wahrnehmen, kommen hier aber als Normadressaten in Betracht. So sind z. B. Notare oder Bezirksschornsteinfeger Beliehene, die öffentliche Aufgaben wahrnehmen und sich insoweit im Kontext mit ihrer jeweiligen Aufgabe, die ihnen durch ein Gesetz zugewiesen wurde, auf Art. 6 Abs. 1 lit. e) DSGVO („Echt jetzt“) berufen können.

Auch hier ist wiederum die „Erforderlichkeit“ der Datenverarbeitung zu prüfen. Der Maßstab ist hier jedoch im Vergleich zum „Dicken B“ ein anderer. Denn bei der Wahrnehmung öffentlicher Aufgaben ist der Verhältnismäßigkeitsgrundsatz anzuwenden und streng auszulegen. In der rechtswissenschaftlichen Literatur wird vertreten, dass der Umfang der Datenverarbeitung auf das absolut Notwendige zu beschränken sei.

Für die Anwendung von „Echt jetzt“ ist wichtig zu wissen, dass ich zusätzlich immer eine Norm im jeweiligen nationalen Recht benötige, aus der sich ergibt, dass der Stelle die öffentliche Aufgabe zugewiesen wurde.

Im deutschen Recht hat der Gesetzgeber sich hier mit § 3 BDSG beholfen, der als allgemein geltende Norm jede Datenverarbeitung einer öffentlichen Stelle für zulässig erklärt, wenn diese für die Erfüllung der Aufgabe der jeweiligen öffentlichen Stelle erforderlich ist.

13. Datenverarbeitung auf Basis einer Interessenabwägung – „FETT“

Dreh- und Angelpunkt der Datenverarbeitung auf Basis einer Interessenabwägung ist – wie sollte es anders sein – die Abwägung der Interessen des Verantwortlichen (oder Dritten) mit denen des Betroffenen.

Hier bestehen in der Theorie und Praxis einige Unsicherheiten. Daher wollen wir der Durchführung der Interessenabwägung und der dabei zu berücksichtigenden Aspekte ein wenig auf den Grund gehen.

Die Prüfung der Interessenabwägung erfolgt in **drei Stufen**:

13.1. Erste Stufe – Berechtigtes Interesse des Verantwortlichen oder Dritten

Auf der ersten Stufe muss zunächst ein berechtigtes Interesse bestehen, auf das sich der Verantwortliche berufen kann. Dabei kann es sich um sein eigenes Interesse oder das Interesse eines Dritten handeln.

Auch unter Berücksichtigung des EU-Primärrechts, insbesondere der Art. 15–17 GRCh, ist ein berechtigtes Interesse des Verantwortlichen anzunehmen, wenn dieses von der Rechtsordnung nicht missbilligt wird. Damit ist z. B. ein rechtswidriges Interesse ausgeschlossen.

Das Vorliegen eines berechtigten Interesses ist somit weit auszulegen. Alle rechtlich legitimen Interessen können als berechtigt gelten. Vereinfacht formuliert wird ein Verantwortlicher diese „Hürde“ der ersten Stufe in der Praxis regelmäßig überspringen.

Nach der Rechtsprechung des OLG München (Urteil vom 31.07.2019, 7 U 4012/17) ist berechtigtes Interesse i. S. v. „FETT“ gegeben, wenn das Interesse aus einer von der Rechtsordnung erlaubten unternehmerischen Tätigkeit des Verantwortlichen (oder Dritten) folgt. Zudem sei die unternehmerische Freiheit, die notwendigerweise das Recht zur Gewinnerzielung umfasst, ausdrücklich durch Art. 16 GRCh anerkannt und geschützt.

In Erwägungsgrund 47 der DSGVO werden schließlich noch bestimmte Interessen als grundsätzlich berechtigt angesehen. Dazu gehört vor allem die praktisch relevante Direktwerbung.

13.2. Zweite Stufe – Zur Wahrung des berechtigten Interesses erforderlich

Auf der zweiten Stufe begegnet uns dann wieder der Begriff der Erforderlichkeit. In der deutschen Rechtsprechung wird dieser Prüfungsschritt meist gar nicht gesondert vorgenommen. Auch Teile der rechtswissenschaftlichen Literatur halten diesen Prüfungsschritt für obsolet.

Die Aufsichtsbehörden hingegen tendieren häufig auf dieser zweiten Stufe zu einer strengen Auslegung der Erforderlichkeit.

Eine zu strenge Auslegung der Erforderlichkeit würde den primären Zweck der Interessenabwägung jedoch konterkarieren. Die „FETT"-Norm steht ja gerade dafür, dass hier ggf. widerstrebende Interessen gewichtet und bewertet werden müssen. Für eine besonders strikte Prüfung der Erforderlichkeit auf dieser Stufe gibt es keinen Raum und vor allem auch keinen Bedarf.

Denn die Erforderlichkeit wird in jedem Fall auch auf der dritten Stufe im Rahmen der Interessenabwägung zu berücksichtigen sein.

Auf dieser Stufe sollte aber gleichwohl geprüft werden, ob es nicht andere, mildere Mittel zur Wahrung des berechtigten Interesses gibt, die dem Verantwortlichen auch zumutbar sind. Zu strenge Maßstäbe sollten hier jedoch nicht angelegt werden müssen, da dies – wie gesagt – dann in der dritten Stufe der Abwägung berücksichtigt werden kann.

13.3. Dritte Stufe – Abwägung mit entgegenstehenden Interessen der betroffenen Personen

Auf der dritten Stufe findet dann die eigentliche Abwägung der Interessen statt. Erwägungsgrund 47 der DSGVO gibt uns hier einigen Anhaltspunkte dafür, welche Aspekte wir bei dieser Interessenabwägung zu berücksichtigen haben.

So sind insbesondere die „vernünftigen Erwartungen“ der betroffenen Personen, die auf ihrer Beziehung zu dem Verantwortlichen beruhen, zu berücksichtigen. In dieser Hinsicht ist auch zu berücksichtigen, ob eine betroffene Person zum Zeitpunkt der Erhebung und hinsichtlich der Umstände, unter denen die Erhebung der Daten erfolgt, absehen kann, dass möglicherweise die betroffene Verarbeitung erfolgen wird.

Natürlich sind bei der Interessenabwägung auch die nach der GRCh dem Betroffenen zustehenden Grundrechte und Grundfreiheiten zu berücksichtigen und mit den Interessen des Verantwortlichen bzw. Dritten abzuwägen.

Praktisch mitentscheidend werden häufig zwei Aspekte sein.

Erstens: Hat der Verantwortliche den Betroffenen ausreichend über die Datenverarbeitung informiert und war diese also für den Betroffenen erwartbar und nicht „überraschend“?

Zweitens: Ist die Datenverarbeitung „datenschutzfreundlich“ gestaltet worden. Verantwortliche können die Interessenabwägung hier zu ihren Gunsten gestalten, wenn sie den Grundsätzen der Datenminimierung und Speicherbegrenzung Rechnung tragen. Gleiches gilt, wenn die Vorgaben zu Privacy by Design & Default i. S. d. Art. 25 DSGVO von dem Verantwortlichen im besonderen Maße beachtet werden. Auch das kann sich günstig für eine Interessenabwägung auswirken.

Wenn es bei der Abwägung eine „Patt“-Situation gibt, führt dies nach dem Wortlaut von Art. 6 Abs. 1 lit. f) DSGVO dazu, dass die Datenverarbeitung zulässig ist. Denn dann haben die Interessen der betroffenen Personen nicht überwogen.

Für Einsteiger ist es eine gute Idee, die Interessenabwägung ganz klassisch mit einer Pro- und Contra-Liste durchzuführen, um jeweils die Punkte, die für eine Verarbeitung des Verantwortlichen sprechen („Pro“) mit denen abzugleichen, die gegen die Datenverarbeitung sprechen, weil sie nicht im Interesse des Betroffenen sind („Contra“).

Sollten Kinder zu den betroffenen Personen gehören, ist dies in besonderem Maße zu berücksichtigen.

13.4. Widerspruchsrecht

Nach Art. 21 Abs. 1 DSGVO haben Betroffene gegen die Datenverarbeitung auf Basis einer Interessenabwägung ein Widerspruchsrecht. Wenn die Datenverarbeitung jedoch nicht für Zwecke der Direktwerbung erfolgt, muss der Betroffene die Gründe für seine „besondere Situation“ darlegen, die ihn zum Widerspruch berechtigen.

Auch im Falle eines Widerspruchs kann der Verantwortliche die Daten weiterverarbeiten, wenn er zwingende schutzwürdige Gründe für die Verarbeitung nachweisen kann.

13.5. Kein „FETT“ für öffentliche Stellen

Nach Art. 6 Abs. 1 Satz 2 DSGVO können Behörden sich nicht auf Art. 6 Abs. 1 lit. f) DSGVO für die Verarbeitung berufen, die in Erfüllung ihrer Aufgaben erfolgt.

Damit ist „FETT“ als Rechtsgrundlage für öffentliche Stellen praktisch nicht anwendbar.

14. Verarbeitung von „Magendaten“

Wir haben bereits mehrfach erwähnt, dass eine Verarbeitung von besonderen Kategorien personenbezogener Daten („Magendaten“) nach Art. 9 DSGVO grundsätzlich untersagt ist.

In Art. 9 Abs. 2 DSGVO sind dann diverse Ausnahmen von diesem Grundsatz enthalten. Leider sind die Ausnahmen in Teilbereichen nicht sonderlich gelungen und lassen ganze Berufsgruppen gewissermaßen im Regen stehen, da diese mit Blick z. B. auf Gesundheitsdaten bei Sanitätshäusern nur noch mit einer praktisch nicht gut handhabbaren Einwilligung nach Art. 9 Abs. 2 lit. a) DSGVO arbeiten können.

Auch die Verarbeitung von Daten der Religionszugehörigkeit durch z. B. Steuerberater ist nicht klar durch Art. 9 DSGVO erfasst.

Für wichtige Bereiche der Gesundheitsvorsorge und medizinischen Behandlung hat der deutsche Gesetzgeber in § 22 BDSG Ausnahmen geschaffen.

Wir als Einsteiger können uns zu Art. 9 DSGVO merken, dass die Verarbeitung von „Magendaten“ grundsätzlich untersagt ist. Ich brauche also immer eine Ausnahme des Art. 9 Abs. 2 DSGVO, die dann z. T. wieder in das nationale Recht (z. B. § 22 BDSG) verweist.

Schließlich gibt es auch immer die Möglichkeit, mit einer Einwilligung nach Art. 9 Abs. 2 lit. a) DSGVO zu arbeiten.

15. Die Informationspflichten der DSGVO

15.1. Gut gedacht – schlecht gemacht

Der Verordnungsgeber hat bei den Informationspflichten das Ziel gehabt, Betroffenen Transparenz über die Verarbeitung ihrer personenbezogenen Daten zu verschaffen. Das ist zu begrüßen.

Leider ist der Verordnungsgeber hier an vielen Stellen über das Ziel hinausgeschossen, was wiederum zu Kollisionen mit Grundrechten und Grundfreiheiten der Verantwortlichen führt.

Die Informationspflichten der DSGVO gehören zu dem Abschnitt der DSGVO, den viele zurecht für den misslungensten Abschnitt der DSGVO halten.

Die Informationspflichten sind teilweise überbordend und wichtige Ausnahmen wie z. B. für die Verarbeitung von Daten aus allgemein zugänglichen Quellen wie dem Internet, sind entweder vergessen oder falsch betrachtet worden.

In der Praxis behelfen sich sowohl Aufsichtsbehörden als auch Rechtsanwender mit Lösungen, die mit dem Wortlaut der Informationspflichten der DSGVO nicht bzw. nur schwerlich in Einklang zu bringen sind.

Häufig hilft nur eine primärrechtskonforme Auslegung und eine damit verbundene Einschränkung der Informationspflichten. Damit werden durchschnittliche Rechtsanwender aber überfordert sein. Denn diese Aufgabe ist selbst für ausgebildete Juristen fordernd.

Der Bundesgesetzgeber hat versucht, im BDSG Einschränkungen der Informationspflichten vorzunehmen. Jedoch ist unklar, ob diese Regelungen europarechtskonform sind, da umstritten ist, ob insoweit eine Öffnungsklausel in der DSGVO vorhanden ist.

15.2. Grundsatz der Transparenz

Nach Art. 12 Abs. 1 DSGVO ist der Verantwortliche zu besonderer Transparenz bzgl. seiner Datenverarbeitung gegenüber Betroffenen verpflichtet.

So muss der Verantwortliche geeignete Maßnahmen treffen, um der betroffenen Person alle Informationen zur Datenverarbeitung

1. in präziser, transparenter, verständlicher und leicht zugänglicher Form
2. in einer klaren und einfachen Sprache zu übermitteln.

Bei Kindern sollen zudem besondere Maßstäbe gelten.

15.3. Zeitvorgaben für die Beantwortung von Anfragen Betroffener

Betroffene haben eine ganze Reihe von Rechten nach der DSGVO. Neben Rechten zur Information haben sie vor allem auch Rechte auf Auskunft, Löschung, Berichtigung, Einschränkung der Verarbeitung, des Widerspruchs etc.

Wenn ein Betroffener sich mit einem entsprechenden Ersuchen an den Verantwortlichen richtet, ist dieser nach Art. 12 Abs. 3 DSGVO verpflichtet, die begehrten Informationen unverzüglich, in jedem Fall aber **binnen eines Monats** nach Eingang des Antrags zur Verfügung zu stellen.

Diese Frist kann jedoch um weitere zwei Monate verlängert werden, wenn dies unter Berücksichtigung der Komplexität und der Anzahl von Anträgen erforderlich ist. Im Falle einer beabsichtigten Fristverlängerung ist der Betroffene jedoch innerhalb eines Monats nach Eingang des Antrags über die Fristverlängerung zu informieren. Die Gründe der Fristverlängerung sind dem Betroffenen mitzuteilen.

Es gibt aber noch weitere Zeitvorgaben. Denn wenn der Verantwortliche auf den Antrag des Betroffenen nicht tätig wird, ist der Verantwortliche verpflichtet, den Betroffenen nach Art. 12 Abs. 4 DSGVO hierüber binnen eines Monats nach Eingang des Antrags über die Gründe zu informieren *und* über die Möglichkeit, bei einer Aufsichtsbehörde Beschwerde einzulegen oder einen gerichtlichen Rechtsbehelf einzulegen.

15.4. Daten zum Betroffenen nicht verfügbar

In der Praxis kann es häufiger vorkommen, dass sich ein Betroffener mit einem Auskunftsersuchen bei einem Verantwortlichen meldet und der Verantwortliche keine Daten zu dem Betroffenen hat.

Das kann z. B. daran liegen, dass der Verantwortliche gar keine Verarbeitungen durchführt, bei denen personenbezogene Daten von identifizierbar Betroffenen verarbeitet werden. So kann es z. B. im Bereich des Online-Marketings vorkommen, dass ausschließlich Pseudonyme verwendet werden, aus denen ein Personenbezug nicht einfach hergeleitet werden kann.

Wenn der Verantwortliche in diesen Fällen nachweisen kann, dass eine Identifizierung nicht möglich ist, dann finden die Art. 15–20 DSGVO und damit auch das Auskunftsrecht des Art. 15 DSGVO keine Anwendung.

Entsprechend darf sich der Verantwortliche hier auch nach Art. 12 Abs. 2 DSGVO weigern, weiter tätig zu werden.

15.5. Zweifel an der Identität des Betroffenen

In der Praxis kann es ferner vorkommen, dass Zweifel daran bestehen, dass der Betroffene der ist, für den er sich ausgibt. Das ist insbesondere dann häufig der Fall, wenn entsprechende Ersuchen über E-Mail zugehen.

Wenn der Verantwortliche Zweifel an der Identität des Betroffenen hat, kann er nach Art. 12 Abs. 6 DSGVO zusätzliche Informationen beim Betroffenen anfordern, die zur Bestätigung seiner Identität erforderlich sind.

Häufig werden hier teilgeschwärzte Ausweis-Dokumente verlangt.

15.6. Bildsymbole

Ein sehr guter Ansatz der DSGVO besteht darin, Datenschutzhinweise in Form von standardisierten, maschinenlesbaren Bildsymbolen möglich zu machen. Dieser Ansatz, der in Art. 12 Abs. 7 und 8 DSGVO niedergelegt ist, bedarf jedoch einer Konkretisierung durch einen delegierten Rechtsakt der EU-Kommission.

Dieser liegt jedoch aktuell nicht vor.

16. Informationspflichten bei der Erhebung beim Betroffenen

Den Verantwortlichen treffen umfangreiche Pflichten zur Information des Betroffenen, die zum Zeitpunkt der Erhebung der Daten beim Betroffenen erfüllt werden müssen.

Dem Betroffenen sind zunächst nach Art. 13 Abs. 1 DSGVO diese Daten mitzuteilen:

1. **Name** und die **Kontaktdaten** des Verantwortlichen;
2. die **Kontaktdaten des Datenschutzbeauftragten** (sofern ein DSB benannt ist);
3. die **Zwecke** der Datenverarbeitung sowie **Rechtsgrundlage**;
4. wenn die Verarbeitung auf Artikel 6 Absatz 1 lit. f) DSGVO („FETT") beruht, müssen die die **berechtigten Interessen** angegeben werden, die von dem Verantwortlichen oder Dritten verfolgt werden;
5. gegebenenfalls die **Empfänger** oder **Kategorien von Empfängern** der personenbezogenen Daten und
6. gegebenenfalls die Absicht des Verantwortlichen, die personenbezogenen Daten an ein Drittland zu übermitteln sowie Nachweise für das angemessene Niveau zum Schutz der Daten bei dem Empfänger im Drittland.

Das ist jedoch noch nicht alles. Denn zusätzlich zu diesen Informationen muss der Verantwortliche weitere Informationen erteilen, die „notwendig sind, um eine faire und transparente Verarbeitung zu gewährleisten".

Das sind:

1. die **Dauer**, für die die personenbezogenen Daten gespeichert werden oder, falls dies nicht möglich ist, die Kriterien für die Festlegung dieser Dauer;
2. Hinweise zum Bestehen von **Betroffenenrechten** (Auskunft, Berichtigung, Löschung, Einschränkung der Verarbeitung, Widerspruchsrecht sowie ein Recht auf Datenübertragbarkeit;

3. im Falle einer **Einwilligung** sind Hinweise zum Widerrufsrecht erforderlich;
4. das Bestehen eines **Beschwerderechts** bei einer Aufsichtsbehörde;
5. ob die Bereitstellung der personenbezogenen Daten gesetzlich oder vertraglich vorgeschrieben oder für einen Vertragsabschluss erforderlich ist, ob die betroffene Person **verpflichtet** ist, die personenbezogenen Daten bereitzustellen, und welche möglichen Folgen die Nichtbereitstellung hätte und
6. das Bestehen einer **automatisierten Entscheidungsfindung** einschließlich „Profiling "i. S. d. Art. 22 Abs. 1 und 4 DSGVO und – zumindest in diesen Fällen – aussagekräftige Informationen über die involvierte Logik sowie die Tragweite und die angestrebten Auswirkungen einer derartigen Verarbeitung für die betroffene Person.

Das sind somit insgesamt 12 Bereiche, über die ich den Betroffenen bzgl. meiner Datenverarbeitung zu informieren habe. Zusätzlich müssen diese Angaben nach Art. 12 Abs. 1 DSGVO in einer klaren und einfachen Sprache erfolgen.

Praktisch gibt es zudem zu vielen dieser Punkte Streitaspekte. Muss ich z. B. immer die Empfänger der Daten konkret benennen, wenn ich diese kenne, oder reicht auch in diesen Fällen die Kategorie der Empfänger? Das sind in der Praxis bedeutsame Fragen, weil diese für Verantwortliche tiefgreifende Konsequenzen haben können. So wären sog. „White-Label"-Lösungen, bei denen ich Leistungen in eigenem Namen anbiete, diese aber de facto fast komplett über einen Auftragsverarbeiter angeboten werden, z. T. nicht mehr möglich. Denn wenn ich deutlich in den Datenschutzhinweisen auf meinen Auftragsverarbeiter hinweisen muss, könnten potentielle Nutzer auf die Idee kommen, die Leistung lieber gleich direkt beim Auftragsverarbeiter in Anspruch zu nehmen.

Der Wortlaut der Art. 13 (und 14) DSGVO lässt zudem kaum Spielräume zu. Das ist nicht nur rechtspolitisch fragwürdig. Der starre Wortlaut lässt kaum eine Auslegung zu. Da Konflikte mit Grundrechten und Grundfreiheiten der Verantwortlichen aus der GRCh auf der Hand liegen, die nur über eine Auslegung der Art. 13 und 14 DSGVO gelöst werden können, der Wortlaut einer Norm aber i. d. R. die Grenze der Auslegung ist, sind

Bedenken einer Primärrechtswidrigkeit der Art. 13, 14 DSGVO durchaus berechtigt.

Auch das ist allerdings ein Thema, das uns als Einsteiger nicht beschäftigen muss.

16.1. Praktische Begrenzung der Informationsfülle

In der Praxis haben sich verschiedene Modelle zur praktischen Begrenzung dieses Informationsüberflusses herausgebildet.

Zum Teil wird m. E. richtigerweise vertreten, dass der zweite Block der Angaben, also die Informationen nach Art. 13 Abs. 2 DSGVO nur dann zu erteilen sind, wenn diese wirklich erforderlich sind, um eine faire und transparente Verarbeitung zu gewährleisten.

Allerdings vertreten zumindest die deutschen Aufsichtsbehörden den Ansatz, dass die Informationen des Art. 12 Abs. 2 DSGVO immer zu erteilen sind.

16.2. Die „Link-Lösung"

Zumindest die deutschen Aufsichtsbehörden halten die sog. „Link-Lösung" für vertretbar. Bei der „Link-Lösung" erhält der Betroffene vom Verantwortlichen bei der Erhebung der Daten nur die Daten, die erforderlich sind, damit er Kenntnis davon erhält, wer der Verantwortliche und was der wesentliche Zweck, Art und Umfang der Datenverarbeitung ist. Für alle weitergehenden Informationen kann dann auf eine leicht zugängliche Internetseite verwiesen werden.

16.3. Ausnahmen von der Informationspflicht

Eine Ausnahme von der Informationspflicht des Art. 13 DSGVO besteht nach Art. 13 Abs. 4 DSGVO nur dann, wenn die betroffene Person bereits über die Information verfügt.

Dass eine betroffene Person jedoch über alle Informationen aus Art. 13 Abs. 1 und 2 DSGVO bereits verfügt, wird in der Praxis meist selten der Fall sein. Die Ausnahmeregelung ist praktisch damit häufig ohne Effekt.

Auch § 32 BDSG sieht einige Einschränkungen der Informationspflicht vor. Diese kommen aber primär öffentlichen Stellen zugute. Lediglich für den Bereich der Geltendmachung, Ausübung oder Verteidigung von rechtlichen Ansprüchen sind nach § 32 Abs. 1 Nr. 4 BDSG Beschränkungen der Informationspflicht zugunsten nichtöffentlicher Stellen praktisch relevant.

Für den Bereich der Berufsgeheimnisträger wie z. B. Rechtsanwälten sieht allerdings § 29 BDSG praktisch brauchbare und relevante Beschränkungen vor.

16.4. Weiterverarbeitung

Nach Art. 13 Abs. 3 DSGVO muss ein Verantwortlicher, der eine Zweckänderung vornehmen möchte, den Betroffenen vor der Weiterverarbeitung seiner Daten für einen anderen Zweck entsprechend wieder informieren.

Auch diese Regelung führt in der Praxis zu kaum tragbaren Folgen für Verantwortliche. Selbst wenn diesen nach Art. 6 Abs. 4 DSGVO eine zweckändernde Verarbeitung erlaubt wäre, müssten diese gleichwohl vorab die Betroffenen informieren. Der Aufwand einer solchen Maßnahme konterkariert damit praktisch häufig eine zulässige Datenverarbeitung des Verantwortlichen.

Auch hier fehlt es an einem Ausgleich der Rechtsgüter von Betroffenen und Verantwortlichen.

17. Informationspflichten bei Daten, die nicht beim Betroffenen erhoben wurden

Wenn die personenbezogenen Daten des Betroffenen nicht bei diesem selbst erhoben worden sind, sondern der Verantwortliche diese z. B. von einem Dritten erhalten oder auch über das Internet aus einer allgemein zugänglichen Quelle erhoben hat, ist der Verantwortliche verpflichtet, den Betroffen zu informieren.

Und zwar muss er die Informationen nach Art. 14 Abs. 3 lit. a) DSGVO innerhalb einer angemessenen Frist, spätestens jedoch **binnen eines Monats** nach Erlangung der Daten erteilen.

Sollte der Verantwortliche den Betroffenen kontaktieren wollen, muss er diesem die Informationen zum Datenschutz spätestens bei der ersten Kontaktaufnahme mitteilen.

Wichtig: Diese Regelung in Art. 14 Abs. 3 lit. b) DSGVO hebelt nicht die Monatsfrist des Art. 14 Abs. 3 lit. a) DSGVO aus. Im Ergebnis muss also spätestens einen Monat nach Erlangung der Daten eine Information des Betroffenen erfolgt sein.

Auch die weitere Regelung zur Information des Betroffenen bei einer geplanten Offenlegung an einen anderen Empfänger in Art. 14 Abs. 3 lit. c) DSGVO hebelt die Monatsfrist des Art. 14 Abs. 3 lit. a) DSGVO nicht aus.

Festgehalten werden kann daher, dass der Verantwortliche binnen eines Monats dem Betroffenen folgende Informationen zur Verfügung gestellt haben muss.

Nach Art. 14 Abs. 1 DSGVO handelt es sich dabei zunächst um folgende Daten:

1. **Name** und **Kontaktdaten des Verantwortlichen**;

2. Kontaktdaten des **Datenschutzbeauftragten**;

3. **Zwecke** der Datenverarbeitung sowie die **Rechtsgrundlage**;

4. die **Kategorien personenbezogener Daten**, die verarbeitet werden;

5. gegebenenfalls die **Empfänger** oder **Kategorien von Empfängern** der personenbezogenen Daten;
6. gegebenenfalls die Absicht des Verantwortlichen einer Drittlandsverarbeitung sowie die Maßnahmen zur Gewährleitung des angemessenen Datenschutzniveaus beim Empfänger im Drittland.

Wie bei Art. 13 Abs. 2 DSGVO sieht auch Art. 14 Abs. 2 DSGVO weitere Informationen für eine faire und transparente Verarbeitung vor. Im Hinblick auf die rechtlichen Bedenken kann insoweit auf die Ausführungen zu Art. 13 DSGVO verwiesen werden.

Nach Art. 14 Abs. 2 DSGVO sind diese Informationen dem Betroffen für eine faire und transparente Verarbeitung mitzuteilen:

1. **Speicherdauer** oder, falls dies nicht möglich ist, die Kriterien für die Festlegung der Speicherdauer;
2. wenn die Verarbeitung auf Artikel 6 Absatz 1 lit. f) DSGVO beruht, die **berechtigten Interessen**, die von dem Verantwortlichen oder einem Dritten verfolgt werden;
3. Hinweise zum Bestehen von **Betroffenenrechten** (Auskunft, Berichtigung, Löschung, Einschränkung der Verarbeitung, Widerspruchsrecht sowie ein Recht auf Datenübertragbarkeit;
4. im Falle einer **Einwilligung** sind Hinweise zum Widerrufsrecht erforderlich;
5. das Bestehen eines **Beschwerderechts** bei einer Aufsichtsbehörde;
6. aus welcher **Quelle** die personenbezogenen Daten stammen und gegebenenfalls ob sie aus öffentlich zugänglichen Quellen stammen;
7. das Bestehen einer **automatisierten Entscheidungsfindung** einschließlich „Profiling" i. S. d. Art. 22 Abs. 1 und 4 DSGVO und – zumindest in diesen Fällen – aussagekräftige Informationen über die involvierte Logik sowie die Tragweite und die angestrebten Auswirkungen einer derartigen Verarbeitung für die betroffene Person.

17.1. Weiterverarbeitung

Auch bei Art. 14 DSGVO ist eine Information zu einer Zweckänderung an den Betroffenen vorgesehen. Auch hier kann im Hinblick auf die Bedenken zu dieser Regelung auf die Ausführungen zu Art. 13 DSGVO verwiesen werden.

17.2. Ausnahmen

Auch Art. 14 Abs. 5 DSGVO sieht Ausnahmeregelungen vor, in denen die Informationspflicht nicht greifen soll. Auch wenn es hier mehr Ausnahmen gibt, greifen auch diese jedoch praktisch zu kurz.

Diese Ausnahmen sind nach Art. 14 Abs. 5 DSGVO vorgesehen. Die Informationspflicht entfällt dann, wenn und soweit

1. die betroffene Person bereits über die Informationen verfügt,

2. die Erteilung dieser Informationen sich als unmöglich erweist oder einen unverhältnismäßigen Aufwand erfordern würde; dies gilt insbesondere für die Verarbeitung für im öffentlichen Interesse liegende Archivzwecke, für wissenschaftliche oder historische Forschungszwecke oder für statistische Zwecke vorbehaltlich der in Artikel 89 Absatz 1 genannten Bedingungen und Garantien oder soweit die in Absatz 1 des vorliegenden Artikels genannte Pflicht voraussichtlich die Verwirklichung der Ziele dieser Verarbeitung unmöglich macht oder ernsthaft beeinträchtigt. In diesen Fällen ergreift der Verantwortliche geeignete Maßnahmen zum Schutz der Rechte und Freiheiten sowie der berechtigten Interessen der betroffenen Person, einschließlich der Bereitstellung dieser Informationen für die Öffentlichkeit,

3. die Erlangung oder Offenlegung durch Rechtsvorschriften der Union oder der Mitgliedstaaten, denen der Verantwortliche unterliegt und die geeignete Maßnahmen zum Schutz der berechtigten Interessen der betroffenen Person vorsehen, ausdrücklich geregelt ist oder

4. die personenbezogenen Daten gemäß dem Unionsrecht oder dem Recht der Mitgliedstaaten dem Berufsgeheimnis, einschließlich einer satzungsmäßigen Geheimhaltungspflicht, unterliegen und daher vertraulich behandelt werden müssen.

Hauptstreitpunkt bei den Ausnahmeregelungen ist praktisch derzeit, wann ein **unverhältnismäßiger Aufwand** i. S. d. Art. 14 Abs. 5 lit. b) DSGVO vorliegt. Auch hier wird die Rechtsprechung zeigen müssen, welche Maßstäbe an das Vorliegen einer Unverhältnismäßigkeit anzulegen sind.

Weitere Ausnahmeregelungen sind in § 33 BDSG vorgesehen. Für nichtöffentliche Stellen sollen die Informationspflichten aus Art. 14 DSGVO nicht anwendbar sein, wenn dies die „Geltendmachung, Ausübung oder Verteidigung zivilrechtlicher Ansprüche beeinträchtigen würde oder die Verarbeitung Daten aus zivilrechtlichen Verträgen beinhaltet und der Verhütung von Schäden durch Straftaten dient, sofern nicht das berechtigte Interesse der betroffenen Person an der Informationserteilung überwiegt."

Ferner soll die Informationspflicht entfallen, wenn „die zuständige öffentliche Stelle gegenüber dem Verantwortlichen festgestellt hat, dass das Bekanntwerden der Daten die öffentliche Sicherheit oder Ordnung gefährden oder sonst dem Wohl des Bundes oder eines Landes Nachteile bereiten würde."

Ein schönes und zugleich tragisches **Beispiel** sind die fehlenden Ausnahmen in Art. 14 DSGVO für die Verarbeitung von Daten aus allgemein zugänglichen Quellen wie z. B. dem Internet. Nehmen wir einfach mal den Fall, dass ein Unternehmen eine Marktrecherche zu Mitbewerbern macht (z. B. „Wer bietet ähnliche Produkte wie wir an und wer sind die Ansprechpartner?).

Problemlos ist es auf Basis einer Interessenabwägung („FETT") zulässig, Daten zu Personen für eigene Zwecke zu speichern. Dies gilt zumindest dann, wenn die Personen diese Daten selbst veröffentlicht haben. Unternehmen, die also im Internet recherchieren und auch Informations- und ggf. Meinungsfreiheitsrechte in Anspruch nehmen, können also recht problemlos eine Rechtsgrundlage für die Datenverarbeitung finden. *Das* ist also nicht das Problem.

Problematisch ist vielmehr, dass das Unternehmen nach dieser Internetrecherche und Speicherung der Daten nach Art. 14 DSGVO verpflichtet ist, den Betroffenen binnen eines Monats über diese Datenverarbeitung zu informieren und ihm Angaben zu den o. a. 13 Punkten zu geben. Das klingt skurril und ist es auch. Genau genommen gibt es für diesen

Fall aber keine Ausnahmeregelung in Art. 14 Abs. 5 DSGVO. Auch § 33 BDSG hilft uns für den Fall einer einfachen Recherche im Internet nicht weiter.

Da der Betroffene eben noch nicht über die Informationen verfügt, ist die Ausnahme des Art. 14 Abs. 5 lit. a) DSGVO nicht anwendbar.

Die Ausnahmen zum Berufsgeheimnis oder zu sonstigen nationalen Regelungen in Art. 14 Abs. 5 lit. c) und d) DSGVO greifen ebenfalls nicht.

Letztlich käme nur die Ausnahme des Art. 14 Abs. 5 lit. b) DSGVO in Betracht, nach der die Informationspflicht entfällt, wenn die Erteilung dieser Informationen sich als unmöglich erweist oder einen unverhältnismäßigen Aufwand erfordern würde.

Wenn ich nun aber nur Daten von drei Personen recherchiere, wird man schwerlich einen unverhältnismäßig hohen Aufwand rechtfertigen können. Und eine Kontaktmöglichkeit werde ich zu den drei Personen häufig auch recherchieren können. Dem reinen Wortlaut nach muss ich also nun diese drei Personen über meine Datenverarbeitung informieren. Das klingt nicht nur „irrsinnig“, sondern ist es auch.

Dass diese Regelung so nicht gewollt sein kann, liegt auf der Hand. Denn eine derart gestaltete Norm würde zu tiefgreifenden Eingriffe in Grundrechte und Grundfreiheiten der Verantwortlichen, die die personenbezogenen Daten verarbeiten wollen, führen. Es wird nicht nur mittelbar die Informationsfreiheit beschnitten, sondern vor allem liegen ungerechtfertigte Eingriffe in die Berufsfreiheit (Art. 15 GRCh), unternehmerische Freiheit (Art. 16 GRCh) und auch das Eigentumsrecht (Art. 17 GRCh) vor.

Die Frage ist, ob Art. 14 DSGVO daher einfach nicht anwendbar ist, weil die Anwendung zur Verletzung von Grundfreiheiten des Verantwortlichen führen würde oder ob ggf. eine primärrechtskonforme Auslegung möglich ist.

Nach hier vertretener Auffassung ist Letzeres der Fall. Denn nach Art. 14 Abs. 5 lit. b) DSGVO kommen die Informationspflichten der Absätze 1 und 2 nicht zur Anwendung, wenn sich die Erteilung der Information als „unmöglich“ erweist. Das Wort unmöglich kann hier aber primärrechtskonform ausgelegt werden, dass dies auch eine „rechtliche Unmöglichkeit“ umfasst. Die rechtliche Unmöglichkeit liegt im vorgenannten Fall vor, da eine Pflicht zur Information ansonsten die Grundfreiheiten des Verantwortlichen aus der Charta der Grundrechte der EU verletzen würde.

Wenn du das als DSB-Einsteiger allerdings einer Aufsichtsbehörde erzählen möchtest oder auch nur dem Unternehmen, für das du als DSB benannt wirst, wirst du möglicherweise komische Blicke ernten.

Wir können daher nur hoffen, dass die Gerichte entsprechende Fälle zur Entscheidung vorgelegt bekommen und angemessen entscheiden werden.

18. Beispiel einer Information – Datenschutzhinweise für Beschäftigte

Wie kann nun so eine Informationspflicht praktisch aussehen, ohne gleich überbordend zu sein? Hier ist ein Beispiel für Datenschutzhinweise zur Erfüllung der Informationspflicht gegenüber Beschäftigten:

Datenschutzhinweise für Beschäftigte

Als Beschäftigte in unseren Unternehmen möchten wir Ihnen gerne Informationen zur Verarbeitung Ihrer personenbezogenen Daten im Zusammenhang mit Ihrer Tätigkeit als Arbeitnehmerin oder Arbeitnehmer bei uns geben:

Wer ist für Datenverarbeitung verantwortlich?

Verantwortlicher im Sinne des Datenschutzrechts ist die

Mustermann GmbH
Musterstr. 123
12345 Musterstadt

Weitere Informationen und Kontaktdaten finden Sie auch in Ihrem Arbeitsvertrag.

Welche Daten von Ihnen werden von uns verarbeitet? Und zu welchen Zwecken?

Wir verarbeiten die personenbezogenen Daten, die für die Begründung, Durchführung und Beendigung des Beschäftigungsverhältnisses erforderlich sind. Das sind vor allem Kontaktdaten, Daten zu Ihren Qualifikationen, Arbeitszeiten und alle Informationen, die für die Ermittlung und Abrechnung Ihres Gehalts und im Zusammenhang mit gesetzlichen Abgaben und Steuern (z. B. Sozialversicherungsbeiträge) erforderlich sind.

Hinzu kommen ggf. auch Daten aus dem Bereich der Arbeitssicherheit, dem betrieblichen Eingliederungsmanagement und Daten über arbeitsvertragliche Pflichtverletzungen, die geahndet wurden („Abmahnungen“).

Schließlich kommen auch noch Informationen über Ihre Arbeitsergebnisse sowie deren Bewertung hinzu, die z.B. für die Erstellung von Beurteilungen benötigt werden.

Sollten Sie eine von uns angebotene betriebliche Altersversorgung nutzen, werden auch in diesem Bereich Daten verarbeitet und im Rahmen der Erforderlichkeit ggf. an die Versicherer weitergegeben.

Unabhängig davon kann es immer Konstellationen geben, in denen wir personenbezogenen Daten von Ihnen verarbeiten, die hier nicht bzw. deren Zwecke hier nicht genannt sind. Wir werden in diesen Fällen dann – bezogen auf den jeweiligen Anlass – gesonderte Informationen zum Datenschutz für Sie bereithalten, soweit dies gesetzlich erforderlich ist.

Auf welcher rechtlichen Grundlage basiert das?

Rechtsgrundlage für die Verarbeitung Ihrer Beschäftigtendaten ist primär § 26 BDSG. Danach ist die Verarbeitung der Daten zulässig, wenn dies zur Durchführung oder Beendigung des Beschäftigungsverhältnisses oder zur Ausübung oder Erfüllung der sich aus einem Gesetz oder einem Tarifvertrag, einer Betriebs- oder Dienstvereinbarung (Kollektivvereinbarung) ergebenden Rechte und Pflichten der Interessenvertretung der Beschäftigten erforderlich ist.

Unabhängig davon kann eine Datenverarbeitung auch auf Basis einer sog. Interessenabwägung nach Art. 6 Abs. 1 lit. f) DSGVO erfolgen. In diesen Fällen wird das Interesse im Zusammenhang mit der jeweiligen Verarbeitung gesondert mitgeteilt.

Und schließlich können wir auch gesetzlich verpflichtet sein, personenbezogene Daten zu verarbeiten. Die Rechtsgrundlage kann dann neben § 26 BDSG auch Art. 6 Abs. 1 lit. c) DSGVO sein.

Wie lange werden die Daten gespeichert?

Grundsätzlich werden personenbezogene Daten von Beschäftigten für die Dauer des Beschäftigungsverhältnisses gespeichert. Sonderregelungen kann es in einzelnen Bereichen geben. So werden z.B. Abmahnungen in Personalakten ggf. kürzer gespeichert.

Soweit gesetzliche Aufbewahrungspflichten bestehen, sind diese von uns zu berücksichtigen. So gibt es beispielsweise gesetzliche Aufbewahrungspflichten für Lohnsteuerdaten, Daten zu Überstunden und weitere bereichsspezifische Regelungen.

Soweit keine gesetzlichen Aufbewahrungspflichten bestehen, können personenbezogene Daten gelöscht werden, wenn deren weitere Verarbeitung für die Durchführung oder Beendigung des Beschäftigungsverhältnisses nicht mehr erforderlich sind.

Nach Beendigung des Beschäftigungsverhältnisses werden Daten bis zur Verjährung etwaiger Schadensersatzansprüche jeder Partei gespeichert. Eine längere Speicherung kommt zudem in Betracht, wenn dies auch im Interesse von Ihnen ist oder Sie eine Einwilligung erteilt haben.

Sollten Sie z.B. nicht wollen, dass wir personenbezogene Daten von Ihnen nach dem Ablauf gesetzlicher Aufbewahrungspflichten weiter speichern, dann teilen Sie uns das gerne beim Ausscheiden aus unserem Unternehmen mit. Bitte beachten Sie, dass wir in dem Fall später nicht behilflich sein können, wenn Sie gegenüber der Rentenversicherung Sozialversicherungszeiträume nachweisen wollen.

Wir werden generell zum Ende eines Jahres prüfen, ob und in welchem Umfang Daten von Beschäftigten wegen eines Wegfalls der Erforderlichkeit gelöscht werden können.

An welche Empfänger werden die Daten weitergegeben?

Innerhalb des Unternehmens kommt eine Weitergabe Ihrer personenbezogenen Daten in Betracht, wenn z.B. im Zusammenhang mit einem Stellenwechsel eine Prüfung der Eignung und Qualifikation erforderlich wird. Oder falls Ihnen im Unternehmen eine andere oder zusätzlich Aufgabe übertragen wird oder werden soll.

Ferner kann im Zusammenhang mit der betrieblichen Mitbestimmung eine Weitergabe an einen Betriebsrat erfolgen.

Eine Weitergabe von Daten erfolgt zudem an Sozialversicherungsträger, Finanzverwaltung und ggf. weitere Stellen, soweit wir gesetzlich dazu verpflichtet sind. Auch kann eine Weitergabe an Steuerberater und Wirtschaftsprüfer erfolgen.

Wo werden die Daten verarbeitet?

Die Daten werden grundsätzlich auf dedizierten IT-Systemen in unseren Räumlichkeiten verarbeitet. Auf diese IT-Systeme haben neben Administratoren nur Mitglieder der Personalabteilung und der Unternehmensleitung Zugriff.

Sollten Beschäftigtendaten bei Dienstleistern verarbeitet werden, stellen wir sicher, dass dies unter Einhaltung der datenschutzrechtlichen Vorgaben erfolgt. Eine Verarbeitung von Beschäftigtendaten außerhalb der europäischen Union erfolgt nicht.

Ihre Rechte als „Betroffene"

Sie haben das Recht auf Auskunft über die von uns zu Ihrer Person verarbeiteten personenbezogenen Daten.

Ferner haben Sie ein Recht auf Berichtigung oder Löschung oder auf Einschränkung der Verarbeitung, soweit Ihnen dies gesetzlich zusteht.

Ferner haben Sie ein Widerspruchsrecht gegen die Verarbeitung im Rahmen der gesetzlichen Vorgaben. Gleiches gilt für ein Recht auf Datenübertragbarkeit.

Unsere Datenschutzbeauftragte

Unsere Datenschutzbeauftragte im Unternehmen erreichen Sie unter

Mustermann GmbH
– Datenschutzbeauftragte –
Musterstr. 123
12345 Musterstadt
E-Mail: datenschutz@mustermann.de

Beschwerderecht

Sie haben das Recht, sich über die Verarbeitung personenbezogenen Daten durch uns bei einer Aufsichtsbehörde für den Datenschutz zu beschweren.

19. Auskunftsrecht und Recht auf Kopie

Nach Art. 15 DSGVO hat der Betroffene mehrschichtige Auskunftsrechte gegenüber dem Verantwortlichen.

19.1. Erste Stufe – „Ob“ einer Verarbeitung

Nach Art. 15 Abs. 1 DSGVO kann ein Betroffener von einem Verantwortlichen zunächst Auskunft darüber verlangen, **ob** Daten zu seiner Person vom Verantwortlichen verarbeitet werden.

19.2. Zweite Stufe – Auskunft zu gespeicherten Daten

Wenn der Verantwortliche Daten zur Person des Betroffenen speichert, kann der Betroffene Auskunft über diese personenbezogenen Daten verlangen. Es reicht somit nicht aus, dass der Verantwortliche hier nur angibt, welche Kategorien von Daten verarbeitet werden, sondern die Daten selbst müssen beauskunftet werden.

Viele Verantwortliche antworten z. B. wie folgt auf ein Auskunftsersuchen des Betroffenen:

> *Sehr geehrte Frau Musterfrau,*
>
> *auf Ihre Anfrage vom xx.xx.xxxx können wir Ihnen mitteilen, dass wir Daten zu Ihrer Person verarbeiten. Dabei handelt es sich neben Ihrem Namen, um Ihre Anschrift, Telefonnummer und Ihre E-Mail-Adresse.*
>
> *Mit freundlichen Grüßen*

Die Auskunft ist **nicht** ausreichend. Denn der Anspruch der Betroffenen beinhaltet schon dem Wortlaut des Art. 15 Abs. 1 DSGVO nach auch die personenbezogenen Daten selbst. Und das ist auch richtig so. Denn der Auskunftsanspruch dient der Betroffenen auch als Korrektiv. So kann sie z. B. bei falschen Daten Berichtigung verlangen. Und bei z. B. nicht erforderlichen Daten könnte sie Löschung beantragen.

Die Betroffene kann diese Rechte aber nur dann entsprechend wahrnehmen, wenn sie konkrete Kenntnis von diesen Daten hat.

Die Beauskunftung im o. g. Fall müsste also jeweils konkret angeben, welche Daten zu Namen, Anschrift, Telefonnummer und E-Mail-Adresse gespeichert sind.

19.3. Dritte Stufe – Weitere Informationen

Neben dem „Ob" der Verarbeitung und den eigentlichen personenbezogenen Daten selbst, ist der Verantwortliche darüber hinaus verpflichtet, dem Betroffenen im Falle eines Auskunftsersuchens die folgenden Informationen mitzuteilen:

1. die **Verarbeitungszwecke**;
2. die **Kategorien personenbezogener Daten**, die verarbeitet werden;
3. die **Empfänger** oder **Kategorien von Empfängern**, gegenüber denen die personenbezogenen Daten offengelegt worden sind oder noch offengelegt werden, insbesondere bei Empfängern in Drittländern oder bei internationalen Organisationen;
4. falls möglich die geplante **Dauer**, für die die personenbezogenen Daten **gespeichert** werden, oder, falls dies nicht möglich ist, die Kriterien für die Festlegung dieser Dauer;
5. das Bestehen eines Rechts auf **Berichtigung** oder **Löschung** der sie betreffenden personenbezogenen Daten oder auf **Einschränkung der Verarbeitung** durch den Verantwortlichen oder eines **Widerspruchsrechts** gegen diese Verarbeitung;
6. das Bestehen eines **Beschwerderechts** bei einer Aufsichtsbehörde;
7. wenn die personenbezogenen Daten nicht bei der betroffenen Person erhoben werden, alle *verfügbaren* Informationen über die **Herkunft der Daten**;
8. das Bestehen einer **automatisierten Entscheidungsfindung** einschließlich Profiling gemäß Artikel 22 Abs. 1 und 4 DSGVO und – zumindest in diesen Fällen – aussagekräftige Informationen über die

involvierte Logik sowie die Tragweite und die angestrebten Auswirkungen einer derartigen Verarbeitung für die betroffene Person.

Bei einer Übermittlung von Daten in ein Drittland hat die Betroffene zudem das Recht darüber informiert zu werden, welche Maßnahmen der Verantwortliche getroffen hat, um ein angemessenes Datenschutzniveau beim Empfänger im Drittland zu erreichen.

19.4. Vierte Stufe – Recht auf Kopie

Große praktische Probleme bereitet das Recht auf Erhalt einer Kopie aus Art. 15 Abs. 3 DSGVO. Muss ich nun „Screenshots" von Datenmasken an den Betroffenen aushändigen oder muss es zwingend eine maschinenlesbare Kopie sein? Allein diese Fragen werden kontrovers diskutiert.

Ferner bereitet beim Recht auf Kopie auch die Berücksichtigung der Rechte anderer Personen nach Art. 15 Abs. 4 DSGVO Probleme. Häufig wird ein Datenexport nicht nur Daten des Betroffenen, sondern ggf. auch von Dritten enthalten. Diese Offenlegung von Daten Dritter kann wiederum aber auch unzulässig sein.

§ 34 BDSG enthält weitere Einschränkungen des Auskunftsrechts. So soll ein Auskunftsrecht nach § 34 Abs. 1 Nr. 2 lit. a) BDSG bei Daten nicht bestehen, die nur deshalb gespeichert sind, weil sie aufgrund gesetzlicher oder satzungsmäßiger Aufbewahrungsvorschriften nicht gelöscht werden dürfen.

Auch bei Daten, die ausschließlich Zwecken der Datensicherung oder der Datenschutzkontrolle dienen, soll nach § 34 Abs. 1 Nr. 2 lit. b) DSGVO ein Ausschluss des Auskunftsrechts möglich sein.

Wichtig: In beiden Fällen muss zusätzlich die Voraussetzung erfüllt sein, dass die Auskunftserteilung einen unverhältnismäßigen Aufwand erfordern würde sowie eine Verarbeitung zu anderen Zwecken durch geeignete technische und organisatorische Maßnahmen ausgeschlossen ist.

Gerade im Bereich der Auskunft hat es schon zahlreiche Gerichtsentscheidungen gegeben. Allerdings sind diese im Detail in der Sache uneinheitlich. Wir werden hier abwarten müssen, wie die Rechtsprechung sich entwickelt. Da der Bereich der Auskunftserteilung in der Praxis sehr

„konfrontativ“ ist, werden sicher viele Gerichte die Möglichkeit bekommen, Entscheidungen zu treffen.

20. Löschansprüche von Betroffenen

Nach Art. 17 DSGVO stehen der Betroffenen Löschansprüche zu. Sie kann eine **unverzügliche** Löschung von dem Verantwortlichen verlangen, wenn einer der folgenden Gründe zutrifft:

1. Die personenbezogenen Daten sind für die Zwecke, für die sie erhoben oder auf sonstige Weise verarbeitet wurden, **nicht mehr notwendig**.
2. Die betroffene Person **widerruft ihre Einwilligung** und es fehlt an einer anderweitigen Rechtsgrundlage für die Verarbeitung.
3. Die Betroffene legt Widerspruch nach Art. 21 Abs. 2 DSGVO ein („Werbewiderspruch")
4. Die betroffene Person legt gemäß Artikel 21 Abs. 1 Widerspruch gegen die Verarbeitung ein und es liegen keine vorrangigen berechtigten Gründe für die Verarbeitung vor.
5. Die personenbezogenen Daten wurden unrechtmäßig verarbeitet.
6. Die Löschung der personenbezogenen Daten ist zur Erfüllung einer rechtlichen Verpflichtung nach dem Unionsrecht oder dem Recht der Mitgliedstaaten erforderlich, dem der Verantwortliche unterliegt.
7. Die personenbezogenen Daten wurden in Bezug auf angebotene Dienste der Informationsgesellschaft gemäß Artikel 8 Abs. 1 DSGVO erhoben („Verarbeitung von Daten von Kindern in Bezug auf Dienste der Informationsgesellschaft").

20.1. Recht auf Vergessenwerden

Wenn ein Verantwortlicher die personenbezogenen Daten der Betroffenen öffentlich gemacht hat und zu deren Löschung verpflichtet ist, soll dieser „angemessene" Maßnahmen (auch technischer Art) treffen, um für die Datenverarbeitung Verantwortliche, die die personenbezogenen Daten verarbeiten, darüber zu informieren, dass eine betroffene Person von ihnen die Löschung aller Links zu diesen personenbezogenen Daten oder von Kopien oder Replikationen dieser personenbezogenen Daten verlangt hat.

Hintergrund dieser Regelung ist das sog. Recht auf Vergessenwerden im Internet. Wenn ein Verantwortlicher also nicht nur die Daten für eigene Zwecke intern verarbeitet, sondern öffentlich macht, soll sich für diesen eine besondere Pflicht zu Maßnahmen ergeben, die dazu beitragen sollen, dass die Informationen auch bei anderen Verantwortlichen im Internet „verschwinden".

Die Details der Informationen können übrigens vom EDSA nach Art. 70 Abs. 1 lit. d) DSGVO konkretisiert werden.

20.2. Ausnahmen von Löschpflichten

Es gibt in der Praxis viele Fälle, in denen eine Betroffene zwar ihre personenbezogenen Daten gelöscht haben möchte, eine Löschung jedoch ausgeschlossen ist.

Denn Art. 17 Abs. 3 DSGVO sieht eine Reihe von Ausnahmen vor.

So besteht kein Anspruch auf Löschung, soweit die Verarbeitung erforderlich ist

1. zur Ausübung des Rechts auf **freie Meinungsäußerung** und **Information**;

2. zur Erfüllung einer **rechtlichen Verpflichtung**, die die Verarbeitung nach dem Recht der Union oder der Mitgliedstaaten, dem der Verantwortliche unterliegt, erfordert, oder zur Wahrnehmung einer Aufgabe, die im öffentlichen Interesse liegt oder in Ausübung öffentlicher Gewalt erfolgt, die dem Verantwortlichen übertragen wurde; hier sind vor allem **gesetzliche Aufbewahrungspflichten** ein häufiger Anwendungsfall.

3. aus Gründen des öffentlichen Interesses im Bereich der **öffentlichen Gesundheit** gemäß Artikel 9 Abs. 2 lit. h) und i) DSGVO sowie Artikel 9 Abs. 3 DSGVO;

4. für im **öffentlichen Interesse** liegende **Archivzwecke**, wissenschaftliche oder historische Forschungszwecke oder für statistische Zwecke

gemäß Artikel 89 Abs. 1 DSGVO, soweit das in Art. 15 Abs. 1 DSGVO genannte Recht voraussichtlich die Verwirklichung der Ziele dieser Verarbeitung unmöglich macht oder ernsthaft beeinträchtigt, oder

5. zur **Geltendmachung, Ausübung oder Verteidigung von Rechtsansprüchen**.

Aus meiner anwaltlichen Praxis kann ich sagen, dass insbesondere die Ausnahmen aus dem Bereich der **gesetzlichen Aufbewahrungspflichten** und die Ausnahmen zur **Geltendmachung, Ausübung oder Verteidigung von Rechtsansprüchen** häufig zur „Abwehr" von Löschansprüchen von Betroffenen zur Anwendung kommen.

21. Weitere Betroffenenrechte

Die DSGVO sieht noch eine ganze Reihe von weiteren Betroffenenrechten vor:

- Art. 16 Recht auf Berichtigung
- Art. 17 Recht auf Löschung („Recht auf Vergessenwerden")
- Art. 18 Recht auf Einschränkung der Verarbeitung
- Art. 19 Mitteilungspflicht im Zusammenhang mit der Berichtigung oder Löschung personenbezogener Daten oder der Einschränkung der Verarbeitung
- Art. 20 Recht auf Datenübertragbarkeit
- Art. 21 Widerspruchsrecht
- Art. 22 Automatisierte Entscheidungen im Einzelfall einschließlich Profiling

Die Darstellung dieser Rechte im Einzelnen würde nicht nur den Rahmen dieser Einsteigerlektüre sprengen. Die detaillierte Kenntnis der Norminhalte ist zu Beginn einer Tätigkeit als DSB m. E. nicht zwingend erforderlich.

Es reicht aus, wenn du dir die betreffenden Normen einmal durchliest. Sie sind einigermaßen selbsterklärend.

22. Datenschutz-Compliance und risikobasierter Ansatz

„Datenschutz-Compliance" verstehen wir hier als einen Begriff für eine regeltreue Einhaltung aus dem Bereich des Datenschutzrechts.

Und wir finden in Art. 24 Abs. 1 DSGVO sozusagen eine „Mutter-Compliance-Norm" der DSGVO. Denn nach Art. 24 Abs. 1 DSGVO hat der Verantwortliche **geeignete technische und organisatorische Maßnahmen** umzusetzen, die sicherstellen, dass die Verarbeitung der personenbezogenen Daten unter Einhaltung der Vorgaben der DSGVO erfolgt.

Die Maßnahmen müssen aber nicht nur die Einhaltung der DSGVO sicherstellen. Sie müssen ferner nach dem Wortlaut von Art. 24 Abs. 1 DSGVO auch den **Nachweis** dafür erbringen können, dass die Verarbeitung „compliant" erfolgt.

Dabei verfolgt die DSGVO einen sog. **risikobasierten Ansatz**. Der Verantwortliche darf nämlich Art und Umfang seiner Maßnahmen von diesen Faktoren abhängig machen:

- Berücksichtigung der Art, des Umfangs, der Umstände und der Zwecke der Verarbeitung sowie
- der unterschiedlichen Eintrittswahrscheinlichkeit und Schwere der Risiken für die Rechte und Freiheiten natürlicher Personen.

Der Verantwortliche darf (und muss) also für alle zutreffenden technischen und organisatorischen Maßnahmen diese Faktoren berücksichtigen.

Mit Blick auf die Details der Verarbeitung ist also zunächst der Schutzbedarf der Daten zu ermitteln.

Im zweiten Schritt wird dann eine Risikoanalyse unter Berücksichtigung der Schutzbedarfe der Daten vorgenommen, bei der nicht nur das Risiko an sich, sondern vor allem auch die Eintrittswahrscheinlichkeit zu bewerten ist.

Wie Schutzbedarfe ermittelt und Risiken bewertet werden können, behandeln wir übrigens im Kapitel zur Datensicherheit.

Die vom Verantwortlichen getroffenen Maßnahmen sind erforderlichenfalls zu überprüfen und zu aktualisieren. Wenn die Maßnahmen generell in ein Datenschutzmanagementsystem eingebettet sind, was ich empfehlen würde, ist eine regelmäßige Evaluierung schon durch eine wirksame Umsetzung des DSMS gewährleistet.

23. Privacy by Design & by Default

Die Grundsätze von Privacy by Design und Privacy by Default sind in Art. 25 DSGVO geregelt. Dort heißen sie „Datenschutz durch Technikgestaltung und durch datenschutzfreundliche Voreinstellungen".

Neu sind diese Grundsätze an sich nicht. Sie sind schon in den 1990er Jahren entwickelt worden und fanden sich auch schon in § 3a BDSG a. F. als Grundsätze der Datenminimierung und Datensparsamkeit wieder. Zunächst waren sie jedoch im schleswig-holsteinischen Landesdatenschutzgesetz verankert.

Die Idee dieser in Art. 25 Abs. 1 und 2 DSGVO niedergelegten Grundsätze ist recht einfach. In den 1990er Jahren gab es die Erkenntnis, dass der Grundsatz, dass Recht die Regeln von Technik bestimmt, in einer globalisierten und technologisch immer höher entwickelten Gesellschaft kaum noch haltbar ist.

Ein scheinbar nicht aufzuhaltender Fortschritt der Technik führte praktisch dazu, dass der Eindruck entstand, dass das Recht der Technik immer „hinterherläuft". So wurde aus dem Grundsatz „Recht gestaltet, Technik begleitet" eher das Gegenteil: „Technik gestaltet, Recht begleitet"

Um dieser Entwicklung im Sinne einer Implementierung des gesetzlich geforderten Datenschutzes etwas entgegenzusetzen, entstand die Idee von „Privacy Enhancing Technologies" (PET) und auch der sog. Systemdatenschutz. Beiden Ansätzen ist gemein, dass das Datenschutzrecht schon bei der Entwicklung von Technologie ansetzen sollte: „Datenschutz in die Prozesse!" war ein Credo, das man damals vielerorts in der „Datenschutzszene" hörte.

Und in der Tat sind diese Ideen, schon bei der Entwicklung neuer Technologien anzusetzen, grundsätzlich gut. Und so gab es dann auch schon recht früh den Grundsatz der Datenvermeidung und Datensparsamkeit, der auch schon bei der Auswahl und Gestaltung von IT-Systemen grundsätzlich beachtet werden sollte. Wirklich erfolgreich war diese Norm allerdings nicht.

Für die Normanwender waren sie zu vage, zu unbestimmt und auch zu wenig „fordernd". Eine Nichteinhaltung konnte kaum sanktioniert werden. Entsprechend „verpuffte“ die Wirkung dieser ersten Umsetzung im BDSG a. F.

Mit der DSGVO gibt es nun einen weiteren Versuch, diesen grundlegenden Ansatz von Systemdatenschutz in der Praxis zu verankern. Dabei gibt es zwei unterschiedlich Ansatzpunkte:

Der Grundsatz „Privacy by Default“ ist in der DSGVO in Art. 25 Abs. 2 DSGVO umgesetzt. Dort heißt der Grundsatz **„Datenschutz durch datenschutzfreundliche Voreinstellungen“**.

Nach diesem Grundsatz, der nur den Verantwortlichen (nicht den Auftragsverarbeiter) verpflichtet, hat der Verantwortliche geeignete technische und organisatorische Maßnahmen zu treffen, die sicherstellen, dass durch Voreinstellung nur personenbezogene Daten, deren Verarbeitung für den jeweiligen bestimmten Verarbeitungszweck erforderlich ist, verarbeitet werden.

Dies bezieht auch auf die folgenden Aspekte der Datenverarbeitung:

– Menge der erhobenen personenbezogenen Daten,

– Umfang ihrer Verarbeitung,

– ihre Speicherfrist und

– ihre Zugänglichkeit.

Schließlich müssen diese Maßnahmen sicherstellen, dass personenbezogene Daten durch Voreinstellungen nicht ohne Eingreifen der Person einer unbestimmten Zahl von natürlichen Personen zugänglich gemacht werden. Das Standardbeispiel für diesen Grundsatz war immer, dass z. B. in einem privaten sozialen Netzwerk wie beispielsweise Facebook die Voreinstellung – also die Standardeinstellung – für mein Benutzerprofil nicht auf „öffentlich“ gestellt sein darf. Der „Standard“ wäre also, dass das Profil z. B. nur für mich sichtbar wäre und erst durch eine Aktion des betroffenen Nutzers auf „öffentlich“ umgestellt werden könnte.

Nur zeigt allein schon dieses Beispiel, wie schnell dieser Ansatz praktisch ins Leere führen kann. Denn so dürfte es bei einem sozialen Netzwerk, dessen elementarer Bestandteil die möglichst weite Vernetzung mit anderen Nutzern ist, rechtlich möglich sein, durch eine entsprechende vertragliche Gestaltung, den Zweck dieses Netzwerks so zu definieren, dass „öffentliche Profile“ gerade den Zweck dieses Netzwerks ausmachen. Es wird zwar vertreten, dass solche Regelungen nicht zulässig seien. Nur dürfte es sich dabei um eine Mindermeinung handeln. Und wirklich überzeugende Argumente sind von den Vertretern dieser Auffassung auch nicht vorgetragen worden.

Der Grundsatz „Privacy by Design" ist in Art. 25 Abs. 1 DSGVO geregelt und trägt den Titel **„Datenschutz durch Technikgestaltung"**.

Der Kern der Regelung ist, dass Verantwortliche (auch hier nicht die Auftragsverarbeiter) sowohl zum Zeitpunkt der Festlegung der Mittel der Verarbeitung als auch zum Zeitpunkt der eigentlichen Verarbeitung technische und organisatorische Maßnahmen trifft, die dafür ausgelegt sind, die Datenschutzgrundsätze wie etwa Datenminimierung wirksam umzusetzen.

Im Hinblick auf die konkrete Ausgestaltung der technischen und organisatorischen Maßnahmen soll der Verantwortliche diese Aspekte berücksichtigen bzw. berücksichtigen dürfen:

- Stand der Technik,
- Implementierungskosten,
- Art, Umfang, Umstände und Zwecke der Verarbeitung sowie
- die unterschiedliche Eintrittswahrscheinlichkeit und Schwere der mit der Verarbeitung verbundenen Risiken für die Rechte und Freiheiten natürlicher Personen

Dass der Verantwortliche diese Maßnahmen berücksichtigen soll und darf, ist Fluch und Segen zugleich. Einerseits muss der Verantwortliche natürlich eine gewisse Flexibilität bei Maßnahmen zur Datenminimierung haben. Insoweit sind die genannten Aspekte für die Berücksichtigung sinnvoll. Auf der anderen Seite ermöglichen diese Beurteilungsaspekte durch ihre Weite eine gewisse Beliebigkeit, weil der Verantwortliche ohne eine Gewichtung die Bewertung und Einschätzung nach seinem Belieben durchführen kann.

Ob und welche Spielräume der Verantwortliche hier hat, wird letztlich die Rechtsprechung zeigen müssen. Denn auch wenn Art. 25 DSGVO insoweit eine rechtlich sehr unbestimmte Regelung darstellt, haben einige Aufsichtsbehörden einen Verstoß gegen diese Norm als Grundlage für Bußgelder verwendet. Das hat mich persönlich überrascht, denn ich denke, dass hier ein Konflikt mit dem im deutschen Straf- und Ordnungswidrigkeitenrecht verankerten Bestimmtheitsgrundsatz vorprogrammiert ist.

24. Auftragsverarbeitung

Die Verarbeitung von Daten im Auftrag („Auftragsverarbeitung“) ist schon sehr lange ein fester Bestandteil des Datenschutzrechts.

Denn schon zu Beginn des „Aufstiegs“ der Informationstechnologie war klar, dass nicht „jeder alles können wird“. Unternehmen und öffentliche Stellen werden schon mangels Know-How und Spezialwissen in bestimmten Bereichen auf spezialisierte Dienstleister im Bereich der IT zurückgreifen müssen.

Da diese IT-Dienstleister aber nur als „Handlanger“, „verlängerter Arm des Verantwortlichen“ oder wie es z.T. salopp formuliert wird als „Datensklaven“ tätig werden, die unter strikter Weisung des Verantwortlichen mit den Daten das tun, was der Verantwortliche vorgibt, ist es Wesen der Auftragsverarbeitung, dass der Verantwortliche für diese Datenverarbeitung, die er durchführen lässt, verantwortlich ist bzw. bleibt.

Denn der Verantwortliche entscheidet über Zweck und Mittel der Datenverarbeitung, nicht der Auftragsverarbeiter. Nun können wir uns in heutigen Zeiten von Software as a Service (SaaS), Cloudbased Services oder sonstigen Dienstleistungen, die über das Internet erbracht werden und allgegenwärtig sind, zurecht fragen, ob Unternehmen, die diese Dienste nutzen, als Auftraggeber wirklich auch über die „Mittel“ der Datenverarbeitung entscheiden.

Vor Anwendung der DSGVO war zudem eine direkte Haftung des Auftragsverarbeiters gegenüber dem Betroffenen ausgeschlossen bzw. allenfalls über deliktische Ansprüche des Zivilrechts denkbar.

Diese Situation hat sich mit der DSGVO gewandelt. Denn jetzt hat der Betroffene über Art. 82 DSGVO einen Schadensersatzanspruch, den er auch direkt gegenüber dem Auftragsverarbeiter durchsetzen könnte.

24.1. Was ist Auftragsverarbeitung?

Die Frage, wann eine Auftragsverarbeitung vorliegt oder nicht, gehört wohl zu den schwierigen Fragen des Datenschutzrechts. Selbst langjährigen Profis fällt die Abgrenzung schwer. Und sehr häufig haben hier mehrere Experten zu einer Frage unterschiedliche Auffassungen. Und das ist verständlich. Das Thema ist wirklich in der praktischen Handhabung schwierig.

Im Kapitel „Begriffsklärungen“ haben wir uns schon einmal den wesentlichen Punkt angesehen, um den es bei der Frage zum „Ob“ einer Auftragsverarbeitung letztlich geht: Wer ist der Verantwortliche bzw. wie viele sind Verantwortliche?

Warum diese Frage? Nun, das ist letztlich ganz einfach. Denn was du dir für die Entscheidung, ob jemand Auftragsverarbeiter ist oder nicht, merken darfst, ist eine **Negativabgrenzung**: Ein Auftragsverarbeiter ist **nicht**, wer ganz oder teilweise über die Zwecke und Mittel der Datenverarbeitung entscheidet.

Auch diese Negativabgrenzung hilft natürlich nur bedingt weiter. Und das hat damit zu tun, dass selbst bei einer klassischen Auftragsverarbeitung wie dem Web-Hosting inkl. Wartungsservice eben der Auftragsverarbeiter in großen Teilen über die Mittel der Datenverarbeitung entscheidet.

Als Kunde eines Webhosting-Services wirst du wohl kaum über die Linux-Version auf dem Server und die gewählte nginx-Variante entscheiden wollen. Dafür hast du ja den Dienstleister. Entgegen dem eigentlichen Wortlaut von Art. 4 Nr. 7 DSGVO gehen aber auch Aufsichtsbehörden davon aus, dass es bei einer Auftragsverarbeitung möglich ist, dass der Auftraggeber die „Mittel“-Entscheidung an den Auftragsverarbeiter „delegiert“.

Eine Auftragsverarbeitung ist eine Verarbeitung von personenbezogenen Daten im Auftrag. Auch wenn es nicht direkt im „Tatbestand“ der Norm steht, gehen große Teile in Rechtsprechung und rechtswissenschaftlicher Literatur in Deutschland davon aus, dass einer Auftragsverarbeitung eine **„weisungsgebundene“** Tätigkeit innewohnt. Mit anderen Worten: Wenn ein Dienstleister „weisungsfrei“ agiert, dann kann keine Auftragsverarbeitung vorliegen. Ich halte das im Ergebnis für richtig. Es ist aber wichtig zu wissen, dass dies keine einheitliche Auffassung ist, denn von „Weisungsgebundenheit“ steht nichts in der Norm des Art. 28 DSGVO.

Ein weiterer Punkt, der in der Praxis häufig strittig ist. Was ist denn, wenn ich von mir pseudonymisierte Daten von einem Dienstleister verarbeiten lasse – brauche ich dann einen Auftragsverarbeitungsvertrag?

Schließlich sind die Daten dann ja für den Dienstleister sozusagen „anonym".

Richtig ist, dass z.B. im Falle der Verwendung von Nutzer-IDs der Dienstleister in der Regel keinen Personenbezug herleiten kann. Nur kommt es darauf gar nicht an. Denn für den Verantwortlichen – also den Auftraggeber – sind es „personenbezogene Daten", die er im „Auftrag" verarbeiten lässt. Die Dienstleister-Perspektive ist also hier gar nicht entscheidend. Daher ist in diesen Fällen ein Auftragsverarbeitungsvertrag zu schließen. Ob das rechtspolitisch sinnvoll ist, kann man zurecht in Frage stellen. Aktuell ist die Norm aber insoweit eindeutig.

Und schließlich ist auch in den Fällen von Fernwartung häufig die Frage, ob nun der Abschluss eines Auftragsverarbeitungsvertrages erforderlich ist oder nicht. Die Frage stellt sich meist deshalb, weil nach altem Recht (BDSG a.F.) eine Regelung bestand, die allein die Möglichkeit der Kenntnisnahme von personenbezogenen Daten bei der Wartung und Pflege von IT-Systemen für ausreichend hielt, um entsprechende Anwendung der Regeln zur Auftragsverarbeitung anzunehmen. Und daher war in diesen Fällen ein Auftragsverarbeitungsvertrag abzuschließen.

In der DSGVO fehlt eine entsprechende Regelung, so dass die bloße Möglichkeit der Kenntnisnahme nicht mehr das Erfordernis zum Abschluss eines Auftragsverarbeitungsvertrages begründet. ABER: Wenn nicht nur eine Möglichkeit der Kenntnisnahme besteht, sondern diese mit hoher Wahrscheinlichkeit erfolgen wird, dann sind die Vertragsparteien gut beraten, (vorsorglich) einen Auftragsverarbeitungsvertrag abzuschließen.

Ich denke, dass es für Einsteiger am besten ist, wenn wir uns ein paar Szenarien anschauen und jeweils schauen, ob eine Auftragsverarbeitung vorliegt oder nicht.

24.2. Wann liegt eine Auftragsverarbeitung vor?

Ich denke, es ist hilfreich, wenn wir zunächst ein paar Beispiele für eine Auftragsverarbeitung durchgehen, damit du ein erstes Gefühl dafür bekommst, wann eine Auftragsverarbeitung vorliegt.

In folgenden Fällen ist grundsätzlich von einer Auftragsverarbeitung auszugehen:

- Ein Dienstleister wird mit dem Einscannen von Akten und deren Konvertierung in PDF-Dateien beauftragt;
- Nutzung eines Dienstleisters, der Online-Umfragen durchführt bzw. entsprechende Leistungen als Webservice anbietet;
- Nutzung eines E-Mail-Marketing-Dienstleisters zum Versenden von E-Mail-Newsletter-Kampagnen;
- Nutzung eines Dienstleisters, der „Cloudservices“ anbietet, um über verschiedene Geräte auf Daten im betreffenden Rechenzentrum zugreifen zu können oder generell auch Dienstleistungen im Bereich SaaS- und Cloud Computing;
- Datenträgervernichtung durch Dienstleister;
- Lohn- und Gehaltsabrechnung durch externen Dienstleister (keine Steuerberater);
- IT-Administration durch externen Dienstleister inkl. Einrichtung von Benutzern, Rechtevergabe etc.
- Datenarchivierung

In all diesen Fällen entscheidet der Auftraggeber über den Zweck der Datenverarbeitung. Meist allein dadurch, dass er einen Dienstleister für eine bestimmte Leistung auswählt. Grundsätzlich entscheidet er durch diese Auswahl auch über die Mittel – jedenfalls in Verbindung mit dem jeweiligen Vertragsverhältnis.

Viel entscheidender ist hier aber der Aspekt, dass in allen o. g. Konstellationen keine Datenverarbeitung durch den Auftragnehmer für **eigene Zwecke** erfolgt. Die Dienstleister werden lediglich als weisungsgebundener verlängerter Arm des Auftraggebers tätig.

Wenn du nicht sicher bist, ob ein Dienstleister ein Auftragsverarbeiter ist oder nicht, dann stelle dir die folgende Frage: „Kann ich als Auftraggeber vom Auftragnehmer verlangen, dass die Daten, die ich verarbeiten lasse, gelöscht werden?“

Oder auch: Kann ich über das „Warum“ und „Wie“ der Datenverarbeitung entscheiden?

Wenn du diese Frage mit „Ja“ beantworten kannst, spricht viel dafür, dass eine Auftragsverarbeitung vorliegt.

Wenn du die Frage aber mit „Nein“ beantwortest, weil z. B. der Dienstleister im Vertrag stehen hat, dass er deine Daten auch nach Beendigung des Vertragsverhältnisses weiter verarbeiten möchte, da er sie z. B. weiter speichern möchte, um „seine Dienstleistungen zu optimieren“, dann liegt **keine** Auftragsverarbeitung vor. Denn dann verarbeitet der Dienstleister die Daten auch für eigene Zwecke.

24.3. Wann liegt keine Auftragsverarbeitung vor?

Gerade im Jahr 2018 wurden kurz vor Anwendung der DSGVO sehr häufig schon dann Auftragsverarbeitungsverträge geschlossen, wenn zwei Unternehmen ggf. Daten von einem Unternehmen zum anderen Unternehmen übermitteln.

So haben sehr viele produzierende Betriebe ihre Vertriebspartner pauschal aufgefordert, Auftragsverarbeitungsverträge zu schließen, weil es ja schließlich sein könne, dass ein Vertriebspartner vom produzierenden Unternehmen personenbezogene Daten von Kunden oder Interessenten erhalte, um z. B. eine Service- oder Installationsdienstleistung beim Kunden zu erbringen.

Nur hat dies mit einer Auftragsverarbeitung nichts zu tun. Es geht bei einer Auftragsverarbeitung eben nicht darum, mir bei einem Datentransfer zwischen zwei Unternehmen eine Rechtsgrundlage für die Datenübermittlung durch eine fingierte Auftragsverarbeitung zu „besorgen“.

Eine Auftragsverarbeitung liegt vielmehr nur dann vor, wenn sie bei „objektiver Betrachtung“ vorliegt. Bei dieser objektiven Betrachtung kann dann auch die schon angesprochene „Weisungsgebundenheit“ berücksichtigt werden.

Schon daher sind Rechtsanwälte und Steuerberater aufgrund ihrer berufsrechtlichen Regelungen keine Auftragsverarbeiter, solange sie ihre beruflichen Leistungen erbringen.

Aus dem gleichen Grund ist z. B. auch ein externer DSB kein Auftragsverarbeiter. Auch dieser ist unabhängig und weisungsfrei. Schon daher ist eine Auftragsverarbeitung undenkbar.

Berücksichtigt werden kann ferner auch die sog. **„Schwerpunkttheorie“**, an der ich nicht ganz unschuldig bin. Denn ich vertrete schon recht lange die Auffassung, dass eine Auftragsverarbeitung dann nicht vorliegt, wenn die Verarbeitung der Daten nur eine reine Nebenpflicht im Vertragsverhältnis ist.

Die Schwerpunkttheorie ist allerdings nicht unumstritten, da diese – genauso wie der Aspekt der Weisungsgebundenheit – nicht direkt dem Gesetz entnommen werden kann.

Hilfreich ist sie dennoch. Wenn z. B. ein Zahntechniklabor einen Zahnersatz anfertigt, erhält das Labor zwar Daten von Patienten über die jeweiligen behandelnden Zahnärzte oder Kieferorthopäden. Die Datenverarbeitung erfolgt aber nur als reine Nebenleistung. Die „eigentliche“ Leistung besteht in der Fertigung des Zahnersatzes.

Letztlich kommt es aber auf die **Befugnis** zur **Entscheidung** über das „Ob“ und „Wie“ der Datenverarbeitung an. Diejenigen, die diese Entscheidungsbefugnis haben, können **nicht** Auftragsverarbeiter sein. Und wenn das so ist, dann ist das nicht schlimm. Du wirst nur für jeden Verantwortlichen eine Rechtsgrundlage für die Offenlegung („Weitergabe“) der Daten an den Empfänger und auf der Empfänger-Seite eine Rechtsgrundlage für die Weiterverarbeitung der Daten finden müssen. In der Praxis ist das jedoch meist nicht schwer, sofern diese Datenverarbeitung einen Zweck hat und nicht nur aus Beliebigkeit erfolgt.

24.4. Der Auftragsverarbeitungsvertrag

Wenn eine Auftragsverarbeitung vorliegt, müssen Auftraggeber und Auftragnehmer bestimmte Details der Auftragsverarbeitung nach Art. 28 Abs. 3 DSGVO in einem Auftragsverarbeitungsvertrag regeln. Der Vertrag ist „schriftlich“ abzufassen, was aber in einem elektronischen Format erfolgen kann.

Unter „schriftlich“ ist nicht die Schriftform i. S. d. deutschen Rechts zu verstehen.

In der Praxis hat sich mittlerweile durchgesetzt, dass diese Verträge entweder elektronisch geschlossen werden, z. B. durch eine entsprechende Erklärung per „Checkbox". Gebräuchlich ist mittlerweile auch die Integration der Regelungen eines Auftragsverarbeitungsvertrages in AGB. Hiergegen sprechen m. E. auch keine Bedenken; die Sichtweise der Aufsichtsbehörden hierzu scheint aber noch nicht ganz einheitlich zu sein.

Um zu prüfen, ob ein Auftragsverarbeitungsvertrag die gesetzlichen Mindestanforderungen erfüllt, können diese Fragen verwendet werden:

1. Sind Gegenstand und Dauer des Auftrages geregelt?
2. Sind Umfang, Art und Zweck der Datenverarbeitung geregelt?
3. Sind die nach Art. 32 DSGVO zu treffenden technischen und organisatorischen Maßnahmen geregelt?
4. Ist das Weisungsrecht (insbesondere das Recht zu ergänzenden Weisungen) im Vertrag geregelt?
5. Sind Regelungen zu den Vertraulichkeitspflichten von Beschäftigten des Auftragnehmers im Vertrag enthalten?
6. Sind Regelungen zu Unterauftragsverhältnissen im Vertrag enthalten?
7. Gibt es Regelungen zur Unterstützung des Auftraggebers bei der Geltendmachung von Rechten von betroffenen Personen?
8. Gibt es Regelungen zu Kontrollrechten des Auftraggebers und entsprechenden Duldungspflichten des Auftragnehmers?
9. Gibt es Regelungen zu Informationspflichten des Auftragnehmers bei Verstößen gegen Datenschutzvorschriften oder Pflichten gegenüber dem Auftraggeber?
10. Gibt es Regelungen zur Rückgabe bzw. Löschung von Daten nach Auftragsbeendigung?

24.5. Unterauftragnehmer

Es ist gängige Praxis, dass der Auftragsverarbeiter wiederum auch personenbezogene Daten im Auftrag verarbeiten lässt. In diesem Verhältnis ist dann der Auftragsverarbeiter selbst Auftraggeber gegenüber dem „Unterauftragnehmer". Diese Kette ließe sich beliebig weiterführen.

Wenn ein Auftragsverarbeiter einen Unterauftragnehmer beauftragen möchte, so muss dies nach Art. 28 Abs. 2 DSGVO entweder im Einzelfall vom Auftraggeber genehmigt werden oder der Auftraggeber hat eine allgemeine schriftliche Genehmigung zum Einsatz von Unterauftragnehmern erteilt. Im letzteren Fall muss der Auftragsverarbeiter den Auftraggeber jedoch über jede beabsichtigte Änderung informieren. Der Auftraggeber hat ferner die Möglichkeit, dann noch vor der Inanspruchnahme eines neuen oder anderen Unterauftragnehmers Einspruch zu erheben.

Um die Kontrolle innerhalb solcher „Kettenverhältnisse" zu gewährleisten, sind die Pflichten des Ursprungs-Auftragsverarbeitungsvertrages gegenüber dem ersten Auftragsverarbeiter nach Art. 28 Abs. 4 Satz 1 DSGVO in dieser „Kette" durchzureichen. Dies beinhaltet insbesondere, dass die technischen und organisatorischen Maßnahmen zur Einhaltung der DSGVO von jedem Auftragsverarbeiter in dieser Kette umgesetzt werden und hierfür hinreichende Garantien geboten werden müssen.

24.6. Technische und organisatorische Maßnahmen

Im Auftragsverarbeitungsvertrag muss sich eine Regelung zum Treffen technischer und organisatorischer Maßnahmen zur Datensicherheit beim Auftragnehmer befinden.

Es ist jedoch nicht zwingend, die technischen und organisatorischen Maßnahmen in einer Anlage festzuhalten. Aus Sicht des Auftraggebers kann es gerade bei einem hohen Schutzbedarf der Daten sinnvoll sein, die technischen und organisatorischen Maßnahmen konkret zu definieren und in einer Anlage festzuhalten, um ein Vorliegen von Pflichtverletzungen leichter darlegen zu können.

Es ist letztlich Sache der Vertragsparteien, auszuhandeln in welchem Umfang konkrete technische und organisatorische Maßnahmen in den Vertrag einbezogen werden.

Apropos Vertrag: Hier gibt es eine Menge Möglichkeiten, Dinge zugunsten jeweils einer Vertragspartei zu regeln. Hier gilt es wachsam zu sein. Häufig versucht eine Partei wegen der gemeinschaftlichen Haftung von Auftragsverarbeiter und Verantwortlichen z. B. die Beweislast auf die andere Partei zu schieben.

24.7. Mustervertrag

Es gibt in der Praxis eine ganze Reihe von kostenlosen Muster-Auftragsverarbeitungsverträgen. Das nachfolgende Muster stammt von meiner Internetseite (www.datenschutz-guru.de):

Vertrag über die Verarbeitung von Daten im Auftrag

zwischen

X GmbH
X-Straße 123
12345 Musterstadt

– Auftraggeber –

und

Y GmbH
Y-Straße 123
12345 Musterstadt

– Auftragnehmer –

1. Allgemeines

(1) Der Auftragnehmer verarbeitet personenbezogene Daten im Auftrag des Auftraggebers i. S. d. Art. 4 Nr. 8 und Art. 28 der Verordnung

(EU) 2016/679 – Datenschutz-Grundverordnung (DSGVO). Dieser Vertrag regelt die Rechte und Pflichten der Parteien im Zusammenhang mit der Verarbeitung von personenbezogenen Daten.

(2) Sofern in diesem Vertrag der Begriff „Datenverarbeitung" oder „Verarbeitung" (von Daten) benutzt wird, wird die Definition der „Verarbeitung" i. S. d. Art. 4 Nr. 2 DSGVO zugrunde gelegt.

2. Gegenstand des Auftrags

Der Gegenstand der Verarbeitung, Art und Zweck der Verarbeitung, die Art der personenbezogenen Daten und die Kategorien betroffener Personen sind in **Anlage 1** zu diesem Vertrag festgelegt.

3. Rechte und Pflichten des Auftraggebers

(1) Der Auftraggeber ist Verantwortlicher i. S. d. Art. 4 Nr. 7 DSGVO für die Verarbeitung von Daten im Auftrag durch den Auftragnehmer. Dem Auftragnehmer steht nach Ziff. 4 Abs. 5 das Recht zu, den Auftraggeber darauf hinzuweisen, wenn eine seiner Meinung nach rechtlich unzulässige Datenverarbeitung Gegenstand des Auftrags und/oder einer Weisung ist.

(2) Der Auftraggeber ist als Verantwortlicher für die Wahrung der Betroffenenrechte verantwortlich. Der Auftragnehmer wird den Auftraggeber unverzüglich darüber informieren, wenn Betroffene ihre Betroffenenrechte im Zusammenhang mit dieser Verarbeitung von Daten im Auftrag gegenüber dem Auftragnehmer geltend machen.

(3) Der Auftraggeber hat das Recht, jederzeit ergänzende Weisungen über Art, Umfang und Verfahren der Datenverarbeitung gegenüber dem Auftragnehmer zu erteilen. Weisungen müssen in Textform (z. B. E-Mail) erfolgen.

(4) Regelungen über eine etwaige Vergütung von Mehraufwänden, die durch ergänzende Weisungen des Auftraggebers beim Auftragnehmer entstehen, bleiben unberührt.

(5) Der Auftraggeber kann weisungsberechtigte Personen benennen. Sofern weisungsberechtigte Personen benannt werden sollen, werden

diese in der **Anlage 1** benannt. Für den Fall, dass sich die weisungsberechtigten Personen beim Auftraggeber ändern, wird der Auftraggeber dies dem Auftragnehmer in Textform mitteilen.

(6) Der Auftraggeber informiert den Auftragnehmer unverzüglich, wenn er Fehler oder Unregelmäßigkeiten im Zusammenhang mit der Verarbeitung personenbezogener Daten durch den Auftragnehmer feststellt.

(7) Für den Fall, dass eine Informationspflicht gegenüber Dritten nach Art. 33, 34 DSGVO oder einer sonstigen, für den Auftraggeber geltenden gesetzlichen Meldepflicht besteht, ist der Auftraggeber für deren Einhaltung verantwortlich.

4. Allgemeine Pflichten des Auftragnehmers

(1) Der Auftragnehmer verarbeitet personenbezogene Daten ausschließlich im Rahmen der getroffenen Vereinbarungen und/oder unter Einhaltung der ggf. vom Auftraggeber erteilten ergänzenden Weisungen. Ausgenommen hiervon sind gesetzliche Regelungen, die den Auftragnehmer ggf. zu einer anderweitigen Verarbeitung verpflichten. In einem solchen Fall teilt der Auftragnehmer dem Auftraggeber diese rechtlichen Anforderungen vor der Verarbeitung mit, sofern das betreffende Recht eine solche Mitteilung nicht wegen eines wichtigen öffentlichen Interesses verbietet. Zweck, Art und Umfang der Datenverarbeitung richten sich ansonsten ausschließlich nach diesem Vertrag und/oder den Weisungen des Auftraggebers. Eine hiervon abweichende Verarbeitung von Daten ist dem Auftragnehmer untersagt, es sei denn, dass der Auftraggeber dieser schriftlich zugestimmt hat.

(2) Der Auftragnehmer verpflichtet sich, die Datenverarbeitung im Auftrag nur in Mitgliedsstaaten der Europäischen Union (EU) oder des Europäischen Wirtschaftsraums (EWR) durchzuführen. Eine Verarbeitung der personenbezogenen Daten in einem Drittland bedarf der vorherigen Zustimmung des Auftraggebers, die zumindest in Textform (z. B. E-Mail) erfolgen muss. Eine Zustimmung des Auftraggebers kommt nur dann in Betracht, wenn gewährleistet ist, dass die jeweils nach den Art. 44–49 DSGVO einzuhaltenden Rechtsvorschrif-

ten eingehalten werden, um ein angemessenes Schutzniveau für den Schutz der personenbezogenen Daten zu gewährleisten.

(3) Der Auftragnehmer sichert im Bereich der auftragsgemäßen Verarbeitung von personenbezogenen Daten die vertragsmäßige Abwicklung aller vereinbarten Maßnahmen zu.

(4) Der Auftragnehmer ist verpflichtet, sein Unternehmen und seine Betriebsabläufe so zu gestalten, dass die Daten, die er im Auftrag des Auftraggebers verarbeitet, im jeweils erforderlichen Maß gesichert und vor der unbefugten Kenntnisnahme Dritter geschützt sind. Der Auftragnehmer wird Änderungen in der Organisation der Datenverarbeitung im Auftrag, die für die Sicherheit der Daten erheblich sind, vorab mit dem Auftraggeber abstimmen.

(5) Der Auftragnehmer wird den Auftraggeber unverzüglich darüber informieren, wenn eine vom Auftraggeber erteilte Weisung nach seiner Auffassung gegen gesetzliche Regelungen verstößt. Der Auftragnehmer ist berechtigt, die Durchführung der betreffenden Weisung solange auszusetzen, bis diese durch den Auftraggeber bestätigt oder geändert wird. Sofern der Auftragnehmer darlegen kann, dass eine Verarbeitung nach Weisung des Auftraggebers zu einer Haftung des Auftragnehmers nach Art. 82 DSGVO führen kann, steht dem Auftragnehmer das Recht frei, die weitere Verarbeitung insoweit bis zu einer Klärung der Haftung zwischen den Parteien auszusetzen.

(6) Die Verarbeitung von Daten im Auftrag des Auftraggebers außerhalb von Betriebsstätten des Auftragnehmers oder Subunternehmern ist nur mit Zustimmung des Auftraggebers in Schriftform oder Textform zulässig. Eine Verarbeitung von Daten für den Auftraggeber in Privatwohnungen ist nur mit Zustimmung des Auftraggebers in Schriftform oder Textform im Einzelfall zulässig.

(7) Der Auftragnehmer wird die Daten, die er im Auftrag für den Auftraggeber verarbeitet, getrennt von anderen Daten verarbeiten. Eine physische Trennung ist nicht zwingend erforderlich.

(8) Der Auftragnehmer kann dem Auftraggeber die Person(en) benennen, die zum Empfang von Weisungen des Auftraggebers berechtigt sind. Sofern weisungsempfangsberechtigte Personen benannt werden sollen, werden diese in der **Anlage 1** benannt. Für den Fall, dass sich die weisungsempfangsberechtigten Personen beim Auftragnehmer

ändern, wird der Auftragnehmer dies dem Auftraggeber in Textform mitteilen.

5. Datenschutzbeauftragter des Auftragnehmers

(1) Der Auftragnehmer bestätigt, dass er einen Datenschutzbeauftragten nach Art. 37 DSGVO benannt hat. Der Auftragnehmer trägt Sorge dafür, dass der Datenschutzbeauftragte über die erforderliche Qualifikation und das erforderliche Fachwissen verfügt. Der Auftragnehmer wird dem Auftraggeber den Namen und die Kontaktdaten seines Datenschutzbeauftragten gesondert in Textform mitteilen.

(2) Die Pflicht zur Benennung eines Datenschutzbeauftragten nach Absatz 1 kann im Ermessen des Auftraggebers entfallen, wenn der Auftragnehmer nachweisen kann, dass er gesetzlich nicht verpflichtet ist, einen Datenschutzbeauftragten zu benennen und der Auftragnehmer nachweisen kann, dass betriebliche Regelungen bestehen, die eine Verarbeitung personenbezogener Daten unter Einhaltung der gesetzlichen Vorschriften, der Regelungen dieses Vertrages sowie etwaiger weiterer Weisungen des Auftraggebers gewährleisten.

6. Meldepflichten des Auftragnehmers

(1) Der Auftragnehmer ist verpflichtet, dem Auftraggeber jeden Verstoß gegen datenschutzrechtliche Vorschriften oder gegen die getroffenen vertraglichen Vereinbarungen und/oder die erteilten Weisungen des Auftraggebers, der im Zuge der Verarbeitung von Daten durch ihn oder andere mit der Verarbeitung beschäftigten Personen erfolgt ist, unverzüglich mitzuteilen. Gleiches gilt für jede Verletzung des Schutzes personenbezogener Daten, die der Auftragnehmer im Auftrag des Auftraggebers verarbeitet.

(2) Ferner wird der Auftragnehmer den Auftraggeber unverzüglich darüber informieren, wenn eine Aufsichtsbehörde nach Art. 58 DSGVO gegenüber dem Auftragnehmer tätig wird und dies auch eine Kontrolle der Verarbeitung, die der Auftragnehmer im Auftrag des Auftraggebers erbringt, betreffen kann.

(3) Dem Auftragnehmer ist bekannt, dass für den Auftraggeber eine Meldepflicht im Falle von Datenschutzverletzungen nach Art. 33, 34 DSGVO bestehen kann, die eine Meldung an die Aufsichtsbehörde binnen 72 Stunden nach Bekanntwerden vorsieht. Der Auftragnehmer wird den Auftraggeber bei der Umsetzung der Meldepflichten unterstützen. Der Auftragnehmer wird dem Auftraggeber insbesondere jeden unbefugten Zugriff auf personenbezogene Daten, die im Auftrag des Auftraggebers verarbeitet werden, unverzüglich, spätestens aber binnen 48 Stunden ab Kenntnis des Zugriffs mitteilen. Die Meldung des Auftragnehmers an den Auftraggeber muss insbesondere folgende Informationen beinhalten:

- eine Beschreibung der Art der Verletzung des Schutzes personenbezogener Daten, soweit möglich mit Angabe der Kategorien und der ungefähren Zahl der betroffenen Personen, der betroffenen Kategorien und der ungefähren Zahl der betroffenen personenbezogenen Datensätze;
- eine Beschreibung der von dem Auftragnehmer ergriffenen oder vorgeschlagenen Maßnahmen zur Behebung der Verletzung des Schutzes personenbezogener Daten und gegebenenfalls Maßnahmen zur Abmilderung ihrer möglichen nachteiligen Auswirkungen.

7. Mitwirkungspflichten des Auftragnehmers

(1) Der Auftragnehmer unterstützt den Auftraggeber bei seiner Pflicht zur Beantwortung von Anträgen auf Wahrnehmung von Betroffenenrechten nach Art. 12–23 DSGVO. Es gelten die Regelungen von Ziff. 11 dieses Vertrages.

(2) Der Auftragnehmer wirkt an der Erstellung der Verzeichnisse von Verarbeitungstätigkeiten durch den Auftraggeber mit. Er hat dem Auftraggeber die insoweit jeweils erforderlichen Angaben in geeigneter Weise mitzuteilen.

(3) Der Auftragnehmer unterstützt den Auftraggeber unter Berücksichtigung der Art der Verarbeitung und der ihm zur Verfügung stehenden Informationen bei der Einhaltung der in Art. 32–36 DSGVO genannten Pflichten.

8. Kontrollbefugnisse

(1) Der Auftraggeber hat das Recht, die Einhaltung der gesetzlichen Vorschriften zum Datenschutz und/oder die Einhaltung der zwischen den Parteien getroffenen vertraglichen Regelungen und/oder die Einhaltung der Weisungen des Auftraggebers durch den Auftragnehmer jederzeit im erforderlichen Umfang zu kontrollieren.

(2) Der Auftragnehmer ist dem Auftraggeber gegenüber zur Auskunftserteilung verpflichtet, soweit dies zur Durchführung der Kontrolle i. S. d. Absatzes 1 erforderlich ist.

(3) Der Auftraggeber kann eine Einsichtnahme in die vom Auftragnehmer für den Auftraggeber verarbeiteten Daten sowie in die verwendeten Datenverarbeitungssysteme und -programme verlangen.

(4) Der Auftraggeber kann nach vorheriger Anmeldung mit angemessener Frist die Kontrolle im Sinne des Absatzes 1 in der Betriebsstätte des Auftragnehmers zu den jeweils üblichen Geschäftszeiten vornehmen. Der Auftraggeber wird dabei Sorge dafür tragen, dass die Kontrollen nur im erforderlichen Umfang durchgeführt werden, um die Betriebsabläufe des Auftragnehmers durch die Kontrollen nicht unverhältnismäßig zu stören.

(5) Der Auftragnehmer ist verpflichtet, im Falle von Maßnahmen der Aufsichtsbehörde gegenüber dem Auftraggeber i. S. d. Art. 58 DSGVO, insbesondere im Hinblick auf Auskunfts- und Kontrollpflichten die erforderlichen Auskünfte an den Auftraggeber zu erteilen und der jeweils zuständigen Aufsichtsbehörde eine Vor-Ort-Kontrolle zu ermöglichen. Der Auftraggeber ist über entsprechende geplante Maßnahmen vom Auftragnehmer zu informieren.

9. Unterauftragsverhältnisse

(1) Die Beauftragung von Unterauftragnehmern durch den Auftragnehmer ist nur mit Zustimmung des Auftraggebers in Textform zulässig. Der Auftragnehmer wird alle bereits zum Vertragsschluss bestehenden Unterauftragsverhältnisse in der **Anlage 2** zu diesem Vertrag angeben.

(2) Der Auftragnehmer hat den Unterauftragnehmer sorgfältig auszuwählen und vor der Beauftragung zu prüfen, dass dieser die zwischen Auftraggeber und Auftragnehmer getroffenen Vereinbarungen einhalten kann. Der Auftragnehmer hat insbesondere vorab und regelmäßig während der Vertragsdauer zu kontrollieren, dass der Unterauftragnehmer die nach Art. 32 DSGVO erforderlichen technischen und organisatorischen Maßnahmen zum Schutz personenbezogener Daten getroffen hat. Das Ergebnis der Kontrolle ist vom Auftragnehmer zu dokumentieren und auf Anfrage dem Auftraggeber zu übermitteln.

(3) Der Auftragnehmer ist verpflichtet, sich vom Unterauftragnehmer bestätigen zu lassen, dass dieser einen Datenschutzbeauftragten gemäß Art. 37 DSGVO benannt hat. Für den Fall, dass kein Datenschutzbeauftragter beim Unterauftragnehmer benannt worden ist, hat der Auftragnehmer den Auftraggeber hierauf hinzuweisen und Informationen dazu beizubringen, aus denen sich ergibt, dass der Unterauftragnehmer gesetzlich nicht verpflichtet ist, einen Datenschutzbeauftragten zu benennen.

(4) Der Auftragnehmer hat sicherzustellen, dass die in diesem Vertrag vereinbarten Regelungen und ggf. ergänzende Weisungen des Auftraggebers auch gegenüber dem Unterauftragnehmer gelten.

(5) Der Auftragnehmer hat mit dem Unterauftragnehmer einen Auftragsverarbeitungsvertrag zu schließen, der den Voraussetzungen des Art. 28 DSGVO entspricht. Darüber hinaus hat der Auftragnehmer dem Unterauftragnehmer dieselben Pflichten zum Schutz personenbezogener Daten aufzuerlegen, die zwischen Auftraggeber und Auftragnehmer festgelegt sind. Dem Auftraggeber ist der Auftragsdatenverarbeitungsvertrag auf Anfrage in Kopie zu übermitteln.

(6) Der Auftragnehmer ist insbesondere verpflichtet, durch vertragliche Regelungen sicherzustellen, dass die Kontrollbefugnisse (Ziff. 8 dieses Vertrages) des Auftraggebers und von Aufsichtsbehörden auch gegenüber dem Unterauftragnehmer gelten und entsprechende Kontrollrechte von Auftraggeber und Aufsichtsbehörden vereinbart werden. Es ist zudem vertraglich zu regeln, dass der Unterauftragnehmer diese Kontrollmaßnahmen und etwaige Vor-Ort-Kontrollen zu dulden hat.

(7) Nicht als Unterauftragsverhältnisse i. S. d. Absätze 1 bis 6 sind Dienstleistungen anzusehen, die der Auftragnehmer bei Dritten als reine Nebenleistung in Anspruch nimmt, um die geschäftliche Tätigkeit auszuüben. Dazu gehören beispielsweise Reinigungsleistungen, reine Telekommunikationsleistungen ohne konkreten Bezug zu Leistungen, die der Auftragnehmer für den Auftraggeber erbringt, Post- und Kurierdienste, Transportleistungen, Bewachungsdienste. Der Auftragnehmer ist gleichwohl verpflichtet, auch bei Nebenleistungen, die von Dritten erbracht werden, Sorge dafür zu tragen, dass angemessene Vorkehrungen und technische und organisatorische Maßnahmen getroffen wurden, um den Schutz personenbezogener Daten zu gewährleisten. Die Wartung und Pflege von IT-System oder Applikationen stellt ein zustimmungspflichtiges Unterauftragsverhältnis und Auftragsverarbeitung i. S. d. Art. 28 DSGVO dar, wenn die Wartung und Prüfung solche IT-Systeme betrifft, die auch im Zusammenhang mit der Erbringung von Leistungen für den Auftraggeber genutzt werden und bei der Wartung auf personenbezogenen Daten zugegriffen werden kann, die im Auftrag des Auftraggebers verarbeitet werden.

10. Vertraulichkeitsverpflichtung

(1) Der Auftragnehmer ist bei der Verarbeitung von Daten für den Auftraggeber zur Wahrung der Vertraulichkeit über Daten, die er im Zusammenhang mit dem Auftrag erhält bzw. zur Kenntnis erlangt, verpflichtet. Der Auftragnehmer verpflichtet sich, die gleichen Geheimnisschutzregeln zu beachten, wie sie dem Auftraggeber obliegen. Der Auftraggeber ist verpflichtet, dem Auftragnehmer etwaige besondere Geheimnisschutzregeln mitzuteilen.

(2) Der Auftragnehmer sichert zu, dass ihm die jeweils geltenden datenschutzrechtlichen Vorschriften bekannt sind und er mit der Anwendung dieser vertraut ist. Der Auftragnehmer sichert ferner zu, dass er seine Beschäftigten mit den für sie maßgeblichen Bestimmungen des Datenschutzes vertraut macht und zur Vertraulichkeit verpflichtet hat. Der Auftragnehmer sichert ferner zu, dass er insbesondere die bei der Durchführung der Arbeiten tätigen Beschäftigten zur Vertraulichkeit verpflichtet hat und diese über die Weisungen des Auftraggebers informiert hat.

(3) Die Verpflichtung der Beschäftigten nach Absatz 2 sind dem Auftraggeber auf Anfrage nachzuweisen.

11. Wahrung von Betroffenenrechten

(1) Der Auftraggeber ist für die Wahrung der Betroffenenrechte allein verantwortlich. Der Auftragnehmer ist verpflichtet, den Auftraggeber bei seiner Pflicht, Anträge von Betroffenen nach Art. 12–23 DSGVO zu bearbeiten, zu unterstütztzen. Der Auftragnehmer hat dabei insbesondere Sorge dafür zu tragen, dass die insoweit erforderlichen Informationen unverzüglich an den Auftraggeber erteilt werden, damit dieser insbesondere seinen Pflichten aus Art. 12 Abs. 3 DSGVO nachkommen kann.

(2) Soweit eine Mitwirkung des Auftragnehmers für die Wahrung von Betroffenenrechten – insbesondere auf Auskunft, Berichtigung, Sperrung oder Löschung – durch den Auftraggeber erforderlich ist, wird der Auftragnehmer die jeweils erforderlichen Maßnahmen nach Weisung des Auftraggebers treffen. Der Auftragnehmer wird den Auftraggeber nach Möglichkeit mit geeigneten technischen und organisatorischen Maßnahmen dabei unterstützen, seiner Pflicht zur Beantwortung von Anträgen auf Wahrnehmung von Betroffenenrechten nachzukommen.

(3) Regelungen über eine etwaige Vergütung von Mehraufwänden, die durch Mitwirkungsleistungen im Zusammenhang mit Geltendmachung von Betroffenenrechten gegenüber dem Auftraggeber beim Auftragnehmer entstehen, bleiben unberührt.

(4) Für den Fall, dass ein Betroffener seine Rechte nach den Art. 12–23 DSGVO beim Auftragnehmer geltend macht, obwohl dies offensichtlich eine Verarbeitung personenbezogener Daten betrifft, für die der Auftraggeber verantwortlich ist, ist der Auftragnehmer berechtigt, dem Betroffenen mitzuteilen, dass der Auftraggeber der Verantwortliche für die Datenverarbeitung ist. Der Auftragnehmer darf dem Betroffenen in diesem Zusammenhang die Kontaktdaten des Verantwortlichen mitteilen.

12. Geheimhaltungspflichten

(1) Beide Parteien verpflichten sich, alle Informationen, die sie im Zusammenhang mit der Durchführung dieses Vertrages erhalten, zeitlich unbegrenzt vertraulich zu behandeln und nur zur Durchführung des Vertrages zu verwenden. Keine Partei ist berechtigt, diese Informationen ganz oder teilweise zu anderen als den soeben genannten Zwecken zu nutzen oder diese Information Dritten zugänglich zu machen.

(2) Die vorstehende Verpflichtung gilt nicht für Informationen, die eine der Parteien nachweisbar von Dritten erhalten hat, ohne zur Geheimhaltung verpflichtet zu sein, oder die öffentlich bekannt sind.

13. Vergütung

Etwaige Regelungen zu einer Vergütung von Leistungen sind zwischen den Parteien gesondert zu vereinbaren.

14. Technische und organisatorische Maßnahmen zur Datensicherheit

(1) Der Auftragnehmer verpflichtet sich gegenüber dem Auftraggeber zur Einhaltung der technischen und organisatorischen Maßnahmen, die zur Einhaltung der anzuwendenden Datenschutzvorschriften erforderlich sind. Dies beinhaltet insbesondere die Vorgaben aus Art. 32 DSGVO.

(2) Der zum Zeitpunkt des Vertragsschlusses bestehende Stand der technischen und organisatorischen Maßnahmen ist als **Anlage 3** zu diesem Vertrag beigefügt. Die Parteien sind sich darüber einig, dass zur Anpassung an technische und rechtliche Gegebenheiten Änderungen der technischen und organisatorischen Maßnahmen erforderlich werden können. Wesentliche Änderungen, die die Integrität, Vertraulichkeit oder Verfügbarkeit der personenbezogenen Daten beeinträchtigen können, wird der Auftragnehmer im Voraus mit dem Auftraggeber abstimmen. Maßnahmen, die lediglich geringfügige technische oder organisatorische Änderungen mit sich bringen und die Integrität, Vertraulichkeit und Verfügbarkeit der personenbezo-

genen Daten nicht negativ beeinträchtigen, können vom Auftragnehmer ohne Abstimmung mit dem Auftraggeber umgesetzt werden. Der Auftraggeber kann jederzeit eine aktuelle Fassung der vom Auftragnehmer getroffenen technischen und organisatorischen Maßnahmen anfordern.

(3) Der Auftragnehmer wird die von ihm getroffenen technischen und organisatorischen Maßnahmen regelmäßig und auch anlassbezogen auf ihre Wirksamkeit kontrollieren. Für den Fall, dass es Optimierungs- und/oder Änderungsbedarf gibt, wird der Auftragnehmer den Auftraggeber informieren.

15. Dauer des Auftrags

(1) Der Vertrag beginnt mit Unterzeichnung und wird auf unbestimmte Zeit geschlossen.

(2) Er ist mit einer Frist von drei Monaten zum Quartalsende kündbar.

(3) Der Auftraggeber kann den Vertrag jederzeit ohne Einhaltung einer Frist kündigen, wenn ein schwerwiegender Verstoß des Auftragnehmers gegen die anzuwendenden Datenschutzvorschriften oder gegen Pflichten aus diesem Vertrag vorliegt, der Auftragnehmer eine Weisung des Auftraggebers nicht ausführen kann oder will oder der Auftragnehmer den Zutritt des Auftraggebers oder der zuständigen Aufsichtsbehörde vertragswidrig verweigert.

16. Beendigung

(1) Nach Beendigung des Vertrages hat der Auftragnehmer sämtliche in seinen Besitz gelangten Unterlagen, Daten und erstellten Verarbeitungs- oder Nutzungsergebnisse, die im Zusammenhang mit dem Auftragsverhältnis stehen, nach Wahl des Auftraggebers an diesen zurückzugeben oder zu löschen. Die Löschung ist in geeigneter Weise zu dokumentieren. Etwaige gesetzliche Aufbewahrungspflichten oder sonstige Pflichten zur Speicherung der Daten bleiben unberührt. Für Datenträger gilt, dass diese im Falle einer vom Auftraggeber gewünschten Löschung zu vernichten sind, wobei mindestens die Si-

cherheitsstufe 3 der DIN 66399 einzuhalten ist; die Vernichtung ist dem Auftraggeber unter Hinweis auf die Sicherheitsstufe gemäß DIN 66399 nachzuweisen.

(2) Der Auftraggeber hat das Recht, die vollständige und vertragsgemäße Rückgabe und Löschung der Daten beim Auftragnehmer zu kontrollieren. Dies kann auch durch eine Inaugenscheinnahme der Datenverarbeitungsanlagen in der Betriebsstätte des Auftragnehmers erfolgen. Die Vor-Ort-Kontrolle soll mit angemessener Frist durch den Auftraggeber angekündigt werden.

(3) Der Auftragnehmer darf personenbezogene Daten, die im Zusammenhang mit dem Auftrag verarbeitet worden sind, über die Beendigung des Vertrages hinaus speichern, wenn und soweit den Auftragnehmer eine gesetzliche Pflicht zur Aufbewahrung trifft. In diesen Fällen dürfen die Daten nur für Zwecke der Umsetzung der jeweiligen gesetzlichen Aufbewahrungspflichten verarbeitet werden. Nach Ablauf der Aufbewahrungspflicht sind die Daten unverzüglich zu löschen.

17. Zurückbehaltungsrecht

Die Parteien sind sich darüber einig, dass die Einrede des Zurückbehaltungsrechts durch den Auftragnehmer i. S. d. § 273 BGB hinsichtlich der verarbeiteten Daten und der zugehörigen Datenträger ausgeschlossen wird.

18. Schlussbestimmungen

(1) Sollte das Eigentum des Auftraggebers beim Auftragnehmer durch Maßnahmen Dritter (etwa durch Pfändung oder Beschlagnahme), durch ein Insolvenzverfahren oder durch sonstige Ereignisse gefährdet werden, so hat der Auftragnehmer den Auftraggeber unverzüglich zu informieren. Der Auftragnehmer wird die Gläubiger über die Tatsache, dass es sich um Daten handelt, die im Auftrag verarbeitet werden, unverzüglich informieren.

(2) Für Nebenabreden ist die Schriftform erforderlich.

(3) Sollten einzelne Teile dieses Vertrages unwirksam sein, so berührt dies die Wirksamkeit der übrigen Regelungen des Vertrages nicht.

__________, den ________	________, den ________
Ort Datum	Ort Datum
___________________	_________________
– Auftraggeber –	– Auftragnehmer –

Anlage 1 – Gegenstand des Auftrags

1. Gegenstand und Zweck der Verarbeitung

Der Auftrag des Auftraggebers an den Auftragnehmer umfasst folgende Arbeiten und/oder Leistungen:

Die vom Auftragnehmer zu erbringenden Leistungen sollen hier möglichst konkret beschrieben werden. Auch der Zweck der Verarbeitung ist zu benennen, sofern sich dies nicht aus der Leistungsbeschreibung ergibt.

2. Art(en) der personenbezogenen Daten

Folgende Datenarten sind regelmäßig Gegenstand der Verarbeitung:

Hier sollten die Datenfelder nach Möglichkeit konkret angegeben werden. Wenn dies nicht abschließend möglich ist, sind Generalisierungen erlaubt (Nutzungsdaten, Bestandsdaten etc.) und soweit wie möglich zu konkretisieren

3. Kategorien betroffener Person

Kreis der von der Datenverarbeitung betroffenen Personen:

z. B. Kunden, Auftraggeber, Dritte etc.

4. Weisungsberechtigte Personen des Auftraggebers

Hier ggf. Personen benennen oder Passage streichen.

5. Weisungsempfangsberechtigte Personen des Auftragnehmers

Hier ggf. Personen benennen oder Passage streichen.

Anlage 2 – Unterauftragnehmer

Der *Auftragnehmer* nimmt für die Verarbeitung von Daten im Auftrag des Auftraggebers Leistungen von Dritten in Anspruch, die in seinem Auftrag Daten verarbeiten („Unterauftragnehmer").

Dabei handelt es sich um nachfolgende(s) Unternehmen:

Hier sind alle Unternehmen mit Namen, Rechtsform, Kontaktdaten und ladungsfähiger Anschrift vom Auftragnehmer anzugeben. Ferner ist die Art der Leistung kurz zu beschreiben.

Anlage 3 – Technische und organisatorische Maßnahmen des Auftragnehmers

Der Auftragnehmer trifft nachfolgende technische und organisatorische Maßnahmen zur Datensicherheit i. S. d. Art. 32 DSGVO.

1. Vertraulichkeit

Zutrittskontrolle

Hier sind Angaben vom Auftragnehmer zu folgenden Aspekten zu machen

- Wie sind die Gebäude, in denen Daten verarbeitet werden, vor dem unberechtigten Zutritt geschützt? Wenn Daten z. B. in einem Rechenzentrum verarbeitet werden, aber aus Bürogebäuden darauf zugegriffen wird, sind für beide Gebäude Schutzmaßnahmen zu benennen. Dies gilt auch für die weitere Beschreibung der Maßnahmen. Wenn mehrere Orte der Datenverarbeitung (z. B. Rechenzentrum und Bürogebäude) in Frage kommen, sind die Maßnahmen differenziert nach Orten zu beschreiben (also z. B. **Maßnahmen im Rechenzentrum: ……// Maßnahmen am Firmensitz: ….**)

Die getroffenen Maßnahmen sind möglichst konkret zu beschreiben. Die reine Angabe von Stichworten reicht nicht aus.

- Gibt es eine Besucherregelung? Wenn ja, wie ist diese ausgestaltet?
- Gibt es eine Schlüsselregelung bzw. ein Zutrittskonzept? Wenn ja, wie ist diese ausgestaltet?
- Gibt es eine Videoüberwachung?
- Gibt es eine Alarmanlage? Was passiert im Alarmfall?
- Gibt es einen Werksschutz oder Pförtner?
- Sonstige Maßnahmen

Zugangskontrolle

Hier sind Angaben vom Auftragnehmer zu folgenden Aspekten zu machen

- Wie werden Berechtigungen zum Zugang zu Daten oder Systemen erteilt?
- Wird die Erteilung und der Entzug von Berechtigungen protokolliert? Wer hat Zugriff auf die Protokolle?
- Werden eingeräumte Berechtigungen periodisch im Hinblick auf ein weiteres Erfordernis überprüft? Wenn ja, wie häufig?
- Wie wird sichergestellt, dass nur erforderliche Berechtigungen eingeräumt werden?
- Gibt es eine Passwortrichtlinie?
- Welche Mindestpasswortlänge wird verlangt? Wird die Mindestlänge technisch erzwungen?
- Wird eine Passwortkomplexität verlangt? Wird diese technisch erzwungen?
- Wird ein Passwortwechsel erzwungen? Wenn ja, warum?
- Werden externe Schnittstellen (z. B. USB) gesperrt?
- Werden mobile IT-Systeme verschlüsselt?
- Werden mobile Datenträger verschlüsselt?
- Wie werden IT-Systeme vor Viren und Schadsoftware geschützt?
- Wie werden unberechtigte Zugriffe von Dritten auf IT-Systeme erkannt und unterbunden?
- Wie wird Sorge dafür getragen, dass nur sorgfältig ausgewählte und überprüfte Dienstleister in Kontakt mit personenbezogenen Daten gelangen?

Zugriffskontrolle

Hier sind Angaben vom Auftragnehmer zu folgenden Aspekten zu machen

- Wie wird gewährleistet, dass Berechtigungen differenziert vergeben werden?
- Werden Benutzerrollen und damit einhergehende Berechtigungen regelmäßig überprüft? Wenn ja, wie oft?
- Wie wird sichergestellt, dass Rechte von Personen beim Ausscheiden aus dem Unternehmen oder beim Wechsel einer Aufgabe im Unternehmen entzogen werden?
- Ist die Anzahl der Administratoren auf das Notwendigste beschränkt? Wie wird dies sichergestellt?
- Werden Zugriffe auf Anwendungen und/oder Daten protokolliert?
- Wie wird sichergestellt, dass nicht mehr verwendete Datenträger sicher gelöscht oder vernichtet werden?
- Wie wird sichergestellt, dass Papierunterlagen mit personenbezogenen Daten sicher vernichtet werden und die Vernichtung nachgewiesen wird?

Trennung

Hier sind Angaben vom Auftragnehmer zu folgenden Aspekten zu machen

- Wie wird sichergestellt, dass Daten, die zu verschiedenen Zwecken verarbeitet werden, getrennt voneinander verarbeitet werden?
- Wie wird sichergestellt, dass Daten verschiedener Kunden getrennt von einander verarbeitet werden und ein Zugriff von Kunden auf Daten anderer Kunden ausgeschlossen ist?
- Wie stellen Sie die Trennung von Test- und Produktivsystemen sicher?

Pseudonymisierung & Verschlüsselung

Hier sind Angaben vom Auftragnehmer zu folgenden Aspekten zu machen

- Kommt eine Pseudonymisierung oder Verschlüsselung von Daten zum Einsatz? Wenn ja, beschreiben Sie dies bitte möglichst konkret.

2. Integrität

Eingabekontrolle

Hier sind Angaben vom Auftragnehmer zu folgenden Aspekten zu machen

- Wie gewährleisten Sie, dass jederzeit festgestellt werden kann, wer personenbezogene Daten wie eingegeben, verändert oder gelöscht hat?
- Wie lange speichern Sie die Nachweise dieser Eingaben, Änderungen und Löschungen („Protokolle“)?
- Wer hat Zugriff auf diese Protokolle?

Weitergabekontrolle

Hier sind Angaben vom Auftragnehmer zu folgenden Aspekten zu machen

- Wie werden personenbezogene Daten zwischen Auftraggeber und Auftragnehmer übertragen?
- Wie wird der Schutz der Daten während des Transports gewährleistet?
- Wie wird gewährleistet, dass Daten nach der Beendigung des Auftrags sicher gelöscht werden?
- Wie wird die Löschung dokumentiert?

3. Verfügbarkeit und Belastbarkeit

Hier sind Angaben vom Auftragnehmer zu folgenden Aspekten zu machen

- Ist eine unterbrechungsfreie Stromversorgung (USV) für Serversysteme im Einsatz?
- Sind Serverräume klimatisiert?
- Gibt es Feuer- und Rauchmeldeanlagen? Bitte beschreiben.
- Ist eine Festplattenspiegelung im Einsatz? Wenn ja, welche?
- Bitte beschreiben Sie ihr Datensicherungs- und Wiederherstellungskonzept.
- Wo werden Datensicherungen aufbewahrt?
- Sind Datensicherungen verschlüsselt?
- Gibt es einen Notfallplan?
- Wie wird eine rasche Datenwiederherstellung gewährleistet?

4. Verfahren zur regelmäßigen Überprüfung, Bewertung und Evaluierung

Hier sind Angaben vom Auftragnehmer zu folgenden Aspekten zu machen

- Hat die Unternehmensleitung Verantwortung für Datenschutz und Informationssicherheit übernommen („Leitlinie“)?
- Werden die Beschäftigten zum Datenschutz geschult? Wenn ja, wie und wie häufig? Gibt es Schulungsnachweise?
- Werden die Beschäftigten zum vertraulichem Umgang mit personenbezogenen Daten verpflichtet? Wie wird sichergestellt, dass alle Mitarbeiter zur Vertraulichkeit verpflichtet werden?
- Ist ein Datenschutzbeauftragter benannt worden?
- Welche Maßnahmen werden zur Umsetzung von Datenschutz durch

Technikgestaltung und durch datenschutzfreundliche Voreinstellungen (Art. 25 DSGVO) getroffen?

- Gibt es Richtlinien für Beschäftigte zum Umgang mit personenbezogenen Daten?
- Wie wird sichergestellt, dass Datenschutzverletzungen erkannt und unverzüglich gemeldet werden?
- Gibt es einen Prozess zur Durchführung von Datenschutz-Folgenabschätzungen (DSFA)?
- Wie wird sichergestellt, dass Anfragen von Betroffenen fristgemäß bearbeitet werden?
- Gibt es ein Verzeichnis von Verarbeitungstätigkeiten i. S. d. Art. 30 Abs. 1 und 2 DSGVO?
- Welche Maßnahmen sind ansonsten getroffen worden, um die Umsetzung der Vorgaben der DSGVO im Unternehmen zu gewährleisten?
- Ist ein Datenschutzmanagementsystem (DSMS) implementiert worden?

25. Gemeinsame Verantwortlichkeit

Wie wir schon mehrfach erwähnt haben, ist Verantwortlicher derjenige, der alleine oder **gemeinsam mit anderen** die Entscheidungsbefugnis über Zwecke und Mittel der Datenverarbeitung hat.

Wenn ein Verantwortlicher nun **gemeinsam mit anderen verantwortlich** ist, dann liegt eine sog. gemeinsame Verantwortlichkeit – auch „Joint Control" genannt – vor.

Rechtsfolge des Vorliegens einer gemeinsamen Verantwortlichkeit ist, dass die gemeinsam Verantwortlichen nach Art. 26 DSGVO eine sog. Vereinbarung zur gemeinsamen Verantwortlichkeit („Joint Control Agreement") treffen müssen.

25.1. Wann liegt eine gemeinsame Verantwortlichkeit vor?

Eine gemeinsame Verantwortlichkeit liegt dann vor, wenn zwei oder mehr Verantwortliche gemeinsam über Zweck **und** Mittel einer Verarbeitung von personenbezogenen Daten entscheiden.

Die Rechtsfigur der gemeinsamen Verantwortlichkeit ist (leider) durch eine recht extensive Auslegung durch den EuGH geprägt. Dieser hat in einer ersten Entscheidung („Facebook Fanpages") zunächst die gemeinsame Verantwortlichkeit in der „Breite" sehr weit bzw. zu weit ausgelegt. Dann hat er in einer weiteren Entscheidung („Zeugen Jehovas") sogar eine gemeinsame Verantwortlichkeit für möglich gehalten, wenn ein Verantwortlicher nicht einmal Zugriff auf die personenbezogenen Daten hat. Und schließlich hat der EuGH dann in einer dritten Entscheidung („Social Plugins") eine differenziertere Sichtweise an den Tag gelegt. Denn nun ist klar, dass gemeinsam Verantwortliche nur jeweils für eine Phase der Datenverarbeitung gemeinsam verantwortlich sein und ansonsten getrennt verantwortlich sein können.

Klingt kompliziert? Ist es auch. Und daher werden wir uns in dieser Einsteigerlektüre nicht vertieft damit befassen. Denn insbesondere die Abgrenzung zur Auftragsverarbeitung fällt in der Praxis schwer. Und zuletzt kann es kombinierte Zusammenarbeitsverhältnisse geben: Für einen Teil einer Verarbeitung ist man gemeinsam verantwortlich, ein weiterer Teil ist Auftragsverarbeitung und wieder ein letzter Teil ist getrennte Verantwortlichkeit beider.

Rechtspolitisch bräuchten wie diese Differenzierung eigentlich überhaupt nicht. Aber so hat die DSGVO (und der EuGH) das nun einmal vorgesehen.

25.2. Wie muss ich die gemeinsame Verantwortlichkeit „regeln“?

Wenn eine gemeinsame Verantwortlichkeit vorliegt, ist nach Art. 26 Abs. 1 DSGVO zwingend eine Vereinbarung zwischen den gemeinsam Verantwortlichen zu treffen. Eine besondere Form (Schriftform, Textform etc.) ist nicht vorgesehen. Für Zwecke der Nachweisbarkeit, der Rechenschaftspflicht nach Art. 5 Abs. 2 DSGVO und auch weil die „wesentlichen Teile“ der Vereinbarung den Betroffenen zur Verfügung gestellt werden sollen, empfiehlt sich aber in jedem Fall mindestens die Textform. Das heißt, es könnte z. B. eine Vereinbarung in Textform erstellt und dann von den Vertragsparteien elektronisch akzeptiert werden.

In dieser Vereinbarung ist zu regeln, welcher Verantwortliche welche Pflichten aus der DSGVO erfüllt. Insbesondere ist hier der Umgang mit Betroffenenrechten zu regeln, wie z. B.:

- Wer ist für die Information der Betroffenen bzgl. Datenschutz verantwortlich?
- Wer beantwortet Auskunftsersuchen?
- Wer kümmert sich um die Berichtigung und Löschung von Daten?
- Soll es eine Anlaufstelle für Betroffene bzgl. Datenschutz geben?

Das sog. „Joint Control Agreement“, also die Vereinbarung über die gemeinsame Verantwortlichkeit muss nach Art. 26 Abs. 2 Satz 1 DSGVO die tatsächlichen Funktionen und Beziehungen der gemeinsamen Verantwortlichkeit gegenüber den Betroffenen gebührend widerspiegeln. Was das genau bedeuten soll, ist nicht ganz klar. Nach Erwägungsgrund 79 der DSGVO geht es letztlich darum, dass es auch mit Blick auf die Kontrolle durch Aufsichtsbehörden eine klare Zuteilung der Verantwortlichkeiten zwischen den gemeinsam Verantwortlichen gibt.

Nach Art. 26 Abs. 2 Satz 2 DSGVO ist das „Wesentliche der Vereinbarung“ den Betroffenen zur Verfügung zu stellen. Nach h. M. ist jedoch nicht erforderlich, dass die Information überreicht werden muss. Es reicht vielmehr aus, wenn diese Informationen (z. B. auf der Website) abrufbar sind. Mit dem „Wesentlichen der Vereinbarung“ dürften in Anlehnung an die Informationspflichten aus Art. 12 GG leicht verständliche, klare Informationen zu Art, Zweck und Umfang der Verarbeitung und vor allem Informationen dazu zu verstehen sein, wie Betroffene ihre Rechte am besten wirksam geltend machen können.

Unabhängig von einer internen Regelung kann eine Betroffene aber jederzeit ihre Betroffenenrechte gegenüber jedem der gemeinsamen Verantwortlichkeit geltend machen.

25.3. Muster einer Vereinbarung zur gemeinsamen Verantwortlichkeit

Wie so eine Vereinbarung nach Art. 26 DSGVO in der Praxis aussehen kann, kannst du dem nachfolgenden Muster entnehmen:

Vereinbarung über eine gemeinsame Verantwortlichkeit

zwischen

Maxi Mustermann GmbH
Musterstr. 123
12345 Musterstadt

– Verantwortlicher (A) –

und

Peter Mustermann GmbH
Musterstr. 123
12345 Musterstadt

– Verantwortlicher (B) –

1. Gegenstand der Vereinbarung

(1) Zwischen den Parteien besteht ein Vertragsverhältnis („Hauptvertrag“), das die gemeinsame Erbringung von Dienstleistungen und/oder die gemeinsame Durchführung des Projektes „XYZ“ durch die Verantwortlichen (A) und (B) beinhaltet. Die Parteien sind sich darüber einig, dass sie im Hinblick auf dieses Zusammenwirken gemeinsam über Zwecke und Mittel der Verarbeitung i. S. d. Art. 4 Nr. 7 DSGVO bestimmen und insoweit eine gemeinsame Verantwortlichkeit besteht.

(2) Dieser Vertrag stellt die Vereinbarung zwischen gemeinsam Verantwortlichen i. S. d. Art. 26 DSGVO zwischen den Parteien dar. In diesem Vertrag werden Regelungen dazu getroffen, wer welchen Verpflichtungen der DSGVO im Zusammenhang mit der gemeinsamen Verarbeitung personenbezogener Daten nachkommt.

2. Beschreibung der Datenverarbeitung

(1) Zweck, Art und Umfang der Verarbeitung personenbezogener Daten ergeben sich aus dem zwischen den Parteien geschlossenen Hauptvertrag sowie der insoweit ggf. zusätzlich einbezogenen vertraglichen Regelungen.

(2) Die Art der Daten sowie die Kategorien betroffener Personen sind der **Anlage 1** dieses Vertrages zu entnehmen.

3. Verantwortlichkeit und Zuständigkeiten für Verarbeitungsschritte/-phasen

(1) Die Parteien haben in der **Anlage 2** dieses Vertrages die Verarbeitungsschritte, die der gemeinsamen Verantwortlichkeit unterliegen, beschrieben und die jeweiligen Verantwortlichkeiten zugewiesen. Wenn keine Angaben erfolgen und der Vertrag auch ansonsten keine Verantwortlichkeiten zuweist, ist davon auszugehen, dass beide Parteien gleichermaßen für die Verarbeitung der jeweiligen Datenart(en) verantwortlich sind.

(2) In der **Anlage 2** können die Parteien ferner Verantwortlichkeiten für die Bearbeitung und Umsetzung von Maßnahmen festlegen, die

anlässlich der Wahrnehmung der Rechte von Betroffenen aus den Art. 15–21 DSGVO zu treffen sind. Wenn keine Angaben erfolgen und der Vertrag auch ansonsten keine Verantwortlichkeiten zuweist, ist davon auszugehen, dass beide Parteien gleichermaßen für die Bearbeitung von vorgenannten Betroffenenanfragen verantwortlich sind.

(3) Ungeachtet der Regelungen in Absatz 1 und 2 stimmen die Parteien überein, dass sich betroffene Personen an beide Parteien zwecks Wahrnehmung der ihnen jeweils zustehenden Betroffenenrechte wenden können. In einem solchen Fall ist die jeweils andere Partei dazu verpflichtet, das Ersuchen eines Betroffenen an die nach Anlage 2 dieses Vertrages zuständige Partei unverzüglich weiterzuleiten. Die Parteien werden sich hierfür gegenseitig Kontaktadressen benennen und jede Änderung unverzüglich in Textform mitteilen.

4. Umsetzung von Betroffenenrechten

(1) Jede Partei ist verpflichtet, die Informationspflichten aus Art. 12–14 DSGVO und Art. 26 Abs. 2 S. 2 DSGVO gegenüber den Betroffenen umzusetzen, soweit die jeweilige Partei für den/die Verarbeitungschritt(e)/-phase(n) im Sinne der Ziff. 3 dieses Vertrages zuständig ist. Die Parteien tragen Sorge dafür, dass diese Informationen über das Internet zugänglich sind und stellen sich gegenseitig die Internetadressen zur Verfügung, unter denen die jeweiligen Informationen abrufbar sind.

(2) Betroffenen Personen sind die erforderlichen Informationen in präziser, transparenter, verständlicher und leicht zugänglicher Form in einer klaren und einfachen Sprache unentgeltlich zur Verfügung zu stellen.

(3) Die Parteien können in **Anlage 2** primäre Verantwortlichkeiten für die Erfüllung der Informationspflichten aus den Art. 12–14 DSGVO vereinbaren.

5. Datensicherheit

Die Parteien verpflichten sich gegenseitig zur Einhaltung der jeweils nach Art. 32 DSGVO erforderlichen technischen und organisatorischen Maßnahmen, soweit dies die Verarbeitung personenbezogener Daten betrifft, für die eine gemeinsame Verantwortlichkeit i. S. d. Art. 26 DSGVO besteht.

6. Meldepflichten bei Datenschutzverletzungen

(1) Jede Partei wird die jeweils andere Partei unverzüglich über jede Verletzung des Schutzes personenbezogener Daten i. S. d. Art. 4 Nr. 12 DSGVO in Textform unterrichten. Die Parteien werden sich gegenseitig unverzüglich alle Informationen im Zusammenhang mit der Datenschutzverletzung zur Verfügung stellen, die zur Prüfung der Datenschutzverletzung und seiner Folgen sowie für die Erfüllung etwaiger Meldepflichten nach den Art. 33, 34 DSGVO erforderlich sind.

(2) Für den Fall, dass eine Meldepflicht nach Art. 33 DSGVO besteht, werden die Parteien im Rahmen der Zumutbarkeit das weitere Vorgehen abstimmen und sich bei der Erfüllung der Meldepflichten gegenseitig unterstützen.

(3) Sofern eine Benachrichtigung der Betroffenen nach Art. 34 DSGVO erforderlich ist, werden die Parteien im Rahmen der Zumutbarkeit zusammenwirken und eine gemeinsame Benachrichtigung der Betroffenen durchführen, soweit die Parteien dies für sinnvoll halten.

7. Gemeinsame Pflichten

Beide Vertragsparteien haben sich gegenseitig unverzüglich und vollständig zu informieren, wenn Fehler oder Unregelmäßigkeiten bei der Datenverarbeitung oder Verletzungen von Bestimmungen dieses Vertrags oder anwendbaren Datenschutzrechts (insbesondere der DSGVO) festgestellt werden.

8. Auftragsverarbeiter

(1) Die Beauftragung von Auftragsverarbeitern i. S. d. Art. 4 Nr. 8 DSGVO durch eine Partei bedarf der vorherigen Zustimmung der jeweils anderen Partei in Textform.

(2) Die jeweils andere Partei kann vor Erteilung der Zustimmung die Vorlage des Auftragsverarbeitungsvertrages verlangen, der mit dem jeweiligen Auftragsverarbeiter geschlossen wurde, um die Einhaltung der Vorgaben des Art. 28 DSGVO zu überprüfen.

(3) Sofern die Verarbeitung von personenbezogenen Daten in einem Drittland erfolgt, wird der Auftraggeber gegenüber der jeweils anderen Partei dieses Vertrages das Vorliegen der Garantien für ein angemessenes Datenschutzniveau im Drittland darlegen.

(4) Für den Fall, dass ein bestehender Auftragsverarbeitungsvertrag mit einem Auftragsverarbeiter geändert wird, besteht eine Informationspflicht des Auftraggebers gegenüber der jeweils anderen Partei dieses Vertrages. Für den Fall, dass die Änderung des Auftragsverarbeitungsvertrages zu einer Verletzung der Vorgaben aus Art. 28 DSGVO führt, kann die jeweils andere Vertragspartei von dem Auftraggeber eine unverzügliche Nachbesserung des Vertrages verlangen, damit die Voraussetzungen von Art. 28 DSGVO eingehalten werden.

9. Zusammenarbeit mit Aufsichtsbehörden

(1) Jede Partei ist verpflichtet, die jeweils andere Partei unverzüglich zu informieren, wenn eine Datenschutzaufsichtsbehörde sich an sie wendet und dies eine Verarbeitung betrifft, die von diesem Vertrag umfasst ist.

(2) Die Parteien werden die Beantwortung von Anfragen von Aufsichtsbehörden zu der vertragsgegenständlichen Verarbeitung miteinander abstimmen, soweit dies rechtlich zulässig und/oder zumutbar ist.

(3) Die Parteien sind sich darüber einig, dass aufsichtsbehördlichen Maßnahmen grundsätzlich Folge zu leisten ist. Gleichwohl werden die Parteien sich darüber ins Benehmen setzen, ob und inwieweit Rechtsbehelfe gegen Anordnungen der Behörde eingelegt werden.

10. Haftung

(1) Die Parteien haften gegenüber betroffenen Personen nach den gesetzlichen Vorschriften.

(2) Die Parteien stellen einander im Innenverhältnis von jeglicher Haftung frei, wenn die haftungsauslösende Ursache im Rahmen der Verantwortlichkeit nach Ziff. 3 dieses Vertrages allein von einer Partei zu vertreten ist. Das gilt auch im Hinblick auf eine gegen eine Partei etwa verhängte Geldbuße wegen eines Verstoßes gegen Datenschutzvorschriften.

11. Schlussbestimmungen

(1) Für die Laufzeit und Beendigung des Vertrages gelten die Regelungen des Hauptvertrages. Im Fall von Widersprüchen zwischen diesem Vertrag und sonstigen Vereinbarungen zwischen den Parteien, insbesondere dem Hauptvertrag, gehen die Regelungen dieses Vertrags vor.

(2) Sollten einzelne Bestimmungen dieses Vertrags unwirksam sein oder werden oder eine Lücke enthalten, so bleiben die übrigen Bestimmungen hiervon unberührt. Die Parteien verpflichten sich, anstelle der unwirksamen Regelung eine solche gesetzlich zulässige Regelung zu treffen, die dem Zweck der unwirksamen Regelung am nächsten kommt und den Anforderungen des Art. 26 DSGVO am besten gerecht wird.

(3) Es gilt deutsches Recht einschließlich der DSGVO.

__________, den ________	________, den ________
Ort Datum	Ort Datum
______________________	______________________
– Verantwortlicher (A) –	– Verantwortlicher (B) –

Anlage 1

1. Art(en) der personenbezogenen Daten

Folgende Datenarten sind regelmäßig Gegenstand der Verarbeitung:

– Vorname

– Nachname

– Anschrift

– E-Mail-Adresse

– Passwort

2. Kategorien betroffener Person

Kreis der von der Datenverarbeitung betroffenen Personen:

– Kunden der Verantwortlichen

– Beschäftigte der Verantwortlichen

Anlage 2

Verarbeitungsschritt	Verantwortlich	Primär verantwortlich für Betroffenenrechte
Erhebung von Betroffenendaten	Verantwortlicher (A)	Verantwortlicher (A)
Speicherung im CRM		
Weitergabe an Kundendienst	Verantwortlicher (A)	Verantwortlicher (A)
Installation vor Ort	Verantwortlicher (B)	Verantwortlicher (B)
…		

26. Meldepflichten bei „Datenpannen“

Alles, was schiefgehen kann, geht schief – so heißt es in Murphys Gesetz.

Und so ist das letztlich auch bei der der Verarbeitung von personenbezogenen Daten. Auch hier geht immer mal etwas schief. Nur hoffen wir alle, dass es uns nicht trifft.

Und doch geht so eine Datenverarbeitung schnell mal schief. Es müssen gar nicht die großen Programmierfehler sein. Häufig reicht schon, dass ich eine E-Mail an viele Personen senden möchte und die Personen im Verteiler nicht in das „BCC:“-Feld, sondern dass „CC:“-Feld setze. Vielleicht ist dir das auch schon passiert. Du drückst bei einer solcher E-Mail auf den „Sende“-Button und schon kurz danach denkst du „Mist“. Und dann siehst du es noch und dann ist die E-Mail weg. Und da hast du dein Malheur.

Mir ist das auch schon passiert. Zum Glück haben die Betroffenen es mit Humor genommen, dass sie von einem vermeintlichen „Datenschutz-Anwalt“ so einen Fehler miterleben. Einer der Empfänger hat mir daraufhin einen Riesen-Radiergummi gesendet. Auf dem steht: „For BIG Mistakes“

Genau mein Humor.

Diese Dinge passieren. Mal mehr und mal weniger schlimm. Wichtig ist aus Sicht der DSGVO, dass diese Fehler dann „behandelt“ werden. Denn bei diesen Fehlern ist zu prüfen, ob eine Meldepflicht bei der zuständigen Aufsichtsbehörde besteht und ggf. auch gegenüber der Betroffenen. Geregelt ist dies in Art. 33 und 34 DSGVO.

Zunächst sind aber zwei Dinge wichtig. Erstens solltest du überhaupt diese „Datenpannen“ erkennen. Daran scheitert es in der Praxis schon sehr häufig. Viele Unternehmen und öffentliche Stellen bemerken diese Datenpannen nicht. Hier kann ein gutes Datenschutzmanagement (dazu unten) hilfreich sein.

Zweiter Punkt ist, dass eine Meldepflicht nur dann bestehen kann, wenn eine **Datenschutzverletzung** vorliegt.

26.1. Was ist eine Datenschutzverletzung („Datenpanne“)

Eine Verletzung des Schutzes personenbezogener Daten („Datenschutzverletzung“) ist nach Art. 4 Nr. 12 DSGVO

> *eine Verletzung der Sicherheit, die zur Vernichtung, zum Verlust oder zur Veränderung, ob unbeabsichtigt oder unrechtmäßig, oder zur unbefugten Offenlegung von beziehungsweise zum unbefugten Zugang zu personenbezogenen Daten führt, die übermittelt, gespeichert oder auf sonstige Weise verarbeitet wurden.*

Es geht also um eine Verletzung der „Sicherheit“ der Daten. Letztlich geht es also um Verletzungen der Integrität, Vertraulichkeit oder auch Verfügbarkeit von Daten. Zu den Schutzzielen der Datensicherheit werden wir im Kapitel zur Datensicherheit mehr erfahren.

Die Integrität von Daten ist z. B. verletzt, wenn Änderungen an Daten nicht nachvollzogen werden können oder auch wenn Daten – wie im Fall von sog. „Ransomware“ – verschlüsselt und damit verändert werden.

Bleiben wir gleich bei diesem Beispiel. Denn wenn der Datenbestand durch eine Schadsoftware verschlüsselt wurde, ist auch die Verfügbarkeit der Daten nicht mehr vorhanden. Denn ich kann auf die personenbezogenen Daten selbst nicht mehr zugreifen.

Häufig wird es bei diesen „Datenpannen“ aber um Verletzungen der Vertraulichkeit von personenbezogenen Daten gehen. Wenn Daten z. B. „gehacked“ werden oder durch eine Fehlkonfiguration offen über das Internet einsehbar sind, dann liegt eine Verletzung der Vertraulichkeit vor. Gleiches gilt, wenn ein Notebook oder ein Datenträger wie z. B. ein USB-Stick abhanden kommt und die auf den Geräten gespeicherten Daten nicht verschlüsselt waren. Wenn sie verschlüsselt waren, kommt es dann noch auf den jeweiligen Verschlüsselungsalgorithmus und die Schlüssellänge an.

26.2. Wann ist diese bei der Aufsichtsbehörde zu melden?

Eine Datenschutzverletzung muss *grundsätzlich* bei der Aufsichtsbehörde gemeldet werden. „Grundsätzlich“ ist übrigens das Lieblingswort von uns Juristen, sage ich gerne. Warum? Weil es von jedem Grundsatz

Ausnahmen gibt. Und so ist es auch hier – und hier steht die Ausnahme sogleich im Gesetz.

Denn die grundsätzliche Pflicht zur Meldung besteht nach Art. 33 Abs. 1 Satz 1 DSGVO nicht, wenn die „Datenpanne" voraussichtlich nicht zu einem Risiko für die Rechte und Freiheiten natürlicher Personen führt.

Es ist also eine Risikobewertung durchzuführen. Wie das richtig und „in dreckig" geht, kannst du später im Kapitel „Risikoanalyse" und „Risikoanalyse in dreckig" nachlesen. Unterschätze das nicht. Wenn du dir selbst eine gute Methode einer Risikobewertung angeeignet hast, hilft das an vielen Stellen der DSGVO.

Ich bin ganz ehrlich. Mir ist da erst jüngst in einer gemeinsamen Schulung zur Datensicherheit mit einem Informatik-Kollegen ein „Licht" aufgegangen.

Hier wollen wir es aber erst einmal dabei belassen, dass wir nur dann nicht melden müssen, wenn die Wahrscheinlichkeit hoch ist, dass für den Betroffenen kein Risiko entsteht. Wenn hier in der DSGVO von „Rechte und Freiheiten" natürlicher Personen die Rede ist, dann kannst du dir insoweit merken, dass es hier primär um Persönlichkeitsrechte geht. Grundsätzlich kann aber auch jedes andere Grundrecht aus der GRCh, das den Betroffenen ein Recht oder Freiheit zubilligt herangezogen werden. Und darüber hinaus auch ggf. weitere Rechte der Betroffenen, die sich aus dem jeweils national geltenden Recht ergeben.

Um festzustellen, ob eine Meldepflicht gegenüber der Aufsichtsbehörde besteht, müsste man also eigentlich eine Risikobewertung unter Berücksichtigung der dem Betroffenen jeweils zustehenden Rechte vornehmen. Das ist schon für gestandene Juristinnen ein schwieriges Unterfangen. Und dann soll das Ganze ja auch noch möglichst schnell gehen. Wie soll das praktisch funktionieren?

Meine ganz pragmatische Empfehlung ist da, durchaus auf sein Bauchgefühl zu hören und vor allem diesen nicht verbindlichen Grundsatz zu beachten: **In dubio pro Meldung**.

Ich habe es nicht nur einmal erlebt, dass Unternehmen eine Datenpanne nicht gemeldet hatten, die Panne aber nachträglich von einem Dritten entdeckt und dann von dem Dritten entweder an die Aufsichtsbehörde oder an die Presse gemeldet wurde. „Lieber einmal zu viel melden als einmal zu wenig“ – auch so ein Ausspruch, den einige Mandanten nicht mögen. Aber es ist etwas Wahres daran.

Denn eine Meldung hat auch für die Verantwortlichen etwas strategisch Positives für sich. Auch wenn umstritten ist, ob die §§ 42 Abs. 4 und 43 Abs. 4 BDSG europarechtskonform sind, sollte die Unternehmens- oder Behördenleitung es durchaus als Chance begreifen, eine Meldung vorzunehmen. Denn nach den vorgenannten Normen darf eine Meldung nach Art. 33 oder 34 DSGVO in einem Straf- oder Ordnungswidrigkeitenverfahren nur mit Zustimmung des Meldepflichtigen oder Benachrichtigenden verwendet werden.

Das kann gerade bei „kritischen“ Datenpannen noch einmal ein wichtiger Punkt in einem sich anschließenden Bußgeld- oder Strafverfahren werden.

Die Aufsichtsbehörden in Deutschland und auch der EDSA haben zum Teil Listen erstellt, aus denen sich ergibt, wann eine Meldung zu erfolgen hat (und wann nicht). Diese kann man im Fall einer „Datenpanne“ sicher auch zu Rate ziehen.

Es ändert aber nichts an meiner **Grundsatzempfehlung**: Wenn nicht offensichtlich **kein Risiko** für die Betroffenen besteht, gilt „in dubio pro Meldung“ und dann sollte eine Meldung der Datenschutzverletzung erfolgen.

26.3. Wie schnell muss die Meldung erfolgen?

Nach Art. 33 Abs. 1 DSGVO muss die Meldung **unverzüglich** und möglichst binnen **72 Stunden** erfolgen. Auch wenn nun wieder juristisch umstritten ist, wie die Frist konkret berechnet wird, merken wir uns als Einsteiger hier, dass die 72 Stunden ab Kenntnis von der Wahrscheinlichkeit einer Datenschutzverletzung beginnen zu laufen und dass auch Wochenend- und Feiertage mitzählen. Denn dann sind wir je nach juristischer Auslegung allenfalls zu früh, niemals aber zu spät mit einer Meldung.

Dass diese 72 Stunden durchaus „sportlich“ sein können, wirst du spätestens bei deiner ersten größeren „Datenpanne“ erkennen. Wie gut, dass die Aufsichtsbehörde dem Verantwortlichen dann bei einer etwas späteren Meldung nicht den Kopf abreißt, sofern du die Begründung für die Verzögerung gleich mitlieferst. Insoweit ist Art. 33 Abs. 1 Satz 2 DSGVO dein Freund, denn dort steht das.

Generell hat sich bewährt, ggf. eine abgestufte Meldung bei größeren Datenpannen vorzunehmen, die nach Art. 33 Abs. 4 DSGVO auch explizit zulässig sein kann. So würde man zunächst eine Datenpanne binnen 72 Stunden melden und die Details bzgl. Umfang, Auswirkung und getroffenen Maßnahmen dann nachreichen. Dies sollte in der ersten Meldung an die Aufsichtsbehörde entsprechend gleich mitgeteilt werden.

26.4. Wie muss die Meldung erfolgen?

Die Meldung muss an die für dein Unternehmen oder deine öffentliche Stelle zuständige Aufsichtsbehörde für den Datenschutz erfolgen. Das wird in der Regel die Datenschutz-Aufsichtsbehörde des Bundeslandes sein, indem das Unternehmen oder die öffentliche Stelle die jeweilige Niederlassung hat.

Sofern du ein Telekommunikationsdiensteanbieter bist und dem TKG unterliegst, sind entsprechende Datenpannen an die Bundesnetzagentur (BNetzA) und den Bundesbeauftragten für den Datenschutz und die Informationsfreiheit zu melden. Glücklicherweise stellen diese aber ein gemeinschaftliches Formular zur Verfügung, so dass die Daten nicht zweimal angegeben werden müssen.

Apropos Formular: Wie du die Meldung in dem jeweiligen Bundesland vornehmen solltest, kannst du am besten der Internetseite der betreffenden Aufsichtsbehörde entnehmen. Einige bieten auch die Möglichkeit einer Online-Meldung an.

Unbenommen bleibt dir, die Meldung auch einfach schriftlich, per Fax oder E-Mail abzugeben. Vorausgesetzt, die Meldung kommt rechtzeitig an. Natürlich könntest du die Meldung auch persönlich bei der Aufsichtsbehörde abgeben. Letzteres kommt sicher eher selten vor.

Der Inhalt der Meldung ergibt sich aus Art. 33 Abs. 3 DSGVO. Danach sind diese Informationen anzugeben:

- eine Beschreibung der Art der Verletzung des Schutzes personenbezogener Daten, soweit möglich mit Angabe der Kategorien und der ungefähren Zahl der betroffenen Personen, der betroffenen Kategorien und der ungefähren Zahl der betroffenen personenbezogenen Datensätze;
- Name und die Kontaktdaten des Datenschutzbeauftragten oder einer sonstigen Anlaufstelle für weitere Informationen;
- eine Beschreibung der wahrscheinlichen Folgen der Verletzung des Schutzes personenbezogener Daten;
- eine Beschreibung der von dem Verantwortlichen ergriffenen oder vorgeschlagenen Maßnahmen zur Behebung der Verletzung des Schutzes personenbezogener Daten und gegebenenfalls Maßnahmen zur Abmilderung ihrer möglichen nachteiligen Auswirkungen.

26.5. Dokumentation der Datenpanne

Art. 33 Abs. 5 DSGVO verpflichtet den Verantwortlichen, eine Dokumentation der Datenschutzverletzung vorzunehmen. Hier sollen alle Fakten der „Datenpanne“, ihre Auswirkungen und die ergriffenen Abhilfemaßnahmen dokumentiert werden.

Wörtlich soll diese Dokumentation der Aufsichtsbehörde dazu dienen, die Überprüfung der Einhaltung der Meldepflicht zu ermöglichen.

Wichtig: Es muss jede „Datenpanne“ dokumentiert werden. Die Pflicht bezieht sich eben nicht auf die „Datenpannen“, die gemeldet wurden.

26.6. Meldepflicht gegenüber Betroffenen

Wenn eine Meldung bei der Aufsichtsbehörde stattgefunden hat, ist auch noch zu prüfen, ob eine Benachrichtigung der Betroffenen zur erfolgen hat. Auch diese Benachrichtigung soll „unverzüglich“ erfolgen. Eine fixe Frist ist jedoch nicht vorgesehen.

Und das ist gut so. Denn im Fall einer „Datenpanne“ wird sich zu Beginn der Kenntnis häufig noch gar nicht absehen lassen, wie viele Personen betroffen sind und vor allem welche Personen von einem Vorfall betroffen sind. Hier sind Hast und Eile keine guten Ratgeber, solange nicht schnelles Handeln erforderlich ist, um einen bedrohlichen oder katastrophalen Schaden für die Betroffenen abzuwenden.

Wann eine Benachrichtigung der Betroffenen erforderlich ist, erfolgt im Prinzip aus einer im Vergleich zu Art. 33 DSGVO umgekehrten Risikobewertung. Denn nur wenn voraussichtlich ein **hohes** Risiko für die Betroffenen besteht, muss eine Benachrichtigung der Betroffenen erfolgen. Aber Vorsicht bei einer zu „laxen" Bewertung. Nach Art. 34 Abs. 4 DSGVO kann die Aufsichtsbehörde von dem Verantwortlichen eine Nachholung der Meldung an die Betroffenen verlangen, wenn sie die Risikobewertung anders einschätzt.

Hinzu kommt, dass eine Benachrichtigung der Betroffenen nach Art. 34 Abs. 3 DSGVO unter den nachfolgenden Bedingungen entfallen kann:

- der Verantwortliche hat geeignete technische und organisatorische Sicherheitsvorkehrungen getroffen und diese Vorkehrungen auf die von der Verletzung betroffenen personenbezogenen Daten angewandt, insbesondere solche, durch die die personenbezogenen Daten für alle Personen, die nicht zum Zugang zu den personenbezogenen Daten befugt sind, unzugänglich gemacht werden, etwa durch Verschlüsselung,
- der Verantwortliche hat durch nachfolgende Maßnahmen sichergestellt, dass das hohe Risiko für die Rechte und Freiheiten der betroffenen Personen gemäß Absatz 1 aller Wahrscheinlichkeit nach nicht mehr besteht,
- die Benachrichtigung mit einem unverhältnismäßigen Aufwand verbunden wäre. In diesem Fall hat stattdessen eine öffentliche Bekanntmachung oder eine ähnliche Maßnahme zu erfolgen, durch die die betroffenen Personen vergleichbar wirksam informiert werden.

Besonderheit bei der Benachrichtigung der Betroffen ist, dass diese nach Art. 34 Abs. 2 und Art. 12 Abs. 1 DSGVO in klarer und einfacher Sprache formuliert sein müssen. Die Meldung muss diese Angaben beinhalten:

- Name und die Kontaktdaten des Datenschutzbeauftragten oder einer sonstigen Anlaufstelle für weitere Informationen;
- eine Beschreibung der wahrscheinlichen Folgen der Verletzung des Schutzes personenbezogener Daten;

– eine Beschreibung der von dem Verantwortlichen ergriffenen oder vorgeschlagenen Maßnahmen zur Behebung der Verletzung des Schutzes personenbezogener Daten und gegebenenfalls Maßnahmen zur Abmilderung ihrer möglichen nachteiligen Auswirkungen.

In der Praxis macht es jedenfalls bei größeren „Datenpannen“ Sinn, Art und Weise der Meldung an die Betroffenen mit der Aufsichtsbehörde abzustimmen.

27. Verzeichnis von Verarbeitungstätigkeiten

Nach Art. 30 Abs. 1 DSGVO hat jeder Verantwortliche ein Verarbeitungsverzeichnis zu führen. Die Verarbeitungsverzeichnisse sind „schriftlich“ zu führen, wozu nach der DSGVO aber auch ein elektronisches Format ausreicht.

Was das Verarbeitungsverzeichnis beinhaltet, erfahren wir gleich.

Vorab wenden wir uns aber einem weiteren Punkt zu: Auftragsverarbeiter führen für die Verarbeitungen, bei denen sie personenbezogene Daten im Auftrag verarbeiten, ein sog. „Auftragsverarbeiterverzeichnis“. Das ist ein Verzeichnis zu allen Kategorien von Verarbeitungstätigkeiten, die im Auftrag verarbeitet werden. In diesem Verzeichnis müssen diese Angaben enthalten sein:

1. Namen und die Kontaktdaten des Auftragsverarbeiters oder der Auftragsverarbeiter und jedes Verantwortlichen, in dessen Auftrag der Auftragsverarbeiter tätig ist, sowie gegebenenfalls des Vertreters des Verantwortlichen oder des Auftragsverarbeiters und eines etwaigen Datenschutzbeauftragten;
2. die Kategorien von Verarbeitungen, die im Auftrag jedes Verantwortlichen durchgeführt werden;
3. gegebenenfalls Übermittlungen von personenbezogenen Daten an ein Drittland oder an eine internationale Organisation, einschließlich der Angabe des betreffenden Drittlands oder der betreffenden internationalen Organisation, sowie bei den in Artikel 49 Absatz 1 Unterabsatz 2 genannten Datenübermittlungen die Dokumentierung geeigneter Garantien;
4. wenn möglich, eine allgemeine Beschreibung der technischen und organisatorischen Maßnahmen gemäß Artikel 32 Absatz 1.

27.1. Gibt es Ausnahmen?

Ein Verarbeitungsverzeichnis ist nicht von Unternehmen oder Einrichtungen zu führen, die weniger als 250 Mitarbeiter beschäftigen (Art. 30 Abs. 5 DSGVO). In Deutschland läuft diese Ausnahme allerdings praktisch ins Leere. Denn wenn ich Mitarbeiterinnen oder Mitarbeiter beschäftige, bin ich aus abgabenrechtlichen Gründen verpflichtet, die Religionszugehörigkeit zu erfassen. Dabei handelt es sich aber um ein „Magendatum“ i. S. d. Art. 9 DSGVO. Und wenn ich wiederum „Magendaten“ verarbeite, muss ich unabhängig von der Mitarbeiterzahl ein Verarbeitungsverzeichnis führen.

27.2. Was ist das Verarbeitungsverzeichnis?

Leider ist in der DSGVO der Begriff der Verarbeitung selbst nicht definiert. Daher ist schon unklar, wie „groß“ bzw. wie „feingranular“ ein Verarbeitungsverzeichnis geführt werden muss.

Reicht es zum Beispiel aus, wenn ich für den Bereich „Personal“ nur eine Verarbeitung „Personaldatenverarbeitung“ habe oder muss ich hier z. B. zwischen „Bewerberauswahl, Screening, „Onboarding“, Personalentwicklung, Betrieblicher Alterversorgung etc. differenzieren?

Genau genommen, weiß das niemand so richtig. Entscheidend ist aber primär, dass du überhaupt ein Verarbeitungsverzeichnis hast.

Bzw. dein Arbeitgeber oder Kunde. Denn es ist **nicht** Aufgabe des DSB, das Verarbeitungsverzeichnis zu erstellen oder zu führen. Ein schöner Grundsatz.

Nur sieht das in der Praxis gänzlich anders aus. Hier bleibt die Erstellung und Pflege des Verarbeitungsverzeichnis praktisch häufig am DSB „hängen“. Frei nach dem Motto: „Wer soll das denn sonst machen?“

Die Angaben, die in einem Verarbeitungsverzeichnis zu machen sind, sind gesetzlich in Art. 30 Abs. 1 DSGVO vorgegeben:

1. Name und die Kontaktdaten des Verantwortlichen und gegebenenfalls des gemeinsam mit ihm Verantwortlichen, des Vertreters des Verantwortlichen sowie eines etwaigen Datenschutzbeauftragten;
2. die Zwecke der Verarbeitung;
3. eine Beschreibung der Kategorien betroffener Personen und der Kategorien personenbezogener Daten;

4. die Kategorien von Empfängern, gegenüber denen die personenbezogenen Daten offengelegt worden sind oder noch offengelegt werden, einschließlich Empfänger in Drittländern oder internationalen Organisationen;
5. gegebenenfalls Übermittlungen von personenbezogenen Daten an ein Drittland oder an eine internationale Organisation, einschließlich der Angabe des betreffenden Drittlands oder der betreffenden internationalen Organisation, sowie bei den in Artikel 49 Absatz 1 Unterabsatz 2 genannten Datenübermittlungen die Dokumentierung geeigneter Garantien;
6. wenn möglich, die vorgesehenen Fristen für die Löschung der verschiedenen Datenkategorien;
7. wenn möglich, eine allgemeine Beschreibung der technischen und organisatorischen Maßnahmen gemäß Artikel 32 Absatz 1.

In der Praxis nutzen viele einfache Bürosoftware (Textverarbeitung, Tabellenkalkulation), um ein Verarbeitungsverzeichnis zu erstellen. Zudem gibt es sehr viele verschiedene Softwareanbieter, die sich auf diesen Bereich spezialisiert haben.

Bewährt hat sich übrigens, auch wenn dies keine Pflicht ist, das Verarbeitungsverzeichnis um weitere freiwillige Angaben zu ergänzen. So kann es insbesondere Sinn machen, die jeweiligen Rechtsgrundlagen für die Verarbeitung mit zu der jeweiligen Verarbeitung zu dokumentieren.

27.3. Wie erstelle ich das Verarbeitungsverzeichnis praktisch?

Auch die Erstellung und Pflege eines Verarbeitungsverzeichnisses ist ein „Prozess". Und zwar ein Prozess, in dem es darum geht, ständig besser zu werden. Am besten du fängst klein an.

Nimm dir ein Organigramm der Organisation. Und dann wirst du bei jeder Organisationseinheit die Zwecke ermitteln, für die personenbezogene Daten verarbeitet werden.

So kann z.B. ein typisches Verarbeitungsverzeichnis in einem kleinen oder mittelständischen Unternehmen diese Verarbeitungen im Verzeichnis enthalten:

– Inkasso

– Internetseite

– Controlling

– Bewerbermanagement

– CRM

– E-Mail

– Einkauf

– Facility Management

– Finanzbuchhaltung

– Freelancer-Datenbank

– Fuhrparkmanagement

– IT

– Kontaktverwaltung

– Lohnbuchhaltung

– Marketing

– Personal – HR

– Produktion

– Projektverwaltung

– Revision – Compliance

– Terminverwaltung

– Verkauf – Vertrieb

– Verwaltung

– Videoüberwachung

– Zeiterfassung

Zu jedem dieser Verarbeitungen wirst du dann die in Art. 30 Abs. 1 genannten Inhalte hinzufügen.

27.4. Wie pflege ich das Verarbeitungsverzeichnis?

Damit das Verarbeitungsverzeichnis auch „lebt", sollte es eine Richtlinie im Unternehmen bzw. der öffentlichen Stelle geben, aus der sich ergibt, dass alle Beschäftigten neu geplante Verarbeitungen oder Änderungen bestehender Verarbeitung an eine Stelle im Unternehmen zu melden haben, die sich dann um das Einpflegen in das Verarbeitungsverzeichnis kümmert.

Mehr Ideen dazu findest du im Kapitel zum Datenschutzmanagement.

27.5. Muster für ein Verarbeitungsverzeichnis

Hier findest du eine Reihe von Mustern für die vorgenannten Verarbeitungen:

Inkasso

Bezeichnung der Verarbeitung

Inkasso

Zwecke der Verarbeitung

Geltendmachung und Durchsetzung von Zahlungsansprüchen

Beschreibung der Kategorien personenbezogener Daten

- Vorname
- Nachname
- Titel
- Name des Unternehmens
- Anschrift (geschäftlich)

- Anschrift (privat)
- Rechnungsanschrift
- Internetadresse
- E-Mail-Adresse
- Telefonnummer
- Faxnummer
- Geburtsdatum
- Kundennummer
- Kontaktdaten
- Kontakthistorie
- Bankverbindung
- Vertragsdaten
- Angaben zu Lohnpfändungen
- Daten zur Zahlungsfähigkeit
- Daten zum Zahlungsausfallrisiko
- Scoringdaten

Beschreibung der Kategorien betroffener Personen

- Kunden
- Dritte

Kategorien von Empfängern, gegenüber denen die personenbezogenen Daten offengelegt worden sind oder noch offengelegt werden

- Rechtsanwälte
- Auskunfteien
- Strafverfolgungsbehörden

Ggf. Übermittlungen von personenbezogenen Daten an ein Drittland oder an eine internationale Organisation

Keine

Vorgesehene Fristen für die Löschung der verschiedenen Datenkategorien

Daten zur Geltendmachung von offenen Forderungen werden für die Dauer von mindestens 10 Jahren gespeichert.

Nach Ablauf von 10 Jahren wird zum Ende des Kalenderjahres geprüft, ob die Forderung noch durchsetzbar ist (Vollstreckungstitel). Sollte ein Vollstreckungstitel bestehen, werden die Daten bis zur Verjährung des Vollstreckungstitels gespeichert, sofern die Forderung nicht zuvor vom Schuldner oder einem Dritten beglichen worden ist.

Allgemeine Beschreibung der technischen und organisatorischen Maßnahmen gemäß Artikel 32 Absatz 1 DSGVO

Siehe Datensicherheitskonzept.

Internetseite

Bezeichnung der Verarbeitung

Internetseite

Zwecke der Verarbeitung

Betrieb einer Internetseite zur Außendarstellung des Unternehmens und zur Kontaktaufnahme inkl. Kontaktformular

Beschreibung der Kategorien personenbezogener Daten

- Name
- Name des Unternehmens
- E-Mail-Adresse
- Bestandsdaten
- Nutzungsdaten
- Inhaltsdaten

Beschreibung der Kategorien betroffener Personen

- Interessenten

- Besucher

Kategorien von Empfängern, gegenüber denen die personenbezogenen Daten offengelegt worden sind oder noch offengelegt werden

- Hosting-Provider
- Ggf. weitere interne Abteilungen zur Bearbeitung von Anfragen

Ggf. Übermittlungen von personenbezogenen Daten an ein Drittland oder an eine internationale Organisation

- Einbindung von Google Webfonts. In dem Zusammenhang kommt es zu Aufrufen von Servern von Google in den USA. Für die Verarbeitung ist Google „Verantwortlicher". Das angemessene Datenschutzniveau ergibt sich aus der Teilnahme von Google am Privacy Shield.

Vorgesehene Fristen für die Löschung der verschiedenen Datenkategorien

Nutzungsdaten werden nach spätestens 7 Tagen gelöscht bzw. anonymisiert.

Inhaltsdaten (z. B. Daten, die über ein Kontaktformular übermittelt wurden) werden für einen Zeitraum von 1 Jahr gespeichert. Nach Ablauf des Jahres wird ein weiteres Erfordernis der Speicherung geprüft und eine erneute Prüfung zum Ende jedes Kalenderjahres vorgesehen.

Sollten Inhaltsdaten als Geschäftsbrief einzuordnen sein, gelten die handelsrechtlichen Aufbewahrungspflichten.

Allgemeine Beschreibung der technischen und organisatorischen Maßnahmen gemäß Artikel 32 Absatz 1 DSGVO

Siehe Datensicherheitskonzept.

Controlling

Bezeichnung der Verarbeitung

Controlling

Zwecke der Verarbeitung

Planung, Steuerung und Kontrolle aller Unternehmensbereiche

Beschreibung der Kategorien personenbezogener Daten

- Vorname
- Nachname
- Name des Unternehmens
- Anschrift (geschäftlich)
- Rechnungsanschrift
- E-Mail-Adresse
- Telefonnummer
- Faxnummer
- Position
- Branche
- Kundennummer
- Kundenart
- Kontaktdaten
- Kontakthistorie
- Vertragsdaten
- Bestandsdaten
- Nutzungsdaten
- Umsatzdaten

Beschreibung der Kategorien betroffener Personen

- Beschäftigte
- Kunden
- Dienstleister
- Dritte

Kategorien von Empfängern, gegenüber denen die personenbezogenen Daten offengelegt worden sind oder noch offengelegt werden

- Wirtschaftsprüfer
- Steuerberater
- Betriebsrat
- Unternehmensleitung

Ggf. Übermittlungen von personenbezogenen Daten an ein Drittland oder an eine internationale Organisation

Keine

Vorgesehene Fristen für die Löschung der verschiedenen Datenkategorien

Daten, die für Zwecke des Controllings verarbeitet werden, werden grundsätzlich für einen Zeitraum von 10 Jahren gespeichert.

Nach Ablauf dieser Zeit wird zum Ende des jeweiligen Kalenderjahres geprüft, ob eine weitere Speicherung erforderlich ist. Sollte eine Erforderlichkeit nicht bestehen, werden die Daten gelöscht.

Allgemeine Beschreibung der technischen und organisatorischen Maßnahmen gemäß Artikel 32 Absatz 1 DSGVO

Siehe Datensicherheitskonzept.

Bewerbermanagement

Bezeichnung der Verarbeitung

Bewerbermanagement

Zwecke der Verarbeitung

Zweck des Bewerbermanagements ist die Personalbeschaffung. Dazu gehört das Finden von passenden Bewerbern und die Auswahl der Bewerber mit den besten Fähigkeiten für die jeweilige Stelle.

Beschreibung der Kategorien personenbezogener Daten

- Vorname

- Nachname
- Titel
- Lebenslauf
- Schulabschluss
- Berufsabschluss
- Studium

Beschreibung der Kategorien betroffener Personen

Bewerber

Kategorien von Empfängern, gegenüber denen die personenbezogenen Daten offengelegt worden sind oder noch offengelegt werden

- Betriebsrat
- Interne Stellen, die für die Einstellung der jeweiligen Person verantwortlich sind.

Ggf. Übermittlungen von personenbezogenen Daten an ein Drittland oder an eine internationale Organisation

Nicht geplant.

Vorgesehene Fristen für die Löschung der verschiedenen Datenkategorien

Bewerberdaten werden grundsätzlich nach Ablauf von 6 Monaten nach Vergabe der jeweiligen Stelle gelöscht.

Ausgenommen hiervon sind die Daten der Bewerber, die eine Einwilligung zur weiteren Speicherung der Daten im Bewerberdatenpool erteilt haben.

Bei diesen Daten wird nach Ablauf von zwei Jahren geprüft, ob ein Erfordernis für eine weitere Speicherung besteht. Ansonsten werden die Daten gelöscht.

Allgemeine Beschreibung der technischen und organisatorischen Maßnahmen gemäß Artikel 32 Absatz 1 DSGVO

Siehe Datensicherheitskonzept.

CRM

Bezeichnung der Verarbeitung

CRM

Zwecke der Verarbeitung

Pflege von Kundenbeziehungen und Beziehungen zu Interessenten („Customer Relationship Management (CRM)")

Beschreibung der Kategorien personenbezogener Daten

- Vorname
- Nachname
- Titel
- Name des Unternehmens
- Anschrift (geschäftlich)
- Internetadresse
- E-Mail-Adresse
- Telefonnummer
- Faxnummer
- Familienstand
- Kundennummer
- Kundenart
- Kontaktdaten
- Kontakthistorie
- Termindaten
- Daten zu Interessen
- Daten zu gekauften Waren oder Dienstleistungen
- Vertragsdaten
- Kommunikationsdaten

- Fotos
- Angaben zum Beruf

Beschreibung der Kategorien betroffener Personen

- Beschäftigte
- Kunden
- Interessenten

Kategorien von Empfängern, gegenüber denen die personenbezogenen Daten offengelegt worden sind oder noch offengelegt werden

- CRM-Dienstleister
- Beschäftigte im Unternehmen
- Auftragsverarbeiter

Ggf. Übermittlungen von personenbezogenen Daten an ein Drittland oder an eine internationale Organisation

Für das CRM-System wird ein Softwaresystem eines Dienstleisters in einem Drittstaat (hier: USA) verwendet. Es besteht ein Auftragsverarbeitungsvertrag mit dem Dienstleister. Das angemessene Datenschutzniveau ist durch die Mitgliedschaft des Dienstleisters im „Privacy Shield“ gewährleistet.

Vorgesehene Fristen für die Löschung der verschiedenen Datenkategorien

Bei personenbezogenen Daten im CRM-System wird nach Ablauf von zwei Jahren zum Ende des jeweiligen Kalenderjahres geprüft, ob eine weitere Speicherung erforderlich ist. Sollte eine Erforderlichkeit nicht bestehen, werden die Daten gelöscht.

Ausgenommen hiervon sind Daten, die als Geschäftsbriefe i. S. d. HGB bzw. als buchhaltungsrelevante Daten einzuordnen sind. Hier gelten die jeweiligen gesetzlichen Aufbewahrungspflichten.

Allgemeine Beschreibung der technischen und organisatorischen Maßnahmen gemäß Artikel 32 Absatz 1 DSGVO

Siehe Datensicherheitskonzept.

E-Mail

Bezeichnung der Verarbeitung

E-Mail

Zwecke der Verarbeitung

Elektronische Kommunikation

Beschreibung der Kategorien personenbezogener Daten

- Name
- E-Mail-Adresse
- Nutzungsdaten
- Verkehrsdaten

Beschreibung der Kategorien betroffener Personen

- Beschäftigte
- Kunden
- Interessenten
- Dienstleister
- Dritte
- Bewerber

Kategorien von Empfängern, gegenüber denen die personenbezogenen Daten offengelegt worden sind oder noch offengelegt werden

- Dienstleister
- Weitere Personen innerhalb des Unternehmens
- ggf. Dritte

Ggf. Übermittlungen von personenbezogenen Daten an ein Drittland oder an eine internationale Organisation

Nicht geplant.

Gleichwohl ist beim Versand von E-Mails über das Internet nie ausgeschlossen, dass eine Weiterleitung über einen Drittstaat erfolgt.

Vorgesehene Fristen für die Löschung der verschiedenen Datenkategorien

E-Mails werden für mindestens 6 Jahre aufbewahrt, um den handelsrechtlichen Aufbewahrungspflichten für Geschäftsbriefe nachzukommen.

Nach Ablauf von 6 Jahren wird zum Ende des jeweiligen Kalenderjahres geprüft, ob eine weitere Speicherung erforderlich ist. Sollte eine Erforderlichkeit nicht bestehen, werden die Daten gelöscht.

Ausgenommen hiervon sind Daten, die als buchhaltungsrelevante Daten einzuordnen sind. Hier gelten die jeweiligen steuerrechtlichen Aufbewahrungspflichten.

Allgemeine Beschreibung der technischen und organisatorischen Maßnahmen gemäß Artikel 32 Absatz 1 DSGVO

Siehe Datensicherheitskonzept.

Einkauf

Bezeichnung der Verarbeitung

Einkauf

Zwecke der Verarbeitung

Einkauf von Waren oder Dienstleistungen

Beschreibung der Kategorien personenbezogener Daten

- Vorname
- Nachname
- Name des Unternehmens
- Anschrift (geschäftlich)
- Rechnungsanschrift
- E-Mail-Adresse

- Telefonnummer
- Faxnummer
- Position
- Kontakthistorie
- Bankverbindung
- Umsatzsteueridentifikationsnummer
- Daten zu gekauften Waren oder Dienstleistungen
- Vertragsdaten
- Umsatzdaten

Beschreibung der Kategorien betroffener Personen

- Beschäftigte
- Dienstleister
- Dritte
- Kreditoren

Kategorien von Empfängern, gegenüber denen die personenbezogenen Daten offengelegt worden sind oder noch offengelegt werden

- Interne Abteilungen, die Waren oder Dienstleistungen in Anspruch nehmen.
- Betriebsrat
- Ggf. Dritte

Ggf. Übermittlungen von personenbezogenen Daten an ein Drittland oder an eine internationale Organisation

Keine

Vorgesehene Fristen für die Löschung der verschiedenen Datenkategorien

Für Daten aus dem Einkauf werden die handelsrechtlichen Aufbewahrungspflichten von 6 Jahren beachtet. Nach Ablauf von 6 Jahren werden die Daten geprüft. Sofern keine Erforderlichkeit für die weitere Speicherung besteht, werden die Daten gelöscht.

Allgemeine Beschreibung der technischen und organisatorischen Maßnahmen gemäß Artikel 32 Absatz 1 DSGVO

Siehe Datensicherheitskonzept.

Facility Management

Bezeichnung der Verarbeitung

Facility Management

Zwecke der Verarbeitung

Pflege und Wartung von Immobilien und Gebäuden, die vom Unternehmen genutzt werden.

Beschreibung der Kategorien personenbezogener Daten

- Vorname
- Nachname
- Name des Unternehmens
- Anschrift (geschäftlich)
- E-Mail-Adresse
- Telefonnummer
- Faxnummer
- Kontaktdaten
- Kontakthistorie
- Termindaten
- Vertragsdaten
- Fotos

Beschreibung der Kategorien betroffener Personen

- Beschäftigte

- Dienstleister
- Dritte

Kategorien von Empfängern, gegenüber denen die personenbezogenen Daten offengelegt worden sind oder noch offengelegt werden

- Dienstleister, die Leistungen im Bereich des Facility Managements übernehmen.
- Ggf. sonstige Dritte.

Ggf. Übermittlungen von personenbezogenen Daten an ein Drittland oder an eine internationale Organisation

Keine.

Vorgesehene Fristen für die Löschung der verschiedenen Datenkategorien

Daten über vorgenommene Wartungs- und Pflegearbeiten werden für einen Zeitraum von 4 Jahren gespeichert. Nach Ablauf von vier Jahren wird zum Ende des jeweiligen Kalenderjahres geprüft, ob eine weitere Speicherung erforderlich ist. Sollte eine Erforderlichkeit nicht bestehen, werden die Daten gelöscht.

Allgemeine Beschreibung der technischen und organisatorischen Maßnahmen gemäß Artikel 32 Absatz 1 DSGVO

Siehe Datensicherheitskonzept.

Finanzbuchhaltung

Bezeichnung der Verarbeitung

Finanzbuchhaltung

Zwecke der Verarbeitung

Ermittlung und Verwaltung aller Einnahmen und Ausgaben, insbesondere für Zwecke der Ermittlung und Abfuhr von Steuern und Abgaben.

Beschreibung der Kategorien personenbezogener Daten

- Vorname

- Nachname
- Name des Unternehmens
- Rechnungsanschrift
- E-Mail-Adresse
- Telefonnummer
- Kundennummer
- Kundenart
- Bankverbindung
- Umsatzsteueridentifikationsnummer
- Daten zu gekauften Waren oder Dienstleistungen
- Vertragsdaten
- Umsatzdaten

Beschreibung der Kategorien betroffener Personen

- Beschäftigte
- Kunden
- Debitoren
- Kreditoren

Kategorien von Empfängern, gegenüber denen die personenbezogenen Daten offengelegt worden sind oder noch offengelegt werden

- Finanzverwaltung
- Steuerberater
- Wirtschaftsprüfer

Ggf. Übermittlungen von personenbezogenen Daten an ein Drittland oder an eine internationale Organisation

Keine

Vorgesehene Fristen für die Löschung der verschiedenen Datenkategorien

Finanzbuchhaltungsdaten werden nach den Vorgaben der Abgabenordnung (AO) mindestens 10 Jahre gespeichert. Für den Beginn der Frist gilt § 147 Abs. 4 AO.

Allgemeine Beschreibung der technischen und organisatorischen Maßnahmen gemäß Artikel 32 Absatz 1 DSGVO

Siehe Datensicherheitskonzept.

Freelancer-Datenbank

Bezeichnung der Verarbeitung

Freelancer-Datenbank

Zwecke der Verarbeitung

Verwaltung von Kontakten und Fähigkeiten von freien Mitarbeitern („Freelancer")

Beschreibung der Kategorien personenbezogener Daten

- Vorname
- Nachname
- Titel
- Name des Unternehmens
- Anschrift (geschäftlich)
- Rechnungsanschrift
- Internetadresse
- E-Mail-Adresse
- Telefonnummer
- Faxnummer
- Position
- Kontaktdaten
- Kontakthistorie

- Termindaten
- Vertragsdaten
- Kommunikationsdaten
- Fotos
- Angaben zum Beruf
- Angaben zur beruflichen Laufbahn
- Schulabschluss
- Berufsabschluss
- Studium
- Daten zu beruflichen Fortbildungen

Beschreibung der Kategorien betroffener Personen

- Dienstleister
- Dritte

Kategorien von Empfängern, gegenüber denen die personenbezogenen Daten offengelegt worden sind oder noch offengelegt werden

- Interne Abteilungen, die Freelancer-Bedarf haben
- Betriebsrat

Ggf. Übermittlungen von personenbezogenen Daten an ein Drittland oder an eine internationale Organisation

- Keine

Vorgesehene Fristen für die Löschung der verschiedenen Datenkategorien

- Daten zu Freelancern werden für einen Zeitraum von 4 Jahren gespeichert. Nach Ablauf von vier Jahren wird zum Ende des jeweiligen Kalenderjahres geprüft, ob eine weitere Speicherung erforderlich ist. Sollte eine Erforderlichkeit nicht bestehen, werden die Daten gelöscht.

Allgemeine Beschreibung der technischen und organisatorischen Maßnahmen gemäß Artikel 32 Absatz 1 DSGVO

Siehe Datensicherheitskonzept.

Fuhrparkmanagement

Bezeichnung der Verarbeitung

Fuhrparkmanagement

Zwecke der Verarbeitung

Verwaltung der vom Unternehmen genutzten Fahrzeuge

Beschreibung der Kategorien personenbezogener Daten

- Vorname
- Nachname
- Anschrift (geschäftlich)
- Anschrift (privat)
- E-Mail-Adresse
- Telefonnummer
- Geburtsdatum
- Position
- Führerscheindaten

Beschreibung der Kategorien betroffener Personen

Beschäftigte

Kategorien von Empfängern, gegenüber denen die personenbezogenen Daten offengelegt worden sind oder noch offengelegt werden

- Eigentümer von Fahrzeugen (z. B. Leasinggeber)
- Unfallbeteiligte
- KfZ-Haftpflichtversicherer
- ggf. Dritte

Ggf. Übermittlungen von personenbezogenen Daten an ein Drittland oder an eine internationale Organisation

Keine

Vorgesehene Fristen für die Löschung der verschiedenen Datenkategorien

Daten von Beschäftigten, die Fahrzeuge aus dem Fuhrpark nutzen oder nutzen können, werden für die Dauer des Beschäftigungsverhältnisses gespeichert. Die Daten von Betroffenen werden grundsätzlich 4 Jahre nach Beendigung eines Beschäftigungsverhältnisses zum Ende eines Kalenderjahres gelöscht.

Allgemeine Beschreibung der technischen und organisatorischen Maßnahmen gemäß Artikel 32 Absatz 1 DSGVO

Siehe Datensicherheitskonzept.

IT

Bezeichnung der Verarbeitung

IT

Zwecke der Verarbeitung

Bereitstellung, Wartung und Pflege von IT-Systemen

Beschreibung der Kategorien personenbezogener Daten

- Vorname
- Nachname
- Titel
- E-Mail-Adresse
- Telefonnummer
- Position
- Kontakthistorie
- Nutzungsdaten

- Verkehrsdaten
- Telekommunikationsdaten
- Kommunikationsdaten

Beschreibung der Kategorien betroffener Personen

- Beschäftigte
- Kunden
- Dienstleister
- Dritte

Kategorien von Empfängern, gegenüber denen die personenbezogenen Daten offengelegt worden sind oder noch offengelegt werden

- Beschäftigte mit Personalverantwortung
- Betriebsrat

Ggf. Übermittlungen von personenbezogenen Daten an ein Drittland oder an eine internationale Organisation

Keine.

Vorgesehene Fristen für die Löschung der verschiedenen Datenkategorien

Bei personenbezogenen Daten, die im Bereich IT verarbeitet werden, gibt es viele unterschiedliche Speicherfristen. Diese hängen von der jeweiligen Applikation bzw. vom IT-System ab und differieren.

Bei IT-Systemen, mit denen personenbezogene Daten verarbeitet werden, gibt es in der Regel eine Protokollierungsfunktion, mit der nachvollzogen werden kann, „wer" zu „welchem Zeitpunkt" „welche Daten" eingegeben, verändert oder gelöscht hat. Dieses Protokoll wird in der Regel ab der Löschung des jeweiligen Datensatzes für weitere 4 Jahre gespeichert. Zum Ende eines Kalenderjahres wird jeweils geprüft, ob eine Löschung von Daten erfolgen kann.

Darüber hinaus gilt für allgemein anfallende Daten im Bereich IT (Abwicklung von Aufträgen, Anforderungen etc.), dass bei diesen Daten nach Ablauf von vier Jahren zum Ende des jeweiligen Kalenderjahres geprüft wird, ob eine weitere Speicherung erforderlich ist. Sollte eine Erforderlichkeit nicht bestehen, werden die Daten gelöscht.

Ausgenommen hiervon sind Daten, die als Geschäftsbriefe i. S. d. HGB bzw. als buchhaltungsrelevante Daten einzuordnen sind. Hier gelten die jeweiligen gesetzlichen Aufbewahrungspflichten.

Allgemeine Beschreibung der technischen und organisatorischen Maßnahmen gemäß Artikel 32 Absatz 1 DSGVO

Siehe Datensicherheitskonzept.

Kontaktverwaltung

Bezeichnung der Verarbeitung

Kontaktverwaltung

Zwecke der Verarbeitung

Verwaltung und Bereitstellung von Kontaktmöglichkeiten von Personen, Unternehmen oder öffentlichen Stellen

Beschreibung der Kategorien personenbezogener Daten

- Vorname
- Nachname
- Name des Unternehmens
- Anschrift (geschäftlich)
- Anschrift (privat)
- Rechnungsanschrift
- Internetadresse
- E-Mail-Adresse
- Telefonnummer
- Faxnummer
- Position

- Branche
- Kundennummer
- Kundenart
- Kontaktdaten
- Kontakthistorie
- Termindaten

Beschreibung der Kategorien betroffener Personen

- Beschäftigte
- Kunden
- Interessenten
- Dienstleister
- Dritte

Kategorien von Empfängern, gegenüber denen die personenbezogenen Daten offengelegt worden sind oder noch offengelegt werden

- Interne Abteilungen bzw. Personen in Abteilungen.
- Dienstleister
- Kooperationspartner
- Dritte

Ggf. Übermittlungen von personenbezogenen Daten an ein Drittland oder an eine internationale Organisation

Keine

Vorgesehene Fristen für die Löschung der verschiedenen Datenkategorien

Bei personenbezogenen Daten der Kontaktverwaltung wird nach Ablauf von vier Jahren zum Ende des jeweiligen Kalenderjahres geprüft, ob eine weitere Speicherung erforderlich ist. Sollte eine Erforderlichkeit nicht bestehen, werden die Daten gelöscht.

Allgemeine Beschreibung der technischen und organisatorischen Maßnahmen gemäß Artikel 32 Absatz 1 DSGVO

Siehe Datensicherheitskonzept.

Lohnbuchhaltung

Bezeichnung der Verarbeitung

Lohnbuchhaltung

Zwecke der Verarbeitung

Ermittlung von Lohn & Gehalt, Abrechnung und Auszahlung von Lohn & Gehalt

Beschreibung der Kategorien personenbezogener Daten

- Vorname
- Nachname
- Titel
- Anschrift (privat)
- Telefonnummer
- Geburtsdatum
- Familienstand
- Angaben zu Angehörigen (z. B. Kindern)
- Bankverbindung
- Vertragsdaten
- Sozialversicherungsdaten
- Arbeitszeiten
- Lohn- und Gehaltsdaten
- Angaben zu Steuerklassen
- Religionszugehörigkeit

- Angaben zu Lohnpfändungen

Beschreibung der Kategorien betroffener Personen

- Beschäftigte

Kategorien von Empfängern, gegenüber denen die personenbezogenen Daten offengelegt worden sind oder noch offengelegt werden

- Betriebsrat
- Steuerberater
- Wirtschaftsprüfer
- Sozialversicherungsstellen und Krankenkassen
- Finanzverwaltung
- Versicherer für betriebliche Altersversorgung
- Abteilungsleiter bzw. Personen mit Personalverantwortung
- Unternehmensleitung

Ggf. Übermittlungen von personenbezogenen Daten an ein Drittland oder an eine internationale Organisation

Keine.

Vorgesehene Fristen für die Löschung der verschiedenen Datenkategorien

Zwei Jahre für die Aufzeichnung von Überstunden

Steuerrelevante Daten werden nach den Vorgaben der Abgabenordnung mindestens 10 Jahre gespeichert. Für den Beginn der Frist gilt § 147 Abs. 4 AO.

Alle anderen Daten werden für einen Zeitraum von zwei Jahren gespeichert; zum Ablauf des Kalenderjahres wird geprüft, ob eine weitere Speicherung erforderlich ist. Sollte ein Erfordernis bestehen, wird jeweils jährlich zum Ende eines Kalenderjahres wieder die Erforderlichkeit überprüft.

Allgemeine Beschreibung der technischen und organisatorischen Maßnahmen gemäß Artikel 32 Absatz 1 DSGVO

Siehe Datensicherheitskonzept.

Marketing

Bezeichnung der Verarbeitung

Marketing

Zwecke der Verarbeitung

Marketing/Werbung für Waren oder Dienstleistungen und für das Unternehmen insgesamt.

Beschreibung der Kategorien personenbezogener Daten

- Vorname
- Nachname
- Titel
- Name des Unternehmens
- Anschrift (geschäftlich)
- Internetadresse
- E-Mail-Adresse
- Telefonnummer
- Faxnummer
- Position
- Branche
- Kundennummer
- Kundenart
- Kontakthistorie
- Termindaten
- Daten zu Interessen

Daten zu gekauften Waren oder Dienstleistungen

- Vertragsdaten
- Fotos
- Videos

Beschreibung der Kategorien betroffener Personen

- Beschäftigte
- Kunden
- Interessenten
- Dritte

Kategorien von Empfängern, gegenüber denen die personenbezogenen Daten offengelegt worden sind oder noch offengelegt werden

- Dienstleister, die für Werbung/Marketing eingesetzt werden
- Kooperationspartner
- ggf. sonstige Dritte

Ggf. Übermittlungen von personenbezogenen Daten an ein Drittland oder an eine internationale Organisation

Keine

Vorgesehene Fristen für die Löschung der verschiedenen Datenkategorien

Bei personenbezogenen Daten, die für Zwecke der Werbung verarbeitet werden, werden grundsätzlich zum Ablauf eines Kalenderjahres Prüfungen im Hinblick auf ein weiteres Erfordernis für die weitere Verarbeitung der Daten vorgenommen.

Abhängig vom Ergebnis werden Daten weiter gespeichert oder gelöscht.

Allgemeine Beschreibung der technischen und organisatorischen Maßnahmen gemäß Artikel 32 Absatz 1 DSGVO

Siehe Datensicherheitskonzept.

Personal – HR

Bezeichnung der Verarbeitung

Personal/HR

Zwecke der Verarbeitung

- Personaldatenverarbeitung
- Personalentwicklung

Beschreibung der Kategorien personenbezogener Daten

- Vorname
- Nachname
- Titel
- Anschrift (privat)
- E-Mail-Adresse
- Telefonnummer
- Geburtsdatum
- Familienstand
- Angaben zu Angehörigen (z. B. Kindern)
- Gesundheitsdaten
- Daten zu Interessen
- Bankverbindung
- Vertragsdaten
- Fotos
- Sozialversicherungsdaten
- Arbeitszeiten
- Lohn- und Gehaltsdaten
- Angaben zu Steuerklassen
- Religionszugehörigkeit

- Angaben zum Beruf
- Angaben zur beruflichen Laufbahn
- Angaben zu Lohnpfändungen
- Urlaubszeiten
- Daten zum beruflichen Eingliederungsmanagement (BEM)
- Schulabschluss
- Berufsabschluss
- Studium
- Krankheitstage
- Daten zu Vorstrafen bzw. Eintragungen im Bundeszentralregister
- Daten zu beruflichen Fortbildungen

Beschreibung der Kategorien betroffener Personen

- Beschäftigte

Kategorien von Empfängern, gegenüber denen die personenbezogenen Daten offengelegt worden sind oder noch offengelegt werden

- Betriebsrat
- Sozialversicherungsstellen und Krankenkassen
- Finanzverwaltung
- Versicherer für betriebliche Altersversorgung
- Abteilungsleiter bzw. Personen mit Personalverantwortung
- Unternehmensleitung

Ggf. Übermittlungen von personenbezogenen Daten an ein Drittland oder an eine internationale Organisation

Keine

Vorgesehene Fristen für die Löschung der verschiedenen Datenkategorien

Abmahnungen: 36 Monate

Ansonsten wird nach Ablauf von 10 Jahren nach Beendigung des Beschäftigungsverhältnisses geprüft, ob Löschung erfolgen kann. Eine Löschung wird nicht erfolgen, wenn der Beschäftigte eine betriebliche Altersversorgung in Anspruch nehmen möchte oder nimmt.

Allgemeine Beschreibung der technischen und organisatorischen Maßnahmen gemäß Artikel 32 Absatz 1 DSGVO

Siehe Datensicherheitskonzept.

Produktion

Bezeichnung der Verarbeitung

Produktion

Zwecke der Verarbeitung

Produktion von Waren oder Dienstleistungen

Beschreibung der Kategorien personenbezogener Daten

- Name
- Name des Unternehmens
- Anschrift (geschäftlich)
- Anschrift (privat)
- Rechnungsanschrift
- E-Mail-Adresse
- Telefonnummer
- Faxnummer
- Position
- Branche
- Kundennummer
- Kundenart
- Arbeitszeiten

- Umsatzdaten

Beschreibung der Kategorien betroffener Personen

- Beschäftigte
- Kunden
- Interessenten
- Dienstleister
- Dritte

Kategorien von Empfängern, gegenüber denen die personenbezogenen Daten offengelegt worden sind oder noch offengelegt werden

- Kooperationspartner
- Zulieferer
- Kunden
- Vertriebspartner
- Handelsvertreter

Ggf. Übermittlungen von personenbezogenen Daten an ein Drittland oder an eine internationale Organisation

Keine

Vorgesehene Fristen für die Löschung der verschiedenen Datenkategorien

Daten, die im Zusammenhang mit der Produktion anfallen, werden für einen Zeitraum von 6 Jahren gespeichert. Grundlage für die Speicherfrist ist, dass Daten aus der Produktion in Verbindung mit Gewährleistungs- und Garantieansprüchen stehen können und für die Abwehr von Forderungen oder für die Prüfung von Ansprüchen erforderlich sein können.

Zudem können Daten aus der Produktion als Geschäftsbrief den Aufbewahrungspflichten aus dem HGB unterliegen.

Die Speicherung der Daten wird im Hinblick auf Datenklassifikationen mindestens jährlich überprüft und angepasst.

Allgemeine Beschreibung der technischen und organisatorischen Maßnahmen gemäß Artikel 32 Absatz 1 DSGVO

Siehe Datensicherheitskonzept.

Projektverwaltung

Bezeichnung der Verarbeitung

Projektverwaltung

Zwecke der Verarbeitung

Verwaltung von Projekten im Unternehmen

Beschreibung der Kategorien personenbezogener Daten

- Vorname
- Nachname
- Name des Unternehmens
- Anschrift (geschäftlich)
- E-Mail-Adresse
- Telefonnummer
- Faxnummer
- Position
- Branche
- Termindaten
- Vertragsdaten
- Kommunikationsdaten
- Umsatzdaten

Beschreibung der Kategorien betroffener Personen

- Beschäftigte
- Kunden

- Dienstleister
- Dritte

Kategorien von Empfängern, gegenüber denen die personenbezogenen Daten offengelegt worden sind oder noch offengelegt werden

- Betriebsrat

Ggf. Übermittlungen von personenbezogenen Daten an ein Drittland oder an eine internationale Organisation

Keine

Vorgesehene Fristen für die Löschung der verschiedenen Datenkategorien

Bei personenbezogenen Daten der Projektverwaltung wird nach Ablauf von vier Jahren zum Ende des jeweiligen Kalenderjahres geprüft, ob eine weitere Speicherung erforderlich ist. Sollte eine Erforderlichkeit nicht bestehen, werden die Daten gelöscht.

Ausgenommen hiervon sind Daten, die als Geschäftsbriefe i. S. d. HGB bzw. als buchhaltungsrelevante Daten einzuordnen sind. Hier gelten die jeweiligen gesetzlichen Aufbewahrungspflichten.

Allgemeine Beschreibung der technischen und organisatorischen Maßnahmen gemäß Artikel 32 Absatz 1 DSGVO

Siehe Datensicherheitskonzept.

Revision – Compliance

Bezeichnung der Verarbeitung

Revision/Compliance

Zwecke der Verarbeitung

Überprüfung der Rechtskonformität von Geschäftsprozessen im Unternehmen

Beschreibung der Kategorien personenbezogener Daten

- Name

- Vorname
- E-Mail-Adresse
- Telefonnummer
- Geburtsdatum
- Familienstand
- Position
- Kontaktdaten
- Kontakthistorie
- Termindaten
- Bankverbindung
- Umsatzsteueridentifikationsnummer
- Daten zu gekauften Waren oder Dienstleistungen
- Vertragsdaten
- Bestandsdaten
- Nutzungsdaten
- Inhaltsdaten
- Kommunikationsdaten
- Sozialversicherungsdaten
- Arbeitszeiten
- Lohn- und Gehaltsdaten
- Angaben zu Steuerklassen
- Religionszugehörigkeit
- Angaben zum Beruf
- Angaben zur beruflichen Laufbahn
- Daten zu Vorstrafen bzw. Eintragungen im Bundeszentralregister
- Daten zu beruflichen Fortbildungen

Beschreibung der Kategorien betroffener Personen

- Beschäftigte
- Kunden
- Dienstleister
- Dritte

Kategorien von Empfängern, gegenüber denen die personenbezogenen Daten offengelegt worden sind oder noch offengelegt werden

- Wirtschaftsprüfer
- Steuerberater
- Betriebsrat
- Unternehmensleitung

Ggf. Übermittlungen von personenbezogenen Daten an ein Drittland oder an eine internationale Organisation

Keine

Vorgesehene Fristen für die Löschung der verschiedenen Datenkategorien

Daten, die für Zwecke der Revision bzw. Compliance verarbeitet werden, werden grundsätzlich für einen Zeitraum von 10 Jahren gespeichert.

Nach Ablauf dieser Zeit wird zum Ende des jeweiligen Kalenderjahres geprüft, ob eine weitere Speicherung erforderlich ist. Sollte eine Erforderlichkeit nicht bestehen, werden die Daten gelöscht.

Allgemeine Beschreibung der technischen und organisatorischen Maßnahmen gemäß Artikel 32 Absatz 1 DSGVO

Siehe Datensicherheitskonzept.

Terminverwaltung

Bezeichnung der Verarbeitung

Terminverwaltung

Zwecke der Verarbeitung

Planung und Verwaltung von Terminen

Beschreibung der Kategorien personenbezogener Daten

- Vorname
- Nachname
- Name des Unternehmens
- Anschrift (geschäftlich)
- Anschrift (privat)
- E-Mail-Adresse
- Telefonnummer
- Position
- Kontaktdaten
- Termindaten

Beschreibung der Kategorien betroffener Personen

- Beschäftigte
- Kunden
- Interessenten
- Dienstleister
- Dritte

Kategorien von Empfängern, gegenüber denen die personenbezogenen Daten offengelegt worden sind oder noch offengelegt werden

Weitere Teilnehmer an Terminen

Ggf. Übermittlungen von personenbezogenen Daten an ein Drittland oder an eine internationale Organisation

Keine

Vorgesehene Fristen für die Löschung der verschiedenen Datenkategorien

Bei personenbezogenen Daten der Terminverwaltung wird nach Ablauf von vier Jahren zum Ende des jeweiligen Kalenderjahres geprüft, ob eine weitere Speicherung erforderlich ist. Sollte eine Erforderlichkeit nicht bestehen, werden die Daten gelöscht.

Ausgenommen hiervon sind Daten, die als Geschäftsbriefe i. S. d. HGB bzw. als buchhaltungsrelevante Daten einzuordnen sind. Hier werden die gesetzlichen Aufbewahrungspflichten berücksichtigt.

Allgemeine Beschreibung der technischen und organisatorischen Maßnahmen gemäß Artikel 32 Absatz 1 DSGVO

Siehe Datensicherheitskonzept.

Verkauf – Vertrieb

Bezeichnung der Verarbeitung

Verkauf/Vertrieb

Zwecke der Verarbeitung

Verkauf und Vertrieb von Waren oder Dienstleistungen

Beschreibung der Kategorien personenbezogener Daten

- Vorname
- Nachname
- Titel
- Name des Unternehmens
- Anschrift (geschäftlich)
- Anschrift (privat)
- Rechnungsanschrift
- E-Mail-Adresse
- Telefonnummer
- Kundennummer
- Kundenart

- Kontaktdaten
- Kontakthistorie
- Termindaten
- Bankverbindung
- Umsatzsteueridentifikationsnummer
- Daten zu gekauften Waren oder Dienstleistungen
- Vertragsdaten
- Umsatzdaten

Beschreibung der Kategorien betroffener Personen

- Kunden

Kategorien von Empfängern, gegenüber denen die personenbezogenen Daten offengelegt worden sind oder noch offengelegt werden

- Kooperationspartner
- Logistikunternehmen

Ggf. Übermittlungen von personenbezogenen Daten an ein Drittland oder an eine internationale Organisation

Keine

Vorgesehene Fristen für die Löschung der verschiedenen Datenkategorien

Bei personenbezogenen Daten des Verkaufs/Vertriebs ist davon auszugehen, dass diese buchhaltungsrelevant sind. Eine Speicherung erfolgt daher grundsätzlich für 10 Jahre, wobei der Fristbeginn sich nach § 147 Abs. 4 AO richtet.

Allgemeine Beschreibung der technischen und organisatorischen Maßnahmen gemäß Artikel 32 Absatz 1 DSGVO

Siehe Datensicherheitskonzept.

Verwaltung

Bezeichnung der Verarbeitung

Verwaltung

Zwecke der Verarbeitung

Allgemeine Verwaltung des Unternehmens (Organisation, Büroorganisation, Empfang etc.)

Beschreibung der Kategorien personenbezogener Daten

- Vorname
- Nachname
- Titel
- Name des Unternehmens
- Anschrift (geschäftlich)
- E-Mail-Adresse
- Telefonnummer
- Position
- Kontaktdaten
- Kontakthistorie
- Vertragsdaten

Beschreibung der Kategorien betroffener Personen

- Beschäftigte
- Kunden
- Interessenten
- Dienstleister
- Dritte
- Besucher

Kategorien von Empfängern, gegenüber denen die personenbezogenen Daten offengelegt worden sind oder noch offengelegt werden

- Interne Abteilungen
- Dienstleister
- ggf. Dritte

Ggf. Übermittlungen von personenbezogenen Daten an ein Drittland oder an eine internationale Organisation

Keine

Vorgesehene Fristen für die Löschung der verschiedenen Datenkategorien

Bei personenbezogenen Daten der allgemeinen Verwaltung wird nach Ablauf von vier Jahren zum Ende des jeweiligen Kalenderjahres geprüft, ob eine weitere Speicherung erforderlich ist. Sollte eine Erforderlichkeit nicht bestehen, werden die Daten gelöscht.

Ausgenommen hiervon sind Daten, die als Geschäftsbriefe i. S. d. HGB bzw. als buchhaltungsrelevante Daten einzuordnen sind. Hier gelten die jeweiligen gesetzlichen Aufbewahrungspflichten.

Allgemeine Beschreibung der technischen und organisatorischen Maßnahmen gemäß Artikel 32 Absatz 1 DSGVO

Siehe Datensicherheitskonzept.

Videoüberwachung

Bezeichnung der Verarbeitung

Videoüberwachung

Zwecke der Verarbeitung

Wahrnehmung des Hausrechts, Geltendmachung von Ansprüchen, Verfolgung von Straftaten

Beschreibung der Kategorien personenbezogener Daten

- Name

- Videos
- Beschreibung der Kategorien betroffener Personen
- Beschäftigte
- Kunden
- Interessenten
- Dienstleister
- Besucher

Kategorien von Empfängern, gegenüber denen die personenbezogenen Daten offengelegt worden sind oder noch offengelegt werden

- Rechtsanwälte
- Strafverfolgungsbehörden

Ggf. Übermittlungen von personenbezogenen Daten an ein Drittland oder an eine internationale Organisation

Keine

Vorgesehene Fristen für die Löschung der verschiedenen Datenkategorien

Videoaufzeichnungen werden nach spätestens 10 Tagen gelöscht.

Allgemeine Beschreibung der technischen und organisatorischen Maßnahmen gemäß Artikel 32 Absatz 1 DSGVO

Siehe Datensicherheitskonzept.

Zeiterfassung

Bezeichnung der Verarbeitung

Zeiterfassung

Zwecke der Verarbeitung

Erfassung von Arbeits-, Anwesenheits-, Abwesenheits- und Urlaubszeiten

Beschreibung der Kategorien personenbezogener Daten

- Vorname
- Nachname
- E-Mail-Adresse
- Arbeitszeiten
- Urlaubszeiten
- Krankheitstage
- Beschreibung der Kategorien betroffener Personen
- Beschäftigte
- Leiharbeiter

Kategorien von Empfängern, gegenüber denen die personenbezogenen Daten offengelegt worden sind oder noch offengelegt werden

- Betriebsrat
- Steuerberater
- Wirtschaftsprüfer

Ggf. Übermittlungen von personenbezogenen Daten an ein Drittland oder an eine internationale Organisation

Keine

Vorgesehene Fristen für die Löschung der verschiedenen Datenkategorien

Überstunden: 2 Jahre

Steuerrelevante Daten der Arbeitszeiterfassung werden nach den Vorgaben der Abgabenordnung mindestens 10 Jahre gespeichert.

Alle anderen Daten werden für einen Zeitraum von zwei Jahren gespeichert. Zum Ablauf des Kalenderjahres wird geprüft, ob eine weitere Speicherung erforderlich ist. Sollte dies nicht der Fall sein, werden die Daten gelöscht.

Allgemeine Beschreibung der technischen und organisatorischen Maßnahmen gemäß Artikel 32 Absatz 1 DSGVO

Siehe Datensicherheitskonzept.

28. Datenschutz-Folgenabschätzung (DSFA)

Die DSFA ist ein Stück weit ein Mysterium des Datenschutzrechts. Für Einsteiger-DSB ist die DSFA zwar relevant, da der Verantwortliche den DSB bei der Erstellung einer DSFA zu Rate ziehen kann.

28.1. „In dubio pro DSFA"

Viele Aspekte des „Ob" und „Wie" einer DSFA sind ungeklärt. Das fängt schon damit an, dass nicht klar ist, wann ich eine DSFA durchzuführen habe. Die Aufsichtsbehörden in Europa und auch die deutschen haben zwar entsprechende „Blacklists" vorgelegt, aus denen sich ergibt, in welchen Fällen immer einer DSFA durchzuführen ist.

Bei Durchsicht dieser „Blacklist", die von Aufsichtsbehörden „Positivliste" genannt wird, zeigt sich aber, dass viele Bereiche nicht wirklich klar sind.

Daher kann ich für die Praxis hier auch wieder den Grundsatz empfehlen: **„In dubio pro DSFA"**

Ich würde als DSB eher den Fokus darauflegen, mir eine Fähigkeit anzueignen, eine DSFA durchzuführen, damit ich bei der Erstellung dieser auch als Ratgeber in Anspruch genommen werden kann. Das ist weit wichtiger als zu wissen, wann ich eine DSFA nicht durchführen muss. Letztlich weiß das nämlich niemand ganz genau, da Art. 35 DSGVO auch insoweit eine Risikobewertung vorsieht und diese naturgemäß sehr von individuellen Auslegungen abhängt.

Ein guter praktisch Einstieg ist dabei das „PIA"-Tool der französischen Aufsichtsbehörde CNIL. „PIA" steht für Privacy Impact Assessment, also sinngemäß eine DSFA. Das Tool steht kostenlos für alle gängigen Betriebssysteme und auch in deutscher Sprache auf den Internetseiten der CNIL zum Download zur Verfügung.

Meine Empfehlung: Spiele damit mal ein paar DSFA durch. Du wirst dadurch mehr lernen als durch das Lesen von Art. 35 DSGVO oder etwaiger „Blacklists" von Aufsichtsbehörden.

28.2. Wann ist eine DSFA durchzuführen?

Wann eine DSFA durchgeführt werden muss, ergibt sich zu nächst allein aus Art. 35 Abs. 1 DSGVO. Danach ist eine DSFA durchzuführen, wenn eine Form der Verarbeitung aufgrund der Art, des Umfangs, der Umstände und der Zwecke der Verarbeitung voraussichtlich ein **hohes Risiko** für die Rechte und Freiheiten natürlicher Personen zur Folge hat.

Hier haben wir also wieder einmal eine **Risikobewertung** vorzunehmen. Ich denke, du merkst langsam, dass diese Fähigkeit, Risikobewertungen vorzunehmen, eine wichtige Eigenschaft im Datenschutzbereich zu sein scheint. Daher hier noch einmal der Hinweis, dass du dir die entsprechenden Ausführungen in den beiden Kapiteln zur Risikoanalyse gut durchlesen und verstehen solltest. Nur dann wirst du – unabhängig von den „Blacklists" der Aufsichtsbehörden – ein Gefühl dafür bekomme, wann ein Risiko „voraussichtlich hoch" ist. Und solange du dieses Gefühl nicht in dir fest verankert hast, berätst du das Unternehmen oder die öffentliche Stelle, in der du zum DSB benannt bist, dahingehend, dass du „in dubio pro DSFA" die Durchführung einer solchen empfiehlst.

Eine DSFA ist nach Art. 35 Abs. 3 DSGVO insbesondere in diesen Fällen erforderlich:

1. Es soll eine automatisierte Verarbeitung durchgeführt werden, die eine systematische und umfassende Bewertung persönlicher Aspekte natürlicher Personen beinhaltet (einschließlich „Profiling"). Diese Verarbeitung soll dabei als Grundlage dienen, Entscheidungen zu treffen, die Rechtswirkung gegenüber natürlichen Personen entfalten oder diese in ähnlich erheblicher Weise beeinträchtigen. Ein Beispiel hierfür wäre ein System in einem Logistikzentrum, das bei schlechter Performance einer Mitarbeiterin automatisch eine Kündigung mit Begründung an die Personalabteilung empfiehlt.
2. Es soll eine umfangreiche Verarbeitung von „Magendaten" i. S. d. Art. 9 DSGVO oder von Daten über strafrechtliche Verurteilungen und Straftaten gemäß Art. 10 DSGVO erfolgen.
3. Es soll eine systematische „umfangreiche" Überwachung öffentlich zugänglicher Bereiche stattfinden („Videoüberwachung").

28.3. Was muss eine DSFA beinhalten?

Du bist in der Gestaltung der Inhalte deiner DSFA relativ frei. Das ist auch gut so. Denn inhaltlich ist eine DSFA eine Art von Risikobewertung. Und aus dem Bereich der Informationssicherheit wissen wir, dass es viele Arten von Risikobewertungen geben kann. Entscheidend ist nur, dass die Risikobewertung nachvollziehbar ist. Und zwar auch für jemanden, der sich mit Risikobewertungen nicht auskennt.

Die besten DSFA, die ich bis dato gelesen habe, sind die, die sich wie ein Buch lesen. Sicherlich kann man gute DSFA auf Basis des o. g. „PIA"-Tools erstellen. Aber es geht – gerade bei größeren Verarbeitungen – häufig doch nichts über eine strukturierte, im Fließtext geschriebene und logisch aufgebaute DSFA. Häufig wird uns dafür jedoch die Zeit fehlen.

Entscheidend ist jedenfalls, dass die in Art. 35 Abs. 7 DSGVO vorgegebenen **Mindestinhalte** der DSFA beachtet werden. Die DSFA muss danach diese Punkte beinhalten:

1. eine systematische Beschreibung der geplanten Verarbeitungsvorgänge und der Zwecke der Verarbeitung, gegebenenfalls einschließlich der von dem Verantwortlichen verfolgten berechtigten Interessen;
2. eine Bewertung der Notwendigkeit und Verhältnismäßigkeit der Verarbeitungsvorgänge in Bezug auf den Zweck;
3. eine Bewertung der Risiken für die Rechte und Freiheiten der betroffenen Personen gemäß Art. 35 Abs. 1 DSGVO und
4. die zur Bewältigung der Risiken geplanten Abhilfemaßnahmen, einschließlich Garantien, Sicherheitsvorkehrungen und Verfahren, durch die der Schutz personenbezogener Daten sichergestellt und der Nachweis dafür erbracht wird, dass diese Verordnung eingehalten wird, wobei den Rechten und berechtigten Interessen der betroffenen Personen und sonstiger Betroffener Rechnung getragen wird.

Wenn du genau hinsiehst, hast du mit diesen Punkten schon die **Struktur** für deine DSFA. Letztlich ist das „Herunterschreiben" der DSFA dann gesunder Menschenstand („GM-Methode").

Du beschreibst also im ersten Schritt (1.) die geplante Verarbeitung im Hinblick auf den Zweck der Verarbeitung und dem „Warum" dieser Verarbeitung. Wofür soll die Verarbeitung eingesetzt werden? Welches Problem soll die Verarbeitung lösen?

Dann beschreibst du genau, welche personenbezogenen Daten auf welche Art und in welchem Umfang (Weitergabe von Daten, Speicherdauer etc.) verarbeitet werden sollen.

Bei der Notwendigkeit der Verarbeitung und deren Verhältnismäßigkeit (2.) führst du eine Bewertung der Verarbeitung im Hinblick auf ihre „Erforderlichkeit" durch. Dabei darfst du diese Fragen beantworten:

1. Ist die Verarbeitung geeignet, um das unter (1.) genannte Problem zu lösen?
2. Gibt es mildere Mittel, die in gleich geeigneter Weise (also z. B. auch ohne wesentlich höhere Kosten zu verursachen) das unter (1.) genannte Problem zu lösen?
3. Ist die Verarbeitung an sich für die Betroffenen zumutbar oder ist der Eingriff in ihre Rechte „unverhältnismäßig" hoch im Hinblick auf den mit der Verarbeitung verfolgten Zweck?

Den hier gerade unter 3. genannten Punkt kannst du genau genommen erst richtig gut beantworten, wenn du die unter (3.) durchzuführende Bewertung der Risiken für die Betroffenen durchgeführt hast. Also kannst du an dieser Stelle ggf. eine „Grobprüfung" vornehmen.

Bei der Bewertung der „Risiken" für die Betroffenen (3.) sind wir wieder einmal beim Thema der Risikobewertung. Wir sprachen darüber. Es ist wichtig, dass du dir diese Fähigkeit aneignest, damit du auch diesen Punkt hier durchführen bzw. diesbezüglich beraten kannst.

Wenn du das Risiko ermittelt hast, kannst du schließlich deine „Risikobehandlung" beschreiben. Bei einer DSFA geht es nicht darum, Risiken einfach zu akzeptieren. Der Fokus liegt auf dem Treffen von Maßnahmen, die das Risiko nach Möglichkeit vermeiden bzw. ausschließen. Oder Maßnahmen, die das Risiko minimieren. Dazu können insbesondere technische Maßnahmen gehören: Verschlüsselung, strikte Limitierung von Berechtigungen, 4- oder 6-Augenprinzip etc.

28.4. Empfehlung für die Praxis als DSB

Da es wichtig ist, hier noch einmal der Hinweis, dass es nicht Aufgabe des DSB ist, die DSFA durchzuführen. Du wirst lediglich auf Anfrage des Verantwortlichen zu Rate gezogen. So jedenfalls die Theorie. In der Praxis sieht das häufig wieder so aus, dass von dir erwartet wird, dass du nicht nur sagen kannst, ob eine DSFA durchgeführt, sondern diese auch gleich durchführst.

Sicher kannst du als DSB bei der Durchführung der DSFA maßgeblich unterstützen. Es sollte aber nicht so sein, dass du als DSB die DSFA allein durchführst und dann als dein Werk „unterzeichnest“. Vertretbar wäre m. E., dass du einen Vorschlag für eine DSFA an die Unternehmensleitung oder die jeweiligen Verantwortlichen gibst. Kennzeichne das DSFA-Dokument also z. B. deutlich als „Entwurf“. Es ist dann Sache des eigentlich für die DSFA zuständigen Verantwortlichen, selbst eine DSFA zu „verabschieden“ und sich zu eigen zu machen.

28.5. Besonderheiten für „Caesar“ und „Echt jetzt“

Wenn die „riskante“ Verarbeitung auf Art. 6 Abs. 1 lit. c) DSGVO („Caesar“ oder Art. 6 Abs. 1 lit. e) DSGVO („Echt jetzt“) beruht, dann kann es sein, dass **keine DSFA** erforderlich ist.

Zumindest dann nicht, wenn diese Rechtsvorschriften i. S. d. Art. 6 Abs. 1 lit. c) bzw. die Rechtsvorschriften, die eine öffentliche Aufgabe i. S. d. Art. 6 Abs. 1 lit. e) DSGVO zuweisen, den konkreten Verarbeitungsvorgang oder die konkreten Verarbeitungsvorgänge regeln und bereits im Rahmen der allgemeinen Folgenabschätzung im Zusammenhang mit dem Erlass dieser Rechtsgrundlage eine Datenschutz-Folgenabschätzung erfolgte.

Wann das allerdings der Fall ist, ist mehr als unklar.

Hinzu kommt, dass die Bundesländer in ihren Landesdatenschutzgesetzen ggf. noch die Regelung treffen können, dass unabhängig davon eine DSFA durchzuführen ist. So sieht z. B. in Bayern Art. 14 BayDSG Ausnahmen von einer DSFA vor, wenn eine Folgen-Abschätzung bereits durch das fachlich zuständige Ministerium oder einer von diesem ermächtigten Stelle durchgeführt wurde. In Schleswig-Holstein hingegen sieht § 43 LDSG SH keine entsprechenden Erleichterungen vor.

29. Haftung für Datenschutzverletzungen?

Wir wollen uns in dieser Einsteigerlektüre nicht tiefgehend mit dem Thema der Schadensersatzansprüche beschäftigen. Dies vor allem auch, weil es ein sehr juristisches Thema ist und die Rechtsprechung sich in diesem Bereich hier gerade sehr dynamisch entwickelt.

Was muss ein DSB zu Schadensersatzansprüchen der DSGVO wissen?

Nach Art. 82 Abs. 1 DSGVO hat jede Person, der wegen eines Verstoßes gegen diese Verordnung ein materieller oder immaterieller Schaden entstanden ist, Anspruch auf Schadenersatz gegen den Verantwortlichen oder gegen den Auftragsverarbeiter.

Ein immaterieller Schaden kann insbesondere einen Schmerzensgeldanspruch begründen. Im Gegensatz zum früher anzuwendenden deutschen Recht bzw. der Rechtsprechung zu Persönlichkeitsrechtsverletzungen sieht das europäische Recht hier aber keine erhebliche Persönlichkeitsrechtsverletzung mehr als Voraussetzung für ein Schmerzensgeld vor.

Ob gleichwohl jeder „Bagatellverstoß" ein Schmerzensgeld begründen kann, ist derzeit unklar.

Weiteres großes Problem des Schadensersatzanspruches für die Verantwortlichen ist, dass Art. 82 Abs. 3 DSGVO eine Beweislastumkehr vorsieht. Nicht der Betroffene muss nachweisen, dass eine Verletzung der DSGVO erfolgt ist. Vielmehr muss der Verantwortliche nachweisen können, dass keine Verletzung der DSGVO erfolgt ist. Um das bewerkstelligen zu können, benötige ich also Richtlinien und Dokumentation.

Die Rechtsprechung wird uns zeigen, wie sich dieser Bereich weiter entwickeln wird.

30. Aufsichtsbehörde

Was muss ein DSB über die Aufgaben und Befugnisse einer DSB zu Beginn seiner „Karriere" wissen? Ehrlich gesagt: Nicht viel.

Du darfst dir als DSB zunächst merken, dass die Aufsichtsbehörde vieles darf und viele Befugnisse hat. Das beinhaltet nicht nur Kontrollmöglichkeiten, sondern vor allem auch Sanktionsmaßnahmen.

Dazu gehören vor allem **Bußgelder**. Eine Aufsichtsbehörde kann aber auch die Einschränkung einer Verarbeitung anordnen. Diese Maßnahme kann vielen Verantwortlichen weit mehr „weh" tun als ein Bußgeld. Denn in den Fällen muss die jeweilige Verarbeitung ganz oder teilweise eingestellt werden. Eine entsprechende Anordnung stellt einen Verwaltungsakt dar und kann direkt mit einer sog. Anfechtungsklage beim Verwaltungsgericht „angegriffen" werden.

Ferner können Aufsichtsbehörde auch Warnungen und Verwarnungen aussprechen.

Mehr musst du zu Beginn nicht wissen. Die Befugnisse der Aufsichtsbehörden sind in Art. 58 DSGVO geregelt. Die Regelung zu Bußgeldern findest du in Art. 83 DSGVO.

31. Beschäftigtendatenschutz

Die Verarbeitung personenbezogener Daten von Beschäftigten nimmt in vielen Unternehmen und öffentlichen Stellen einen großen Raum ein. Das ist verständlich. Denn in vielen Organisationen stellen die Beschäftigten Daten tatsächlich auch vom Volumen her den Großteil der Datenverarbeitung dar.

Im Rahmen einer Einsteigerlektüre würde der sog. Beschäftigtendatenschutz sicher den Rahmen sprengen. Daher beschränken wir uns hier auf folgende Informationen:

Kernnorm für die Verarbeitung von Beschäftigtendaten ist **§ 26 BDSG**. Wer Beschäftigte ist, ergibt sich übrigens aus der hilfreichen Auflistung in § 26 Abs. 6 BDSG. Nach § 26 Abs. 1 BDSG ist Verarbeitung personenbezogener Daten von Beschäftigten zulässig, wenn dies für die Entscheidung über die Begründung eines Beschäftigungsverhältnisses oder nach Begründung des Beschäftigungsverhältnisses für dessen Durchführung oder Beendigung oder zur Ausübung oder Erfüllung der sich aus einem Gesetz oder einem Tarifvertrag, einer Betriebs- oder Dienstvereinbarung (Kollektivvereinbarung) ergebenden Rechte und Pflichten der Interessenvertretung der Beschäftigten erforderlich ist.

Die Formulierung kommt dir irgendwie bekannt vor? Ja, richtig. Wir haben es hier also eigentlich mit einer Art **„Dickes B“** für den Beschäftigtenbereich zu tun.

In den weiteren Regelungen des § 26 BDSG geht es dann noch um die Datenverarbeitung im Zusammenhang mit der Aufdeckung von Straftaten. Und auch zur Freiwilligkeit von Einwilligungen bei Beschäftigten und zur Verarbeitung von „Magendaten“ gibt es Regelungen.

Übrigens werden die übrigen Regelungen der Gemüsenorm des Art. 6 Abs. 1 DSGVO nicht durch § 26 BDSG verdrängt. So ist eine Verarbeitung von Beschäftigten auch auf der Basis von „Caesar“ – also gesetzlichen Pflichten – oder auch auf Basis der Interessenabwägung („FETT“) möglich.

32. Datenverarbeitung in Drittländern

Auch wenn die Verarbeitung von Daten in Drittländern in der Praxis einen großen Raum einnimmt, würde ich dir als DSB zu Beginn des Eintauchens in das Datenschutzrecht empfehlen, nur ein paar grundlegende Dinge der Drittlandsverarbeitung zu verinnerlichen.

Immer wenn eine Datenverarbeitung außerhalb der EU oder des Europäischen Wirtschaftsraums erfolgt, musst du durch weitere Maßnahmen sicherstellen, dass ein angemessenes Datenschutzniveau beim Empfänger im jeweiligen Drittland besteht. Dazu hast du grundsätzlich folgende Möglichkeiten:

1. Es gibt einen sog. Angemessenheitsbeschluss der EU-Kommission für das jeweilige Drittland. Hier hat die EU-Kommission sozusagen ein angemessenes Datenschutzniveau konstatiert. Entsprechende Beschlüsse liegen z. B. für: Andorra, Argentinien, Färöer, Guernsey, Isle of Man, Israel, Jersey, Kanada, Neuseeland, Schweiz, Uruguay und Japan;
2. Mit dem Empfänger im Drittland wurden die sog. EU-Standardvertragsklauseln („Model Clauses“ oder „Standard Contractual Clauses“) abgeschlossen. Die Verträge gibt es in drei verschiedenen Varianten. Sie dürfen nicht ohne Genehmigung der Aufsichtsbehörde abgeändert werden.
3. Bei einer Verarbeitung in den USA kann das sog. „Privacy Shield“ herangezogen werden. Unternehmen, die in diesem „Privacy Shield“ nach einer Selbstzertifizierung gelistet sind, kommen als Empfänger mit einem angemessenen Datenschutzniveau in Betracht.

Ferner gibt es noch die Möglichkeit, dass Betroffene in eine Drittlandsverarbeitung einwilligen. Nach ganz h. M. geht dies aber nur im Einzelfall.

Und es gibt weitere Ausnahmen bei den Voraussetzungen einer Drittlandsverarbeitung. Wenn z. B. die Übermittlung der personenbezogenen Daten für die Erfüllung des Vertrages mit dem Betroffenen erforderlich ist. Das kann z. B. bei Reisen in Drittländer vorkommen, bei denen ein Hotel im Drittland gebucht wird und insoweit Daten der Gäste übermittelt werden.

Alle weiteren Ausnahmen findest du ebenfalls in Art. 49 DSGVO.

Die Details der Drittlandsverarbeitung – gerade im Hinblick auf die Verarbeitung von Beschäftigtendaten oder bei einer Auftragsverarbeitung – gehören wiederum zu den juristisch sehr komplexen Bereichen, die den Rahmen dieser Einsteigerlektüre sprengen würden.

33. Datensicherheit nach DSGVO – Einleitung

Datensicherheit ist ein wichtiges Thema im „Datenschutz“. Denn die Sicherheit von Daten ist grundlegend für den Schutz personenbezogener Daten.

Richtigerweise gibt es daher auch grundlegende und z.T. auch spezifische Anforderungen an die Umsetzung von Datensicherheit nach der Datenschutz-Grundverordnung (DSGVO).

Im Verhältnis zum früheren nationalen Recht – also konkret dem BDSG a.F. – ist die DSGVO ein Fortschritt. Auch wenn sie im Gegensatz zum alten BDSG keine konkreten Maßnahmen in Bereichen der Zutritts-, Zugangs- und Zugriffskontrolle etc. mehr fordert, ist der generische Ansatz unter Verwendung der im Bereich der Informationssicherheit gebräuchlichen Schutzziele und Begriffe gut geeignet, um die technischen Standards der Informationssicherheit mit den datenschutzrechtlichen Vorgaben zu harmonisieren und in Einklang zu bringen.

Zuvor haben Informationssicherheits-Experten doch immer leicht irritiert auf die insoweit international eher ungewöhnlichen Vorgaben zu technischen und organisatorischen Maßnahmen des alten § 9 BDSG sowie der Anlage zu § 9 Satz 1 BDSG a.F. reagiert.

Natürlich hatten die konkreteren Vorgaben des alten Rechts auch etwas für sich. Sie waren leichter „abzuarbeiten“ und damit auch für Unternehmen ohne hohen technischen Sachverstand gut umsetzbar.

Die Vorteile des neuen Ansatzes der DSGVO überwiegen aber bei weitem. Und es schadet nicht, sich auch an alten Regelungen zu orientieren.

Oder wir können auch einen Blick auf den § 64 BDSG in der neuen Fassung werfen. Der gilt zwar nur für bestimmte öffentliche Behörden und entfaltet daher keine unmittelbare Wirkung gegenüber Unternehmen.

Vorteil dieser Norm ist aber, dass sie im Gegensatz zu Art. 32 DSGVO Maßnahmen zur Datensicherheit in bestimmten Bereichen vorsieht. Und das kann hilfreich sein, wenn Unternehmen oder auch öffentliche Stellen eines Landes, für die nicht § 64 BDSG gilt, Orientierung bei der Umsetzung von Datensicherheit suchen.

Wir werden nachfolgend zunächst einen Blick auf die Rechtsgrundlagen der Datensicherheit werfen. Und dann wenden wir uns den Grundideen von Datensicherheit und sodann deren Umsetzung in der Praxis zu.

34. Rechtsgrundlagen zur Datensicherheit

Auch wenn es eine ganze Reihe von Gesetzen gibt, in denen rechtliche Vorgaben zur Datensicherheit gemacht werden, wollen wir uns doch auf die wesentlichen Regelungen beschränken.

Das bedeutet, dass wir einen Blick auf die Regelungen in der **DSGVO** (und zwar vor allem diese) und im BDSG werfen.

34.1. Was ist eigentlich „Datensicherheit"?

Genau genommen ist gar nicht so richtig klar, was „Datensicherheit" ist. Immer wenn wir auf der Suche nach einer „rechtlichen" Definition für den Bereich „Datenschutz" sind, bietet es sich an, zunächst einen Blick auf Art. 4 DSGVO zu werfen.

Denn dort sind 26 Begriffe „legaldefiniert". Legaldefinitionen werden vom Gesetzgeber verwendet, wenn er Begriffe für den jeweiligen Anwendungsbereich eines Gesetzes festlegen möchte.

Allerdings ist die Hoffnung nach einer Legaldefinition zur Datensicherheit bei einem näheren Blick auf Art. 4 DSGVO auch gleich wieder verblasst. Denn eine konkrete Definition findet sich dort nicht. Der Begriff „Sicherheit" von Daten wird lediglich in Art. 4 Nr. 12 DSGVO erwähnt. Dort wird der Begriff der Verletzung des Schutzes personenbezogener Daten definiert. Das hilft uns mit Blick auf den Begriff der Datensicherheit nicht wirklich weiter.

Auch Art. 32 DSGVO, der die Überschrift „Sicherheit der Verarbeitung" trägt, beinhaltet keine Definition des Begriffs „Datensicherheit".

Im deutschen Recht haben wir allerdings eine Definition des Begriffs der IT-Sicherheit, der zwar nicht identisch mit dem Begriff der Datensicherheit ist, aber zur Annäherung an den Begriff beitragen kann.

Und zwar haben wir in § 2 des Gesetzes über das Bundesamt für Sicherheit in der Informationstechnik (BSIG) eine Legaldefinition von „IT-Sicherheit".

Sicherheit in der Informationstechnik bedeutet die Einhaltung bestimmter Sicherheitsstandards, die die ***Verfügbarkeit, Unversehrtheit*** *oder* ***Vertraulichkeit*** *von Informationen betreffen, durch Sicherheitsvorkehrungen*

1. *in informationstechnischen Systemen, Komponenten oder Prozessen oder*
2. *bei der Anwendung von informationstechnischen Systemen, Komponenten oder Prozessen.*

Mit der Verfügbarkeit, Integrität („Unversehrtheit") und der Vertraulichkeit werden hier schon gleich die drei klassischen Schutzziele bzw. Säulen einer sicheren Informationstechnik genannt.

Und diese Begriffe begegnen uns dann auch in der DSGVO wieder.

34.2. Datensicherheit in der DSGVO

Wenn wir uns die Inhaltsübersicht der DSGVO ansehen, dann würden wir auf der Suche nach Regelungen zur Datensicherheit zunächst nur bei Art. 32 DSGVO – „Sicherheit der Verarbeitung" Halt machen.

Vielleicht würden wir auch noch identifizieren können, dass es in Art. 33 und 34 DSGVO auch um Datensicherheit gehen könnte, da dort von „Verletzungen" des Schutzes personenbezogener Daten die Rede ist.

34.3. Grundsatz der „Integrität und Vertraulichkeit" (Art. 5 Abs. 1 lit. f) DSGVO)

Dabei geht es in der DSGVO schon viel früher um das Thema „Datensicherheit". Und zwar ist schon in den Grundsätzen für die Verarbeitung personenbezogener Daten in **Art. 5 DSGVO** das erste Mal die Datensicherheit thematisiert.

Ein Grundsatz der Datenverarbeitung, der bei jeder Verarbeitung personenbezogener Daten zu beachten ist, ist nach Art. 5 Abs. 1 lit. f) DSGVO der Grundsatz der **„Integrität und Vertraulichkeit"**.

Nach dem Grundsatz der „Integrität und Vertraulichkeit“ müssen personenbezogene Daten *„in einer Weise verarbeitet werden, die eine angemessene Sicherheit der personenbezogenen Daten gewährleistet, einschließlich Schutz vor unbefugter oder unrechtmäßiger Verarbeitung und vor unbeabsichtigtem Verlust, unbeabsichtigter Zerstörung oder unbeabsichtigter Schädigung durch geeignete technische und organisatorische Maßnahmen („Integrität und Vertraulichkeit“)“*

Und wie oben schon erwähnt finden wir hier schon zwei Begriffe der Säulen einer sicheren Informationstechnik wieder: Integrität und Vertraulichkeit.

Fehlt nur noch die **Verfügbarkeit** von Daten. Aber, um es vorwegzunehmen, finden wir auch die „Verfügbarkeit“ von Daten später als Schutzziel in der DSGVO wieder.

Was nun Integrität und Vertraulichkeit genau bedeuten, lässt die DSGVO offen. Wir können aber annehmen, dass die DSGVO insoweit auf die gängigen Definitionen dieser Begriffe in der Informationssicherheit Bezug nimmt.

34.3.1. Integrität von Daten

In der Informationssicherheit wird der Begriff der Integrität wie folgt verstanden:

> ***Integrität*** *bezeichnet die Sicherstellung der Korrektheit (Unversehrtheit) von Daten und der korrekten Funktionsweise von Systemen. Wenn der Begriff Integrität auf „Daten“ angewendet wird, drückt er aus, dass die Daten vollständig und unverändert sind. In der Informationstechnik wird er in der Regel aber weiter gefasst und auf „Informationen“ angewendet. Der Begriff „Information“ wird dabei für „Daten“ verwendet, denen je nach Zusammenhang bestimmte Attribute wie z. B. Autor oder Zeitpunkt der Erstellung zugeordnet werden können. Der Verlust der Integrität von Informationen kann daher bedeuten, dass diese unerlaubt verändert, Angaben zum Autor verfälscht oder Zeitangaben zur Erstellung manipuliert wurden. (Quelle: BSI, IT-Grundschutz-Kompendium*

(Quelle: BSI, IT-Grundschutz-Kompendium 2020)

Was bedeutet nun aber „Integrität“ im Sinne der DSGVO? Der Grundsatz der Integrität kann so ausgelegt werden, dass Verantwortliche, die personenbezogene Daten verarbeiten, gewährleisten müssen, dass personenbezogene Daten vor nicht autorisierten Änderungen geschützt werden. Positiv formuliert dürfen also personenbezogene Daten nur von berechtigten Personen in beabsichtigter Weise verändert werden.

34.3.2. Vertraulichkeit von Daten

Für den Begriff der „Vertraulichkeit“ von Daten gibt es in der Informationssicherheit ebenfalls eine gängige Definition:

> ***Vertraulichkeit*** *ist der Schutz vor unbefugter Preisgabe von Informationen. Vertrauliche Daten und Informationen dürfen ausschließlich Befugten in der zulässigen Weise zugänglich sein. (Quelle: BSI, IT-Grundschutz-Kompendium 2020)*

In ähnlicher Weise beschreibt Erwägungsgrund 39 der DSGVO die Vertraulichkeit von Daten:

> *Personenbezogene Daten sollten so verarbeitet werden, dass ihre Sicherheit und* ***Vertraulichkeit*** *hinreichend gewährleistet sind, wozu auch gehört, dass Unbefugte keinen Zugang zu den Daten haben und weder die Daten noch die Geräte, mit denen diese verarbeitet werden, benutzen können.*

34.4. Sicherheit der Verarbeitung (Art. 32 DSGVO)

Auch wenn es nach Art. 5 Abs. 1 lit. f) DSGVO immer wieder Passagen in der DSGVO gibt, in der die Datensicherheit zwischen den Zeilen thematisiert wird (wie z. B. in Art. 24 Abs. 1 DSGVO und auch Art. 25 DSGVO), sind die gesetzlichen Anforderungen der DSGVO zur Datensicherheit, die von Verantwortlichen und Auftragsverarbeitern umzusetzen sind, dann doch komprimiert in Art. 32 DSGVO festgelegt.

Nach Art. 32 DSGVO müssen Unternehmen und öffentliche Stellen („Verantwortliche“ und „Auftragsverarbeiter“) geeignete technische und organisatorische Maßnahmen treffen, um ein dem Risiko angemessenes Schutzniveau für personenbezogene Daten zu gewährleisten.

Dabei gilt auch hier insoweit ein risikobasierter Ansatz. Denn je höher das Risiko für den Schutz personenbezogener Daten ist, desto höhere Maßnahmen im Bereich der Datensicherheit habe ich zu treffen.

Die Krux liegt in der praktischen Anwendung nun darin, überhaupt ein Risiko zu ermitteln. Art. 32 Abs. 1 DSGVO gibt uns insoweit diese Beurteilungsmaßstäbe in die Hand, die berücksichtigt werden sollen:

- „Stand der Technik",
- Implementierungskosten,
- Art, Umfang, Umstände und Zwecke der Verarbeitung sowie die
- unterschiedliche Eintrittswahrscheinlichkeit und Schwere des Risikos für die Rechte und Freiheiten natürlicher Personen

Doch nicht nur das. Denn nach Art. 32 Abs. 2 DSGVO sollen wir bei der Beurteilung eines angemessenen Schutzniveaus insbesondere die Risiken berücksichtigen, die mit der Verarbeitung (insbesondere durch Vernichtung, Verlust oder Veränderung oder unbefugte Offenlegung bzw. den unbefugten Zugang zu personenbezogenen Daten) verbunden sind.

Das klingt nach einem ganz schönen „Spagat" bei der Abwägung dieser verschiedenen Aspekte. Und das ist es auch. Wir werden später im „technischen" Bereich aber ein paar Ansätze kennenlernen, die uns bei der Risikoermittlung und Abwägung helfen können.

Einige (nicht zwingende) technische und organisatorische Maßnahmen werden dann in Art. 32 Abs. 1 DSGVO selbst angeführt. Dazu gehören:

1. die Pseudonymisierung und Verschlüsselung personenbezogener Daten;
2. die Fähigkeit, die Vertraulichkeit, Integrität, Verfügbarkeit und Belastbarkeit der Systeme und Dienste im Zusammenhang mit der Verarbeitung auf Dauer sicherzustellen;
3. die Fähigkeit, die Verfügbarkeit der personenbezogenen Daten und den Zugang zu ihnen bei einem physischen oder technischen Zwischenfall rasch wiederherzustellen sowie

4. ein Verfahren zur regelmäßigen Überprüfung, Bewertung und Evaluierung der Wirksamkeit der technischen und organisatorischen Maßnahmen zur Gewährleistung der Sicherheit der Verarbeitung.

Wichtig zu wissen ist, dass diese Maßnahmen nur exemplarisch sind. Sie sind also nicht zwingend einzuhalten.

Da wir gut aufgepasst haben, finden wir unter Ziff. 2 aber auch unsere **Schutzziele** wieder. Diesmal nicht nur die schon zuvor angesprochenen, sondern es kommen noch zwei hinzu. Insgesamt werden in Art. 32 DSGVO **vier Schutzziele** genannt, die als Ziel von technischen und organisatorischen Maßnahmen in Betracht kommen:

1. Vertraulichkeit,

2. Integrität,

3. Verfügbarkeit und

4. Belastbarkeit der Systeme und Dienste im Zusammenhang mit der Verarbeitung auf Dauer.

Das Schöne daran ist, dass jeder dieser Begriffe in der Informationssicherheit geläufig ist. Neben den drei Säulen einer sicheren Informationstechnik (Vertraulichkeit, Integrität, Verfügbarkeit) ist nämlich auch die Belastbarkeit der Systeme und Dienste als Thema von „Business Continuity Management" in der Informationssicherheit geläufig und z. B. auch in der ISO 27001 oder auch im IT-Grundschutz-Kompendium verankert.

Dort wird BCM wie folgt definiert:

> ***Business Continuity Management (BCM)*** *bezeichnet alle organisatorischen, technischen und personellen Maßnahmen, die zur Fortführung des Kerngeschäfts einer Behörde oder eines Unternehmens nach Eintritt eines Notfalls bzw. eines Sicherheitsvorfalls dienen. Weiterhin unterstützt BCM die sukzessive Fortführung der Geschäftsprozesse bei länger anhaltenden Ausfällen oder Störungen. (Quelle: BSI, IT-Grundschutz-Kompendium 2020)*

Und wie oben angekündigt findet sich hier nun auch der Begriff der **Verfügbarkeit** wieder. Im Bereich der Informationssicherheit wird der Begriff so definiert:

> *Die **Verfügbarkeit** von Dienstleistungen, Funktionen eines IT-Systems, IT-Anwendungen oder IT-Netzen oder auch von Informationen ist vorhanden, wenn diese von den Anwendern stets wie vorgesehen genutzt werden können. (Quelle: BSI, IT-Grundschutz-Kompendium 2020)*

Die DSGVO hat aber nicht nur die in der Informationssicherheit gebräuchlichen Begriffe übernommen. Sie hat erfreulicherweise in Art. 32 Abs. 1 Nr. 4 DSGVO auch einen weiteren Schritt in die heutigen Standards der Informationssicherheit gemacht. Denn nach Art. 32 Abs. 1 Nr. 4 kann eine technische und organisatorische Maßnahme zur Datensicherheit insbesondere auch sein, dass im Unternehmen ein Verfahren zur regelmäßigen Überprüfung, Bewertung und Evaluierung der Wirksamkeit der technischen und organisatorischen Maßnahmen implementiert ist.

Jeder, der sich schon einmal mit Qualitätsmanagement oder eben auch mit Informationssicherheits-Managementsystemen (ISMS) beschäftigt hat, wird sofort die Parallele erkennen. Denn Art. 32 Abs. 1 Nr. 4 beschreibt hier nichts anderes als eine Evaluierung als ein Qualitätsmanagementsystem zur Datensicherheit. Dies kann wie folgt aussehen:

- Es werden technische und organisatorische Maßnahmen zur Gewährleistung der Schutzziele Vertraulichkeit, Integrität, Verfügbarkeit und BCM geplant („Plan")
- Die Maßnahmen werden umgesetzt, z. B. durch Richtlinien und/oder konkretes „Tun" („Do")
- Die Maßnahmen werden regelmäßig hinsichtlich ihrer Wirksamkeit evaluiert („Check")
- Die Maßnahmen werden dann angepasst („Act).

Dieser klassische Plan-Do-Check-Act-Zyklus, auch PDCA-Zyklus, ist Bestandteil eines jeden Qualitätsmanagement-Systems.

Wir können also insgesamt feststellen, dass Art. 32 DSGVO uns bei der Verarbeitung personenbezogener Daten aufgibt, technische und organisatorische Maßnahmen zur Datensicherheit zu treffen.

Art und Umfang der zu treffenden Datensicherheitsmaßnahmen hängen dabei von verschiedenen Faktoren ab, die das Schutzniveau der Daten und das Risiko für die Verarbeitung beinhalten.

Und wenn wir ganz ehrlich sind, wissen wir bei reiner Lektüre nicht genau, was wir nun zu tun haben.

Und dennoch ist Art. 32 DSGVO eine grundsätzlich gelungene Norm. Denn durch die enge begriffliche Anlehnung an Standards der Informationssicherheit können wir durch Blick auf das, was wir im Bereich der Informationssicherheit an Maßnahmen finden können, die technischen und organisatorischen Maßnahmen ausfindig machen, die wir konkret zu treffen haben.

Hier wird die DSGVO interdisziplinär. Denn ohne technische Betrachtungsweisen kann ich die rechtlichen Anforderungen hier nicht nur nicht umsetzen, sondern schon nicht beurteilen.

34.5. Weitere Rechtsgrundlagen zur Datensicherheit

Neben der zentralen Norm des Art. 32 DSGVO gibt es noch weitere Regelungen in der DSGVO, die die Datensicherheit betreffen.

So sieht **Art. 24 Abs. 1 DSGVO** ganz allgemein vor, dass vom Verantwortlichen jeweils die erforderlichen technischen und organisatorischen Maßnahmen zur Einhaltung der Vorgaben der DSGVO zu treffen sind.

In **Art. 25 DSGVO** finden wir die Grundsätze von „Datenschutz durch Technikgestaltung" („Privacy by Design") und durch datenschutzfreundliche Voreinstellungen („Privacy by Default"). Auch wenn dort die Datensicherheit nicht konkret genannt wird, kann insbesondere der Grundsatz von Datenschutz durch Technikgestaltung beinhalten, dass besondere Datensicherheitsmaßnahmen in den jeweiligen Verarbeitungsprozess implementiert werden.

Und schließlich ist eine „Datenschutzverletzung" wie z. B. die Verletzung der Vertraulichkeit, Verfügbarkeit oder Integrität von personenbezogenen Daten – gerne auch als **„Datenpanne"** bezeichnet – als Folge ggf. nicht ausreichender Maßnahmen zur Datensicherheit etwas, was wir dem Thema „Datensicherheit" zuordnen können. Und so gibt es in diesen Fällen u. U. Meldepflichten gegenüber der Aufsichtsbehörde nach **Art. 33 DSGVO** oder zusätzlich auch gegenüber den Betroffenen nach **Art. 34 DSGVO**.

Außerhalb der DSGVO – konkret im BDSG – findet sich auch eine Norm zur Datensicherheit, nämlich **§ 64 BDSG**. Der hat die schöne Überschrift **„Anforderungen an die Sicherheit der Datenverarbeitung“**.

Und es könnte alles so schön „konkreter“ oder „greifbarer“ sein, wenn wir als Verantwortliche einfach auf die dort in § 64 Abs. 3 BDSG aufgeführten technischen und organisatorischen Maßnahmen zurückgreifen dürften. Die lauten in Stichworten:

1. Zugangskontrolle
2. Datenträgerkontrolle
3. Speicherkontrolle
4. Benutzerkontrolle
5. Zugriffskontrolle
6. Übertragungskontrolle
7. Eingabekontrolle
8. Transportkontrolle
9. Wiederherstellbarkeit
10. Zuverlässigkeit
11. Datenintegrität
12. Auftragskontrolle
13. Verfügbarkeitskontrolle
14. Trennbarkeit

Nur gibt es mit § 64 BDSG ein Problem. Dieser ist sowie alle Normen, die auf § 44 BDSG folgen, nämlich nur für die Verarbeitung personenbezogener Daten durch die für die Verhütung, Ermittlung, Aufdeckung, Verfolgung oder Ahndung von Straftaten oder Ordnungswidrigkeiten zuständigen **öffentlichen Stellen**, soweit sie Daten zum Zweck der Erfüllung dieser Aufgaben verarbeiten.

Um keine Missverständnisse aufkommen zu lassen: Für Unternehmen und öffentliche Stellen gilt also in aller Regel Art. 32 DSGVO. Wir können uns also bei der Wahl unserer technischen und organisatorischen

Maßnahmen nicht zum Nachweis der Rechtskonformität darauf berufen, dass diese den Vorgaben von § 64 BDSG entsprechen.

Aber: Es schadet nicht, sich durchaus an einige Ideen des § 64 BDSG anzulehnen. Denn diese sind etwas „greifbarer“ als die abstrakten Regelungen der DSGVO.

Für Betreiber von sog. „Kritischen Infrastrukturen“ (KRITIS) sehen einzelne Gesetze in Deutschland zudem gesonderte Pflichten im Bereich der IT-Sicherheit vor. Als kritische Infrastrukturen gelten Einrichtungen, Anlagen oder Teile davon, die

1. den Sektoren Energie, Informationstechnik und Telekommunikation, Transport und Verkehr, Gesundheit, Wasser, Ernährung sowie Finanz- und Versicherungswesen angehören und
2. von hoher Bedeutung für das Funktionieren des Gemeinwesens sind, weil durch ihren Ausfall oder ihre Beeinträchtigung erhebliche Versorgungsengpässe oder Gefährdungen für die öffentliche Sicherheit eintreten würden.

Für diese gelten dann gesonderte Pflichten nach § 8a – 8c BSIG.

Kleinstunternehmen sind nach § 8d Abs. 1 BSIG allerdings von diesen Pflichten ausgenommen. Kleinstunternehmen sind nach Art. 2 Abs. 3 der Empfehlung 2003/361/EC der Kommission vom 6. Mai 2003 betreffend die „Definition der Kleinstunternehmen sowie der kleinen und mittleren Unternehmen“ solche Unternehmen, die weniger als 10 Personen beschäftigen und deren Jahresumsatz bzw. Jahresbilanz 2 Mio. EUR nicht überschreitet. Nach Artikel 2 Abs. 3 dieser Empfehlung sind Kleinstunternehmen Unternehmen, die weniger als 10 Personen beschäftigen und deren Jahresumsatz bzw. Jahresbilanz 2 Mio. EUR nicht überschreitet.

Wer als KRITIS-Betreiber gilt, ist in der gesonderten Verordnung zur Bestimmung Kritischer Infrastrukturen nach dem BSI-Gesetz (BSI-KritisV) näher bestimmt.

Sollte ein Unternehmen als KRITIS-Betreiber eingestuft sein, sind insbesondere Pflichten aus § 8a BSIG einzuhalten. Dazu gehört nach § 8a Abs. 1 BSIG zunächst vor allem, dass KRITIS-Betreiber angemessene organisatorische und technische Vorkehrungen zur Vermeidung von Störungen der Verfügbarkeit, Integrität, Authentizität und Vertraulichkeit ihrer informationstechnischen Systeme, Komponenten oder Prozesse treffen, die für die Funktionsfähigkeit der von ihnen betriebenen Kritischen Infrastrukturen maßgeblich sind.

Einzuhalten ist dabei der Stand der Technik. Der Umfang der Maßnahmen wird durch die Verhältnismäßigkeit beschränkt. So sind organisatorische und technische Vorkehrungen nicht mehr angemessen, wenn der dafür erforderliche Aufwand außer Verhältnis zu den Folgen eines Ausfalls oder einer Beeinträchtigung der betroffenen Kritischen Infrastruktur steht.

Unternehmen sollten sich frühzeitig die Frage stellen, ob sie als KRITIS-Betreiber einzustufen sind. Denn dies kann umfangreiche Konsequenzen beinhalten. Neben der reinen Einhaltung des geforderten Sicherheitsstandards müssen diese und deren Einhaltung nach § 8a Abs. 3 BSIG vor allem auch alle zwei Jahre gegenüber dem BSI dokumentiert und nachgewiesen werden. Das BSI kann nicht nur Unterlagen zum Nachweis anfordern, sondern auch Überprüfungen (auch vor Ort) durchführen.

KRITIS-Betreiber müssen dem BSI ferner nach § 8b Abs. 3 BSIG eine Kontaktstelle zu benennen, die für das BSI jederzeit erreichbar ist.

Und schließlich haben KRITIS-Betreiber auch eine **Meldepflicht** in diesen Fällen von Störungen:

1. Störungen der Verfügbarkeit, Integrität, Authentizität und Vertraulichkeit ihrer informationstechnischen Systeme, Komponenten oder Prozesse, die zu einem Ausfall oder zu einer erheblichen Beeinträchtigung der Funktionsfähigkeit der von ihnen betriebenen Kritischen Infrastrukturen geführt haben,

2. erhebliche Störungen der Verfügbarkeit, Integrität, Authentizität und Vertraulichkeit ihrer informationstechnischen Systeme, Komponenten oder Prozesse, die zu einem Ausfall oder zu einer erheblichen Beeinträchtigung der Funktionsfähigkeit der von ihnen betriebenen Kritischen Infrastrukturen führen können.

Verstöße von KRITIS-Betreibern können nach § 14 BSIG mit Bußgeldern geahndet werden.

35. Sanktionen bei Nicht- oder Schlechtumsetzung von Datensicherheit

Verstöße gegen Datensicherheitsvorschriften sind sicherlich kein „Kavaliersdelikt“.

Dabei kommen Sanktionen aus verschiedenen Rechtsbereichen in Betracht.

Zunächst sind natürlich Sanktionen nach der DSGVO möglich. So kann die jeweils zuständige Aufsichtsbehörde tätig werden. Was sich zunächst immer als erste Gedanke aufdrängt, sind „Bußgelder“.

Und so ist bei Verstößen gegen Datensicherheitsvorgaben aus Art. 32 DSGVO die Verhängung von **Bußgeldern** von bis zu 10 Mio. EUR oder im Fall eines Unternehmens von bis zu 2 % seines gesamten weltweit erzielten Jahresumsatzes des vorangegangenen Geschäftsjahrs möglich.

Denkbar ist bei vielen Datensicherheitsverletzung jedoch auch, dass zudem auch gegen den **Grundsatz der „Integrität und Vertraulichkeit“** (Art. 5 Abs. 1 lit. f) DSGVO) verstoßen wird. Ein Verstoß gegen einen Grundsatz der Datenverarbeitung nach Art. 5 DSGVO könnte sogar mit einem Bußgeld von bis zu 20 Mio. EUR oder im Fall eines Unternehmens von bis zu 4 % seines gesamten weltweit erzielten Jahresumsatzes des vorangegangenen Geschäftsjahrs geahndet werden.

Für KRITIS-Betreiber gelten zudem Bußgeldtatbestände aus den jeweiligen bereichsspezifischen Gesetzen (Telekommunikation, Energiewirtschaft etc.) und ansonsten die Bußgeldtatbestände des § 14 BSIG.

Es kommen aber nicht nur Bußgelder als Sanktion in Betracht. Bei der Nichteinhaltung von Datensicherheitsvorgaben der DSGVO können Aufsichtsbehörden z. B. auch zu noch „schärferen Schwertern“ als einem Bußgeld greifen. Zudem können weitere Sanktionen auch zusätzlich zu einem Bußgeld verhängt werden.

Der wohl empfindlichste Eingriff einer Aufsichtsbehörde in die Datenverarbeitungsvorgänge bei einem Unternehmen ist die **Anordnung der Beschränkung** der Verarbeitung nach Art. 58 Abs. 2 lit. f) DSGVO. Dies kann de facto dazu führen, dass die Datenverarbeitung insgesamt unterbleiben muss, bis die Datensicherheitsvorgaben der DSGVO umgesetzt sind.

Als mildere Mittel kommen die **Anweisung**, eine Verarbeitung auf eine bestimmte Weise zu erbringen (Art. 58 Abs. 2 lit. d) DSGVO) und die **Verwarnung** (Art. 58 Abs. 2 lit. b) DSGVO) in Betracht.

36. Haftungsrisiken bei Nicht- oder Schlechtumsetzung von Datensicherheit

Unabhängig von etwaigen Bußgeldern, die von Aufsichtsbehörden als Sanktion verhängt werden können, zeigt sich in der Praxis aktuell, dass Betroffene selbst Ansprüche gegenüber einer Nichteinhaltung der DSGVO gegenüber den Verantwortlichen geltend machen. Auch im Hinblick auf die Nichteinhaltung von Datensicherheitsvorgaben.

Möglich (und für Betroffene „attraktiv“) wird dies durch eine Anspruchsgrundlage für **Schadensersatz** von Betroffenen in **Art. 82 DSGVO**.

Nach Art. 82 Abs. 1 DSGVO hat jede Person, der wegen eines Verstoßes gegen diese DSGVO ein materieller oder immaterieller Schaden entstanden ist, Anspruch auf Schadenersatz gegen den Verantwortlichen (oder gegen den Auftragsverarbeiter).

Und so kann auch eine Verletzung von Datensicherheitsvorgaben aus Art. 32 DSGVO dazu führen, dass ein Betroffener einen Schadensersatzanspruch erlangt und gegenüber dem Verantwortlichen (oder Auftragsverarbeiter) erlangt und geltend machen kann.

Wichtig zu wissen ist, dass es also nicht nur um einen materiell entstandenen Schaden geht, sondern auch ein immaterieller Schaden („Schmerzensgeld“) kann geltend gemacht werden. Neu ist insoweit, dass im Verhältnis zur vorherigen Rechtslage nicht mehr eine schwere Verletzung des Persönlichkeitsrechts Voraussetzung für einen Schadensersatz ist.

Dem Wortlaut und vor allem dem Erwägungsgrund 146 der DSGVO nach soll der Schadensbegriff dabei im Lichte der Rechtsprechung des EuGH auf eine Art und Weise weit ausgelegt werden, die den Zielen der DSGVO in vollem Umfang entspricht.

Die Rechtsprechung des EuGH fordert nun aber bei zivilrechtlichen Sanktionen wie einem Schadensersatz, dass diese eine „wirkliche abschreckende Wirkung“ haben müssen. Und diese Abschreckungswirkung sei auch von den Gerichten in den Mitgliedsstaaten zu berücksichtigen.

Im Hinblick auf materielle Schäden stellt diese Vorgabe kein Problem dar, wohl aber bei immateriellen Schäden.

Materielle Schäden sind vor allem Schäden am Vermögen des Betroffenen. Dazu können insbesondere die Kosten gehören, die dem Betroffenen durch eine Verletzung von Datensicherheit entstehen, aber wohl auch z. B. der entgangene Gewinn.

Immaterielle Schäden sind Beeinträchtigungen des Persönlichkeitsrechts der Betroffenen, die durch den jeweiligen Datensicherheitsverstoß verursacht wurden. Gemeinhin wird dieses auch als „Schmerzensgeld“ bezeichnet.

Kontrovers diskutiert wird jedoch, ob jede Verletzung des Persönlichkeitsrechts zu einem Schmerzensgeldanspruch des Betroffenen führt. Die Rechtsprechung in Deutschland ist hier bislang zurückhaltend und verlangt zumindest eine „spürbare“ Beeinträchtigung. Ausgeschlossen sein sollen auch Bagatellverstöße.

Letztlich wird man hier jedoch abwarten müssen, wie sich die Rechtsprechung entwickelt.

Voraussetzung für einen Schadenersatzanspruch wegen einer Verletzung der Datensicherheit ist jedoch immer, dass überhaupt ein Verstoß gegen die betreffende Rechtsnorm – also insbesondere Art. 32 DSGVO – vorliegt.

Nach h. M. in der rechtswissenschaftlichen Literatur bleiben auch die sog. deliktischen Schadensersatznormen der §§ 823 ff. BGB anwendbar, da durch eine Datenverarbeitung auch eine Verletzung des Persönlichkeitsrechts oder dem eingerichteten und ausgeübten Gewerbebetrieb erfolgen könnte.

Hier käme ein Schadensersatzanspruch dann in Betracht, wenn eine Datenverarbeitung einen Schaden beim Betroffenen adäquat-kausal verursacht und denjenigen, der die Verletzungshandlung begangen oder zu vertreten hat, ein Verschulden trifft.

Im Ergebnis werden wir dann bei der Frage des Verschuldens (Vorsatz oder Fahrlässigkeit) wieder zu der Frage gelangen, ob die vom „Schädigenden“ getroffenen technischen und organisatorischen Maßnahmen zur Datensicherheit in rechtlicher Hinsicht angemessen bzw. ausreichend waren oder nicht.

Und wie wir oben gelernt haben, ist dies praktisch gar nicht so einfach zu beantworten. Es ist letztlich vielmehr eine Frage, ob meine Umsetzung von Datensicherheit dem Schutzniveau der Daten und dem Risiko der Datenverarbeitung entsprechend durch angemessene technische und organisatorische Maßnahmen erfolgt ist.

Und daher wenden wir uns jetzt den eigentlichen, technischen und organisatorischen Aspekten der Datensicherheit zu.

37. Umsetzung von Datensicherheit (Theorie)

Ich kann in dieser Abhandlung natürlich nicht vollumfänglich darlegen, wie nun ein vollständiges ISMS in der Praxis eingeführt werden kann. Das würde den Rahmen sprengen.

Ich möchte aber ein paar Anregungen geben, was die Grundlagen einer Umsetzung sein können und auch praktische Hilfen geben, wie z. B. welche Richtlinien konkret in die Tat umgesetzt werden können.

Ich zeige hier nach einer kleinen Einführung einmal übersichtsartig den „normalen" Sicherheitsprozess dar. Bei der Risikoanalyse wirst du dann ggf. merken, dass das doch einen ganz erheblichen Aufwand bedeuten kann, wenn du das in der Praxis umsetzen möchtest.

Daher werde ich dann am Ende des Dokuments einen Aufbau aufzeigen, der in der Praxis mit vertretbarem Aufwand umsetzbar ist.

37.1. Datensicherheit für „Beginner"

Wie oben dargelegt, findet § 64 BDSG zwar **keine** unmittelbare Anwendung in Unternehmen, ist gleichwohl aber so verständlich formuliert, dass wir als Laien gute Anhaltspunkte für eine Umsetzung von Datensicherheit im Unternehmen bekommen. Um es aber noch einmal ganz deutlich zu machen. Allein entscheidende Norm für die Datensicherheit ist stets **Art. 32 DSGVO** und nicht § 64 BDSG.

Folgende technische und organisatorische sind nach § 64 BDSG zur Datensicherheit umzusetzen. Das Gute an der Norm ist, dass zugleich erklärt wird, was die jeweilige Maßnahme bedeutet. Also bitte hier die Aufzählung aus § 64 Abs. 3 BDSG aufmerksam lesen:

1. Verwehrung des Zugangs zu Verarbeitungsanlagen, mit denen die Verarbeitung durchgeführt wird, für Unbefugte (**Zugangskontrolle**),

2. Verhinderung des unbefugten Lesens, Kopierens, Veränderns oder Löschens von Datenträgern (**Datenträgerkontrolle**),

3. Verhinderung der unbefugten Eingabe von personenbezogenen Daten sowie der unbefugten Kenntnisnahme, Veränderung und Lö-

schung von gespeicherten personenbezogenen Daten (**Speicherkontrolle**),

4. Verhinderung der Nutzung automatisierter Verarbeitungssysteme mit Hilfe von Einrichtungen zur Datenübertragung durch Unbefugte (**Benutzerkontrolle**),
5. Gewährleistung, dass die zur Benutzung eines automatisierten Verarbeitungssystems Berechtigten ausschließlich zu den von ihrer Zugangsberechtigung umfassten personenbezogenen Daten Zugang haben (**Zugriffskontrolle**),
6. Gewährleistung, dass überprüft und festgestellt werden kann, an welche Stellen personenbezogene Daten mit Hilfe von Einrichtungen zur Datenübertragung übermittelt oder zur Verfügung gestellt wurden oder werden können (**Übertragungskontrolle**),
7. Gewährleistung, dass nachträglich überprüft und festgestellt werden kann, welche personenbezogenen Daten zu welcher Zeit und von wem in automatisierte Verarbeitungssysteme eingegeben oder verändert worden sind (**Eingabekontrolle**),
8. Gewährleistung, dass bei der Übermittlung personenbezogener Daten sowie beim Transport von Datenträgern die Vertraulichkeit und Integrität der Daten geschützt werden (**Transportkontrolle**),
9. Gewährleistung, dass eingesetzte Systeme im Störungsfall wiederhergestellt werden können (**Wiederherstellbarkeit**),
10. Gewährleistung, dass alle Funktionen des Systems zur Verfügung stehen und auftretende Fehlfunktionen gemeldet werden (**Zuverlässigkeit**),
11. Gewährleistung, dass gespeicherte personenbezogene Daten nicht durch Fehlfunktionen des Systems beschädigt werden können (**Datenintegrität**),
12. Gewährleistung, dass personenbezogene Daten, die im Auftrag verarbeitet werden, nur entsprechend den Weisungen des Auftraggebers verarbeitet werden können (**Auftragskontrolle**),
13. Gewährleistung, dass personenbezogene Daten gegen Zerstörung oder Verlust geschützt sind (**Verfügbarkeitskontrolle**),

14. Gewährleistung, dass zu unterschiedlichen Zwecken erhobene personenbezogene Daten getrennt verarbeitet werden können (**Trennbarkeit**).

Wir brauchen also keine Informatiker oder sonstige „Techniker“ zu sein, um zu erahnen, wie jeweils Maßnahmen zu den genannten 14 Begriffen aussehen. Natürlich muss das dann später alles im Detail bzw. exakter angesehen und umgesetzt werden. Aber für das Verständnis ist das zunächst einmal eine gute Ausgangsposition.

Bitte aber noch einmal verinnerlichen: Die Anforderungen an das, was an Datensicherheit in Unternehmen und öffentlichen Stellen (Ausnahme: Strafverfolgungs- und Gefahrenabwehrbehörden) umzusetzen ist, ergeben sich stets aus **Art. 32 DSGVO**. Den § 64 BDSG haben wir uns nur beispielhaft angesehen, um zu schauen, welche technischen und organisatorischen Maßnahmen es exemplarisch denn so geben kann.

37.2. Wie und wieviel Datensicherheitsmaßnahmen muss ich denn treffen?

Diese Frage ist gar nicht so leicht zu beantworten. Als Anwalt habe ich da allerdings ganz klare pragmatische Vorstellungen.

Im Gegensatz zu anderen juristischen Disziplinen denken wir Anwälte sehr ergebnisorientiert. Die Mandantin gibt ein gewünschtes Ergebnis vor. Und wir Anwälte schauen, auf welchen Wegen wir zum Ziel kommen. Vielleicht reicht uns dabei auch nur ein Weg. Aber wir sind gehalten, der Mandantin den sichersten Weg aufzuzeigen. Den muss die Mandantin dann nicht notwendigerweise beschreiten. Aufzeigen müssen wir ihn gleichwohl.

Bezogen auf eine praktische Umsetzung von Datensicherheit würde mich als Anwalt am meisten interessieren, was passiert, wenn eine Sache „in die Hose geht“. Das muss kein „Worst-Case-Szenario“ sein. Aber egal, ob nun ein Bußgeld im Raum steht, die Aufsichtsbehörde eine Einschränkung einer Verarbeitung anordnet oder ein Betroffener Schadensersatzansprüche geltend macht, – egal, was es ist – aus anwaltlicher Sicht überlegen wir stets, wie es in „letzter Instanz“ ausgehen würde. Gedanklich sind wir da also immer gleich bei „Gericht“.

Und was würde nun ein Gericht tun, wenn es in einem Verfahren, in dem es um die Frage der Umsetzung von Datensicherheit nach der DSGVO geht, ein Urteil zu fällen hätte? Nun, das Gericht würde schwerlich auf Basis „eigener besonderer Sachkunde“ entscheiden. Nur dann wäre nämlich die Einholung eines Sachverständigengutachtens entbehrlich.

Da Datensicherheit nun nicht gerade trivial ist, wird ein Gericht also grundsätzlich zunächst einen IT-Sachverständigen beauftragen. Und zwar mit dem Auftrag, ob die von der Beklagten getroffenen technischen und organisatorischen Maßnahmen zu Datensicherheit, dem Stand der Technik entsprechen und ein angemessenes Schutzniveau gewährleistet haben.

Und wie würde nun ein Sachverständiger vorgehen? Nun, das lässt sich nicht ganz vorhersehen. In aller Regel wird ein Sachverständiger aber zunächst schauen, ob die von dem Unternehmen getroffenen Datensicherheitsmaßnahmen dokumentiert sind. Gibt es Richtlinien etc.?

Wenn er Dokumente sichten konnte, wird er zunächst untersuchen, ob das Geschriebene dem „Soll-Zustand“ entspricht. Und im Anschluss wäre zu prüfen, ob die dokumentierten Maßnahmen denn auch in die Praxis umgesetzt wurden. Und auch bzgl. der praktischen Umsetzung würde eine Analyse des Ist-Zustandes im Vergleich zum Soll-Zustand erfolgen.

> *Du bekommst keine zweite Chance, um einen ersten Eindruck zu hinterlassen.*

Diesen Satz, der eigentlich aus einer Shampoo-Werbung stammt, gilt übrigens bei allen Datenschutzdokumenten und damit auch Datensicherheitsdokumenten.

Ein **erstes Ziel** bei der Umsetzung von Datensicherheit darf sein, dass die Dokumentation der Datensicherheit im Unternehmen einen guten Eindruck beim Sachverständigen hinterlässt.

Und einen guten Eindruck können wir hervorrufen, wenn die Dokumentation **eine Struktur** hat, die der Sachverständige kennt.

Alle gängigen Standards im Bereich der IT-Sicherheit bzw. Informationssicherheit haben eine ähnliche **Struktur**. Ob nun ISO 27001/2, VdS

10000, ISIS12, SiKoSH oder sonstige Standards – alle haben einen ähnlichen Aufbau.

Und an diesem Aufbau sollte man sich zwingend orientieren. Warum? Weil der erste Eindruck zählt. Und der Sachverständige sollte etwas vorfinden, das er kennt.

Übrigens gilt das auch für die Vorlage von Dokumenten bei Aufsichtsbehörden. Auch hier macht es einen guten Eindruck, wenn die Dokumente schon vom Aufbau her „State of the Art" sind.

Wie das nun konkret mit dem Aufbau geht, das schauen wir uns später an.

37.3. Was wollen wir schützen?

Exakt diese Frage („Was wollen wir schützen?") sollten wir uns zu Beginn der Planung und Umsetzung Datensicherheit im Unternehmen fragen.

Nun haben wir die Besonderheit, dass die Schutzgüter von „Datensicherheit" i. S. d. DSGVO nur teilidentisch mit den Schutzgütern der Informationssicherheit sind.

Die Schnittmenge ist allerdings groß genug, um aus beiden Torten einen hübschen Kuchen zu machen.

Am Anfang der Beantwortung der Frage, was wir denn eigentlich durch technische und organisatorische Maßnahmen zur Datensicherheit schützen wollen, steht eine **Analyse**.

37.4. Hilfreiche Dokumente

Natürlich gibt es Bücher zur Informationssicherheit. Gute und schlechte. Ich habe einige im Regal. So richtig gut fand ich (als Jurist) nichts.

Außerdem gibt es natürlich die ISO-Standards 27001 & 27002. Sollte man sich die kaufen? Nicht unbedingt – wäre meine Antwort. Denn du bekommst ein vergleichbares und zugleich leichter lesbares und kostenloses Standard-Set von einer deutschen Bundesbehörde, dem BSI.

Diese Dokumente solltest du dir besorgen:

1. BSI-Standard 200-1 – „Managementsysteme für Informationssicherheit“ (PDF)

2. BSI-Standard 200-2 – „IT-Grundschutz-Methodik“ (PDF)

3. BSI-Standard 200-3 – „Risikomanagement“ (PDF)

4. BSI, Grundschutz-Kompendium 2020 (PDF)

Die musst du jetzt aber nicht alle lesen. Sie sind vielmehr eine „Referenz“, dienen dir also dazu, später Dinge nachzulesen.

Das einzige Dokument, dass ich Einsteigern zur Lektüre empfehle, ist dieses hier:

- BSI, „Leitfaden zur Basis-Absicherung nach IT-Grundschutz – In drei Schritten zur Informationssicherheit“ (PDF)

Und **noch besser vielleicht parallel** zum Einstieg überfliegst du mal einen anderen Sicherheitsstandard der Informationssicherheit, der auch sehr einfach verständlich ist:

- VdS 10000 – Informationssicherheitsmanagementsystem für kleine und mittlere Unternehmen (KMU) (PDF)

Wenn du alle diese Dokumente durchgearbeitet hast, bist du gut gerüstet. Nur weiß ich nur sehr gut, dass es die wenigsten machen. Und es ist genau genommen auch nicht erforderlich.

Ich benutze alle vorgenannten Dokumente immer nur als Referenz. Was du jetzt aber brauchst, ist eine Struktur. Eine Übersicht und einen Plan. Das machen wir hier kurz & knackig. Und dann kannst du die Details immer in einem der vorgenannten Dokumente nachlesen. Also noch einmal: Lade alle oben genannten Dokumente hinunter und speichere sie an einem Ort ab, von dem du weißt, dass du die Dokumente dort wiederfindest.

37.5. Schritt 1 – Die Analyse

Im ersten Schritt darfst du eine Form der **Business Impact Analyse (BIA)** machen. Eine BIA ist eine Analyse zur Ermittlung von potentiellen direkten und indirekten Folgeschäden für eine Institution, die durch das Auftreten eines Notfalls oder einer Krise und Ausfall eines oder mehrerer Geschäftsprozesse verursacht werden.

Mit der BIA werden kritische Ressourcen identifiziert und z. B. auch ermittelt, welche Anforderungen an das Wiederanlaufen von ungeplanten Geschäftsunterbrechungen bestehen.

In KMU wird Datensicherheit gerne mal auf die leichte Schulter genommen. Das würde ja zu viel kosten und sei auch gar nicht nötig. Wenn wir den Inhaber eines kleinen Unternehmens fragen, wie lange er ohne Internet oder Telefon auskommen könnte, merkt der Inhaber häufig schon, dass eine (finanzielle) Bedrohung für das Unternehmen entstehen kann, wenn ein Ausfall länger als vier Stunden andauert. Und dann stehen die Kosten für die Planung von redundanten Systemen auf einmal doch in einem ganz anderen Verhältnis dar.

Viele Unternehmen haben es in letzter Zeit sehr schmerzhaft zu spüren bekommen, wenn bei der Datensicherheit am falschen Ende gespart worden ist. In vielen Organisationen sind durch jeweils durch einen Ransomware-Befall erhebliche Datenverluste eingetreten.

Bei der **Analyse** i. S. d. **BIA** schaust du dir im Unternehmen bzw. in der öffentlichen Stelle folgende Dinge an und identifizierst Anforderungen:

- Kritische Geschäftsprozesse
- Kritische Daten
- Kritische IT-Systeme
- Kritische Anwendungen

Du findest eine genauere Vorgehensweise im Dokument BSI-Standard 100-4 ab Seite 28 ff.

Bei der Analyse zu **kritischen Geschäftsprozessen** ist eine gute Empfehlung, sich auf die Top-5-Geschäftsprozesse zu beschränken. Wie lange kannst du z. B. ohne Finanzbuchhaltung auskommen? Gibt es andere wichtige Prozesse (Einkauf, Produktion etc.)?

In ähnlicher Weise ermittelst du dann auch Anforderungen im Hinblick auf für den Fortbestand des Unternehmens wichtige und damit „kritische“ Daten, IT-Systeme und Anwendungen.

Es geht also letztlich um eine Analyse und Bewertung der Relevanz von IT-Infrastruktur sowie den damit verbundenen Daten.

37.6. Schritt 2 – Die Schutzbedarfsfeststellung

Wenn du die kritischen Elemente nach Schritt 1 identifiziert und dir Anforderungen z. B. an die Verfügbarkeit und/oder das Wiederanlaufen überlegt und dokumentiert hast, kommt im nächsten Schritt die Schutzbedarfsfeststellung dazu.

Die Frage dazu lautet: Wie hoch soll das Schutzniveau sein?

Das BSI hat es im BSI-Standard 200-2 sehr schön beschrieben:

> *Zweck der Schutzbedarfsfeststellung ist es, zu ermitteln, welcher Schutz für die Geschäftsprozesse, die dabei verarbeiteten Informationen und die eingesetzte Informationstechnik ausreichend und angemessen ist. Hierzu werden für jede Anwendung und die verarbeiteten Informationen die zu erwartenden Schäden betrachtet, die bei einer Beeinträchtigung von Vertraulichkeit, Integrität oder Verfügbarkeit entstehen können. Wichtig ist es dabei auch, die möglichen Folgeschäden realistisch einzuschätzen. Bewährt hat sich eine Einteilung in die drei* ***Schutzbedarfskategorien „normal“***, ***„hoch“*** *und* ***„sehr hoch“***.

Das BSI nimmt in dieser Definition Bezug auf **Schutzziele** und nennt insoweit die Vertraulichkeit, Integrität und Verfügbarkeit als klassische Schutzziele.

Neben diesen drei **klassischen Schutzzielen** gibt es aber auch noch weitere Schutzziele, die für die Gewährleistung von Informationssicherheit heute regelmäßig herangezogen werden. Insgesamt sind folgende Schutzziele gebräuchlich:

- Vertraulichkeit
- Verfügbarkeit

– Integrität

– Authentizität

– Nichtabstreitbarkeit

Der „Witz“ an der Umsetzung von Informationssicherheit ist, dass du dir eine Vielzahl der Regeln oder Bedingungen selbst machen bzw. dir auferlegen kannst.

So kannst du z.B. den Schutzbedarf für jeden kritischen Geschäftsprozess oder eine kritische Anwendung nur anhand der klassischen Schutzziele (die sind ein Muss) Vertraulichkeit, Verfügbarkeit und Integrität bewerten. Du kannst aber eben auch weitere Schutzziele wie z.B. die „Belastbarkeit der Systeme und Dienste auf Dauer“ aus der DSGVO mit hinzunehmen.

Letztlich müssen diese Punkte nur dokumentiert und damit nachvollziehbar sein.

Machen wir es einmal an einem einfachen Beispiel fest: Der kritische Prozess Finanzbuchhaltung (FiBu)

Im Gespräch mit der Unternehmens- oder Behördenleitung wurde FiBu als kritischer Prozess identifiziert.

Bei der Schutzbedarfsfeststellung schauen wir uns in der einfachsten Variante einmal den Schutzbedarf der FiBu für jedes einzelne Schutzziel an:

Schutzbedarf (Skala: normal/hoch/sehr hoch): FiBu

Vertraulichkeit: hoch

Verfügbarkeit: hoch

Integrität: sehr hoch

Nach dem **Maximumprinzip** beeinflusst das Schutzziel mit der höchsten Bewertung den Schutzbedarf insgesamt. Danach ist der Schutzbedarf für FiBu in unserem Beispiel insgesamt als **sehr hoch** anzusetzen.

37.7. Schritt 3 – Die Risikoanalyse

Im nächsten Schritt würde dann eine Risikoanalyse erfolgen. Eine Risikoanalyse beinhaltet eine Untersuchung auf Risiken für Schäden.

> *Ein Schaden kann entstehen, wenn das Risiko hoch ist, dass ein Angreifer mittels Angriffsvektor eine Schwachstelle schafft (oder ausnutzt) und so ein Schutzziel verletzt.*

Dabei erfolgt die Betrachtung einer Gefährdung anhand z. B. dieser Gefährdungskategorien:

- Höhere Gewalt (z. B. Hochwasser, Blitzeinschlag, Stromausfall)
- Technische Fehler (z. B. defekter Datenträger, Serverausfall)
- Fahrlässigkeit (z. B. Nichtbeachtung von Richtlinien oder Maßnahmen, zu kurze Passwörter)
- Organisatorische Mängel (z. B. fehlende oder unzureichende Regelungen, nicht erkannte Sicherheitsvorfälle)
- Vorsätzliche Handlungen (z. B. Verschicken von Schadprogrammen, Diebstahl)

Im nächsten Schritt der Risikoanalyse werden dann die für die Gefährdung einschlägigen Risikokategorien identifiziert:

- Strukturelle Risiken
- Individuelle Risiken (z. B. des Betroffenen – Datenschutz-Folgenabschätzung (DSFA))
- Risiken für Gesellschaft und Individuum

Die Ermittlung des konkreten Risikos ist dann von den beiden Faktoren **Schadenshöhe** und **Eintrittswahrscheinlichkeit** abhängig.

Die **Eintrittswahrscheinlichkeit** ergibt sich aus:

- dem Missbrauchsinteresse (Interesse Unbefugter, Daten zu missbrauchen, zu löschen, zu manipulieren etc.)
- dem Aufwand, der notwendig ist, um einen Schaden herbeizuführen
- dem Risiko, bei dem Missbrauch entdeckt zu werden

– und der Verarbeitungshäufigkeit

Die Eintrittswahrscheinlichkeit sollte dann in einer Skala bewertet werden – z. B. auf Basis der nachfolgenden Bewertungsmatrix:

Eintrittswahrscheinlichkeit

	gering	mittel	hoch	sehr hoch
Missbrauchinteresse	1	2	3	4
Aufwand	4	3	2	1
Entdeckungsrisiko	4	3	2	1
Verarbeitungshäufigkeit	1	2	3	4

So könnte ich mir dann z. B. den jeweiligen Wert errechnen und beispielhaft diese Einordnungskriterien wählen.

Die ***Eintrittswahrscheinlichkeit*** *wird als*

gering betrachtet werden, wenn sie zwischen 4 und 8 liegen;

mittel betrachtet werden, wenn sie zwischen 9 und 12 liegen;

hoch betrachtet werden, wenn sie zwischen 13 und 16 liegen.

In ähnlicher Weise würde man dann die Schadenshöhe bewerten können:

Schadenshöhe

	gering	mittel	hoch	sehr hoch
Gesundheitlicher Schaden	1	2	3	4
Finanzieller Schaden	1	2	3	4
Sozialer Schaden	1	2	3	4
Informationelle	1	2	3	4

Die Punkte sind auch hier nicht fest vorgegeben. Du kannst dir also selbst eine Bewertung ausdenken und definieren.

Leider macht das die Risikoanalyse insgesamt auch etwas „abstrakt" und komplex.

Wenn ich nun meine Risiken ermittelt habe, muss ich im nächsten Schritt die einzelnen Risiken „behandeln“. Hier gibt es verschiedene Möglichkeiten:

1. Risiko akzeptieren
2. Risiko reduzieren
3. Risiko vermeiden
4. Risiko auf Dritte verlagern

Wenn ich die Risiken reduzieren oder vermeiden möchte, mache ich dies, indem ich **Maßnahmen** treffe und z. B. **Richtlinien** definiere.

37.8. Schritt 4 – Maßnahmen treffen

Hier wird es glücklicherweise wieder etwas „handfester“. Denn das Treffen von Maßnahmen zur IT-Sicherheit ist de facto nicht mehr ganz so schwierig, weil ich mich bei der Auswahl der Maßnahmen an gängigen Standards wie z. B.: ISO 27001/27002, VdS 10000 oder IT-Grundschutz orientieren kann.

Was ist also zu tun?

1. Es muss ein „Commitment“ des Top-Managements zur Gewährleistung von Informations-, IT-Sicherheit oder „Datensicherheit“ geben. Dieses wird in einer **Leitlinie zur Informationssicherheit** verbindlich geregelt.
2. Es wird eine **Sicherheitsorganisation** gebildet. Wenn es keinen Informationssicherheitsbeauftragten oder IT-Sicherheitsbeauftragten gibt (ist nicht zwingend), kann dieses „Team“ z. B. aus Datenschutzbeauftragten, einer Person aus der IT-Abteilung und evtl. auch jemanden aus dem Personalbereich bestehen. Hier sind viele Varianten denkbar.
3. Es werden **Maßnahmen** zur Risikovermeidung und -minimierung geplant und umgesetzt. Häufig wird dies durch **Richtlinien** erfolgen, die **verbindlich** gemacht werden müssen. Hier hat sich ein Richtlinien-Set etabliert, das ich weiter unten vorstelle.

4. Es gibt eine regelmäßige **Evaluierung** der getroffenen Maßnahmen im Hinblick auf ihre Wirksamkeit.
5. Auf Basis der Evaluierung werden Maßnahmen angepasst.

38. Überlegung für eine praktikable Umsetzung von Datensicherheit in KMU

Ich kann mir gut vorstellen, dass dir nach diesen Ausführungen zur Umsetzung von Datensicherheit in der Theorie einige Fragezeichen entstanden sind. Das ist doch alles recht abstrakt.

Ich werde daher am Ende des Buches im Kapitel „Datenschutzmanagement" einen Weg zur praktischen Planung und Umsetzung von Datenschutz und Datensicherheit in Form eines Datenschutzmanagementsystems aufzeigen. Und zwar in einer Weise, die auch in KMU umsetzbar ist.

Viele Mandanten von mir arbeiten genau mit diesem „Framework".

39. Wie organisiere ich als DSB meine Arbeit?

Bist du gut organisiert? Was ich damit meine: Kannst du mir in wenigen Minuten heraussuchen, was du als DSB deinem Arbeitgeber oder Kunden zu einer bestimmten Fragestellung empfohlen hast?

Nein? Dann ist das zunächst nicht schlimm. Denn du bist nicht verpflichtet, das zu können. Ich möchte dich gleichwohl dazu motivieren, darüber nachzudenken, wie du diesen Zustand erreichen könntest. Der beruhig nämlich ungemein.

Wenn deine Beratung primär per E-Mail erfolgt, dann hast du sozusagen automatisch eine Art von Dokumentation, die du auch nach bestimmten Kriterien durchsuchen kannst. Aber was machst du mit Telefonaten, Besprechungen oder Videokonferenzen?

Ich würde dir empfehlen, dir hier eine Art von „Vermerk"-Verhalten anzutrainieren. Notiere dir zu wichtigen Besprechungen, Meetings etc. jeweils einen Vermerk und lege ihn mit Datum z. B. zu einem bestimmten Vorgang ab.

Wie du das machst, ist deine Sache. Nimm einfach das, womit du auch sonst gerne arbeitest. Du kannst Vermerke in „Word" oder einer anderen Textverarbeitung schreiben. Oder nimm eine Art digitalen Zettelkasten. Hauptsache ist, dass du das Tool magst und nicht sofort schlechte Laune bekommst, wenn du es benutzen musst.

Außerdem solltest du eine gute Aufgabenverwaltung und ein Aufgabenmanagement haben, damit du jederzeit **was** du **für wen** (und ggf. **wo**) bis zu spätestens welchen **Zeitpunkt** zu erledigen hast.

Du darfst hier deinen eigenen Weg finden, wie du es machst. Du solltest aber Tools haben, die dich in diesen Bereichen unterstützen:

– Terminverwaltung

– Aufgabenverwaltung

– Vermerke/Dokumentation/Referenzmaterialien

Während ein Terminkalender (wie z. B. „Outlook") selten ein Problem sein wird und du meist auch wissen wirst, wie du dir Notizen über einen Termin oder Sachverhalt („Vermerke") speicherst, ist die Verwaltung von

Aufgaben und die Ablage von Unterlagen und Dokumentation häufig eher eine Herausforderung. Vielleicht hilft dir als Inspiration, wie andere es machen. Also frag doch einmal viel beschäftigte Kolleginnen oder Kollegen, wie die sich effektiv organisieren. Voraussetzung ist allerdings, dass nur die Personen fragst, bei denen du den Eindruck hast, dass sie nicht nur „viel beschäftigt" sind, sondern vor allem „einen Plan" haben. Die einen Überblick haben und trotz viel Zeitdruck und Stress eine gewisse Ruhe ausstrahlen. Diese Fähigkeit der „Resilienz" hat natürlich viel mit dem Charakter, aber eben auch mit den Tools zu tun, die wir verwenden.

Ich für meinen Teil habe ich mich so organisiert:

Ich habe einen digitalen Terminkalender und noch einen Papierkalender, in dem zusätzlich Fristsachen notiert werden. Letzteres ist einzig und allein meiner Anwaltstätigkeit geschuldet.

Ich benutze ausschließlich Apple Hardware, was aber nicht bedeutet, dass du das auch machen solltest oder es einfach besser wäre. Es ist nur eine persönliche Vorliebe und über die Jahre hat sich hier ein Miteinander von Applikationen bewährt, die es nur für den Mac gibt.

Meine Aufgaben – also meine „To Dos" – verwalte ich seit Jahren in „OmniFocus". Ich habe mir vor knapp 15 Jahren in einer Zeit, in der ich vor lauter Aufgaben nicht mehr wusste, wo mir der Kopf steht, ein Buch zur Hand genommen: David Allen „Getting Things Done"

In Kurzform wird die Getting Things Done einfach **GTD** genannt. Und es ist eine herausragende Art, sich zu organisieren. Alle, die ich kenne, die GTD seit Jahren anwenden, haben GTD in einer Art und Weise abgewandelt, die zu ihnen passt. So ist es auch bei mir.

Der entscheidende Punkt, der vor allem zu „Ruhe" führt. Du schreibst **alles**, was du zu tun hast, sofort (in jedem Fall aber zeitnah) auf. Diese Information landet dann in einem „Trusted System". Das kann Papier sein, das kann aber wie bei mir eine Applikation sein. Dieses Programm sollte aber robust sein und keine Daten verlieren.

Mir hat das nach längerer Zeit mit schlechtem Schlaf wieder dazu verholfen, ruhig schlafen zu können. Ich musste nicht mehr abends grübeln, ob ich noch dieses oder jenes machen muss. Das Verhalten, sich Aufgaben sofort zu notieren und in einem „Trusted System" abzulegen, beruhigt ungemein.

Bei mir werden alle „To Dos“ in der Software „OmniFocus“ verwaltet. Das ist mein „Trusted System“. Das bedeutet nicht, dass man automatisch jetzt auch der Überflieger im Aufgaben erledigen wäre. Darum geht es gar nicht. Es geht um „Ruhe“ und die Gewissheit, dass ich die Dinge, die ich zu erledigen habe, an *einem* Platz finde und entscheiden kann, was ich wann tun kann oder möchte.

Wenn ich an einer Telefonkonferenz teilnehme, starte ich automatisch eine Mindmap-Vorlage. In dieser **Mindmap** trage ich nach Möglichkeit schon vorab das Thema der Telefonkonferenz und die Teilnehmer ein. Dann mache ich während der Konferenz Notizen über die Dinge, die mir wichtig erscheinen, in dieser Mindmap.

Diese Mindmaps werden dann abgelegt in einer Art von Wissensdatenbank. Dazu nutze ich „DEVONthink“. Jedes „Thema“ bekommt dort einen eigenen Ordner bzw. eine Gruppe. Zudem ordne ich nach Jahren und Monaten und dann fortlaufenden Nummern, also z.B.: „2020-03-001“ für das erste Projekt im März 2020.

Wenn es z.B. darum geht, dass ein Unternehmen eine neue Videoüberwachung einführen möchte, dann lege ich einen Ordner für diese Videoüberwachung mit einem eindeutigen Namen an: „2020-03-007 Videoüberwachung Maschinenraum“.

In diesen Ordner kommen dann alle Mindmaps von Besprechungen zu dem Thema, Dokumente zur Beschreibung der Videoüberwachung, ggf. die DSFA und ich persönlich speichere auch noch alle E-Mails zu dem Thema in diesem Ordner.

Mit DEVONthink lassen sich diese Dokumente exzellent suchen und finden.

Dieses Zusammenspiel von Aufgaben- und Dokumentenverwaltung hat sich bei mir seit Jahren bewährt. Und du darfst für dich einen eigenen „Workflow“ finden, falls du noch keinen hast.

Und denke gerne daran: „Wer schreibt, der bleibt.“

Du solltest also auch zum Nachweis deiner eigenen Tätigkeiten Dokumente erstellen und vorhalten, um dich ggf. auch einmal aus der „Schusslinie“ zu befreien, wenn es heißt, dass du als DSB nicht tätig geworden wärst oder damals angeblich nicht vor dieser oder jener Handlung oder Verarbeitung gewarnt hättest.

40. Wie fange ich an? – Erste Schritte als DSB

Da ist sie nun. Die erste Benennung zur DSB. Und jetzt heißt es anzufangen. Nur … womit fange ich denn als neue DSB an? Gibt es da einen vorgegebenen Plan oder gar eine gesetzliche Vorgabe für ein geplantes Vorgehen?

Nein, eine feste Vorgabe gibt es nicht. Und eigentlich ist das auch ganz gut so. Denn das ermöglicht dir, deinen eigenen Weg zu gehen und zu finden. Da haben wir wieder die „GM-Methode", denn letztlich ist auch hier der gesunde Menschenverstand ein guter Ratgeber.

Jede DSB wird mit der Zeit ihren eigenen Ablauf bei einem neuen „Job" oder einem neuen Kunden haben.

Den Rahmen bilden die Aufgaben der DSB, die in Art. 39 DSGVO festgelegt sind. Das beinhaltet die Unterrichtung und Beratung zu datenschutzrechtlichen Vorschriften, die in dem jeweiligen Unternehmen oder der öffentlichen Stelle auftreten können. Und es beinhaltet die Überwachung der Einhaltung der DSGVO durch z. B. Kontrollmaßnahmen, die du durchführst.

In welchem Umfang du Maßnahmen durchführst, obliegt dir allein. Du bist allerdings verpflichtet, deine Maßnahmen im Hinblick auf das Risiko, das mit einer Datenverarbeitung einhergeht, anzupassen. Du kannst also nicht nur nichts tun, sondern du musst bei einem Risiko, das höher als „normal" ist, eben ein bisschen mehr tun. Das könnten z. B. engmaschige Kontrollen sein.

Zu Beginn – Organisation und Abläufe kennenlernen

Ich kann jeder DSB empfehlen, sich zu Beginn der Tätigkeit ein Organigramm der Organisation geben zu lassen. Damit kannst du dir einen guten Überblick über die Aufgliederung des Unternehmens und zugleich auch potentielle Ansprechpartner verschaffen.

Du solltest zunächst einen groben Überblick haben. Was ist eigentlich Aufgabe oder Leistung der Organisation? Welche Waren oder Dienstleistungen werden angeboten?

Bevor du jetzt in die Details der Verarbeitungen gehst, würde ich empfehlen, dass du dir zunächst einen Überblick über die technischen und organisatorischen Maßnahmen („TOMs“) der Organisation verschaffst. Hierzu kannst du gut von „außen“ nach „innen“ vorgehen.

Wenn du also z. B. das Unternehmen besuchst, dann sei aufmerksam. Hast du als Besucher Zutritt zum Gelände oder gibt es eine Umzäunung? Ist eine Videoüberwachung installiert? Gibt es eine Einlasskontrolle am Gebäude oder eine Art von Besucherempfang? Werden Besucher in eine Liste aufgenommen? Ist sichergestellt, dass ich mich nicht alleine im Gebäude bewegen kann?

Du solltest dich dann idealerweise mit Personen aus dem Bereich „IT“ unterhalten. Die können dir sagen, welche Maßnahmen der Zugangskontrolle getroffen wurden. Ist also sichergestellt, dass Benutzer sich an PCs oder anderen Geräten „anmelden“ müssen (Benutzername und Passwort). Gibt es eine Passwort-Richtlinie? Welche Maßnahmen wurden getroffen, um sog. „Brute Force“-Attacken durch ein Ausprobieren von Passwörtern zu unterbinden?

Dann kommt auf der nächsten Ebene das Berechtigungskonzept. Ist gewährleistet, dass die Benutzer immer nur die Zugriffsrechte erhalten, die sie benötigen, um ihre jeweilige Aufgabe zu erfüllen?

Dann solltest du auf jeden Fall auch noch fragen, wie die Datensicherung und -wiederherstellung umgesetzt ist.

Letztlich solltest du nach all diesen Befragungen einen groben Überblick über die technischen und organisatorischen Maßnahmen zur Datensicherheit nach Art. 32 DSGVO haben und ggf. auch Ideen für Empfehlungen haben, mit denen die Maßnahmen verbessert werden könnten.

Im nächsten Schritt solltest du anhand des Organigramms ermitteln, welche Daten jeweils in einer Abteilung standardmäßig verarbeitet werden. Und vor allem auch womit? Dann kannst du dir konkret in den jeweiligen Abteilungen zeigen lassen, wie und womit die Menschen dort arbeiten. Wie sehen die Datenmasken aus? Welche Software wird verwendet? Das sind Fragen, zu denen du Antworten finden darfst.

Für so eine Bestandsaufnahme darfst bzw. solltest du dir ausreichend Zeit nehmen. Mache dir Notizen über das, was du vorgefunden hast. Sie werden dir später helfen, wenn Beratungsanfragen aus der jeweiligen Organisation kommen.

Du solltest dann dringend den ersten Schritt zu einem „Datenschutzmanagement“ empfehlen. Auch wenn es nur ein „kleines“ Datenschutzmanagementsystem (DSMS) sein sollte. Dazu erfährst du ein wenig mehr im Kapitel zum „Wir bauen uns ein Datenschutzmanagementsystem (DSMS)“.

Denn nur so wirst du nachhaltig mit dem Verantwortlichen die Anforderungen der DSGVO umsetzen und vor allem auch nachweisen können.

Ein letzter **wichtiger Punkt**. Du solltest dir schon zu Beginn der Aufnahme deiner Tätigkeit als DSB notieren, wie du **Kontrollen** durchführen möchtest. Ob du Vor-Ort-Kontrollen für erforderlich oder die Kontrolle durch Einholung von Auskünften in Textform (z. B. Nachfragen per E-Mail) für ausreichend hältst, solltest du entscheiden und in einer Art von **Prüfplan** für dich festhalten. Es ist als DSB deine Aufgabe, die Überwachung der Einhaltung der DSGVO durchzuführen. Daher solltest du auch nachweisen können, wie du das machen möchtest. Auch das ist übrigens ein Prozess, den du jederzeit anpassen kannst und solltest.

Wichtig ist nur, dass du dir darüber nicht nur Gedanken gemacht, sondern diese auch dokumentiert hast. Und vor allem solltest du dann auch nach diesem Plan handeln, damit Du zum Ende eines Jahres sagen kannst, wie und welche Kontrollmaßnahmen du durchgeführt hast.

41. Wir bauen uns ein Datenschutzmanagementsystem (DSMS)

Nach Art. 24 Abs. 1 DSGVO müssen Verantwortliche technische und organisatorische Maßnahmen treffen, um die DSGVO einzuhalten. Ferner müssen sie nach derselben Norm und auch nach der Rechenschaftspflicht aus Art. 5 Abs. 2 DSGVO auch die Einhaltung der DSGVO **nachweisen** können. Aber wie mache ich das praktisch?

Die Lösung kann ein DSMS sein. Das ist also ein System von geregelten Richtlinien und Prozessen, die regelmäßig intern evaluiert und angepasst werden. Wie so etwas praktisch aussehen und umgesetzt werden kann, ist nicht fest vorgegeben. Ich würde aber immer empfehlen, eine Umsetzung zu wählen, die im Zweifel vor Gericht von einem Sachverständigen wiedererkannt werden könnte.

Und daher macht es Sinn, sich an gängigen Standards der Informationssicherheit und/oder Datenschutz zu orientieren bzw. sich an diese anzulehnen. Eine Umsetzungsmöglichkeit möchte ich dir in den nachfolgenden Abschnitten aufzeigen.

Wie du sehen wirst, besteht ein DSMS aus verschiedenen Richtlinien, die im Unternehmen oder der öffentlichen Stelle verbindlich gemacht werden. Die Richtlinien selbst sind Vorschläge, die konkret für die jeweilige Organisation angepasst werden müssen.

Die Zusammenstellung und Struktur der Richtlinien haben einen konkreten Zweck. Sie sollen im Streitfalle einer Aufsichtsbehörde oder einem vom Gericht bestellten Sachverständigen „bekannt“ vorkommen. Sie sind daher an gängige Standards wie ISO 27001, VdS 10000 und VdS 10010 und BSI-Standard angelehnt.

In kleineren Unternehmen oder öffentlichen Stellen kann es aus Gründen der Übersichtlichkeit und Akzeptanz Sinn machen, die Richtlinien in einem einzigen Dokument zusammenzufassen und dieses ggf. als **„Datenschutzhandbuch“** zu verabschieden. Auch hier würde ich gleichwohl empfehlen, dass durch die Wahl der Überschriften schon im Inhaltsverzeichnis deutlich wird, welche Richtlinien-Themen in dem Handbuch enthalten sind. Du erinnerst dich vielleicht: „Du hast keine zweite Chance für einen ersten Eindruck.“

41.1. Top-Management ins Boot holen

Wenn dem Top-Management die Relevanz des Thema Datenschutz und Datensicherheit nicht geläufig ist, muss das Bewusstsein dafür geschaffen werden.

Im Ergebnis **muss** das Top-Management eine **Leitlinie zu Datenschutz und Datensicherheit** (oder Informationssicherheit) beschließen. Aus der Leitlinie muss sich ergeben, dass die Schutzziele von Datenschutz und Datensicherheit umgesetzt werden sollen. Und zwar, indem Verantwortliche für die Bildung eines „Teams“ benannt werden und Befugnisse erhalten, um Maßnahmen zu planen, vorzuschlagen und ggf. umzusetzen.

Hier ist ein **Muster** für eine **Leitlinie**:

41.2. Leitlinie zu Datenschutz und Informationssicherheit

Leitlinie zu Datenschutz und Informationssicherheit

1. Einleitung

Die Mustermann GmbH verabschiedet hiermit diese Leitlinie zu Datenschutz und Informationssicherheit in unserem Unternehmen.

Als Unternehmen verarbeiten wir eine Vielzahl von (auch personenbezogenen) Daten, um unsere Aufgaben und Pflichten gegenüber unseren Kunden, Vertragspartnern, Dienstleistern, öffentlichen Stellen und sonstigen Dritten zu erfüllen.

Dabei verarbeiten wir Daten mit unterschiedlichem Schutzbedarf. Die Sicherheit der Informationsverarbeitung und der Schutz von personenbezogenen Daten spielt eine wesentliche Rolle in unserem Unternehmen. Diese Leitlinie soll die Strategie, die Organisation und die Ziele von Datenschutz und Informationssicherheit in unserem Unternehmen in übersichtlicher Form darstellen.

2. Geltungsbereich

Diese Leitlinie gilt für die Mustermann GmbH. Sie erstreckt sich auf alle Standorte der Mustermann GmbH.

Diese Leitlinie ist für alle Beschäftigten der Mustermann GmbH verbindlich.

Die Leitlinie wird den Beschäftigten in der jeweils geltenden Fassung über das „Intranet" der Mustermann GmbH zugänglich gemacht.

3. Ziele

Ziel dieser Leitlinie ist es, Datenschutz und Informationssicherheit im Unternehmen zu gewährleisten. Für diesen Zweck wird das Unternehmen bei der Planung, Einführung und während des Ablaufs von Prozessen nachfolgende Ziele berücksichtigen:

1. Rechtmäßigkeit
2. Transparenz
3. Zweckbindung
4. Datenminimierung
5. Richtigkeit
6. Speicherbegrenzung
7. Verfügbarkeit, Integrität und Vertraulichkeit, Belastbarkeit
8. Intervenierbarkeit und Verarbeitung nach Treu und Glauben („Fairness")
9. Rechenschaftspflicht („Accountability-Prinzip")

Die Berücksichtigung dieser Ziele wird durch gesonderte Richtlinien konkretisiert.

Bei der konkreten Umsetzung der Ziele müssen die getroffenen Schutzmaßnahmen in einem wirtschaftlich vertretbaren Verhältnis zum Schutzbedarf der verarbeiteten Daten und Informationen stehen.

4. Organisation von Datenschutz und Informationssicherheit

Datenschutz- und Informationssicherheitsteam

Verantwortlich für die Sicherheitsorganisation ist die Unternehmensleitung.

Zur Erreichung der Ziele dieser Leitlinie wird ein wird Datenschutz- und Informationssicherheitsteam („DST") gebildet.

Dieses besteht aus der Datenschutzbeauftragten, einer Person aus der IT-Abteilung sowie ggf. weiterer Personen, die von der Mustermann GmbH benannt werden können. Weitere Mitglieder wird die Unternehmensleitung im Einvernehmen mit den jeweiligen Personen bestimmen.

Das DST wird die Planung, Umsetzung und Evaluierung von Datenschutz und Informationssicherheit im Unternehmen begleiten und unterstützen.

Das DST wird die für die Umsetzung der Ziele dieser Leitlinie erforderlichen Richtlinien planen, mit der Unternehmensleitung abstimmen und regelmäßig auf ihre Wirksamkeit überprüfen und erforderlichenfalls Anpassungen vornehmen.

Für den Fall, dass das DST in Fragen der Planung, Umsetzung, Evaluierung oder Anpassung von Richtlinien oder bei der Beurteilung von Sach- oder Rechtsfragen uneinig ist, wird das DST dies der Unternehmensleitung vortragen. Die Unternehmensleitung wird dann entscheiden und die erforderlichenfalls Maßnahmen veranlassen.

Die Richtlinien zur Umsetzung von Datenschutz und Informationssicherheit werden von der Unternehmensleitung verbindlich gemacht, so dass sie von den jeweiligen Adressaten der Richtlinie einzuhalten sind und Verstöße ggf. sanktioniert werden können.

Das DST berichtet direkt an die Unternehmensleitung.

Das DST berät über Sachfragen und wird der Unternehmensleitung über das Ergebnis der Erörterung berichten. Sollte das DST keine einheitliche Meinung zu einer Sachfrage haben, wird der Meinungsstand offen an die Unternehmensleitung berichtet.

Die Unternehmensleitung kann Entscheidungen an das DST durch Weisungen in Textform delegieren. Bei dieser Delegierung hat die Unternehmensleitung zu bestimmten, ob für eine Entscheidung des DST ein einheitlicher Beschluss des DST oder eine Mehrheitsentscheidung ausreichend ist.

Das DST wird sich mindestens einmal jährlich treffen, um die getroffenen Maßnahmen zu Datenschutz und Informationssicherheit im Hinblick auf ihre Wirksamkeit zu überprüfen und Anpassungen vorzunehmen.

Das DST wird sich ansonsten anlassbezogen im Hinblick auf Treffen oder Entscheidungsfindungen koordinieren, um anstehende Sachfragen zu erörtern und zu entscheiden. Maßnahmen und Entscheidungen können auch telefonisch oder in Textform erörtert werden, also z. B. durch Telefonkonferenzen, Online-Meetings und/oder E-Mail-Diskussionen.

Das DST kann selbst eigene Rollen an Mitglieder verteilen. So kann z. B. die Pflege und das Führen von Verarbeitungsverzeichnissen oder die Planung der Durchführung von Datenschutz-Folgenabschätzungen an einzelne Mitglieder zur weiteren Koordination delegiert werden. Das DST wirkt jedoch gemeinschaftlich, und die Mitglieder des DST unterstützen sich gegenseitig bei der Erfüllung ihrer Aufgaben.

Dem DST können Aufgaben und Befugnisse von der Unternehmensleitung übertragen werden.

Für das DST wird eine Sammel-E-Mail-Adresse unter dst@mustermann.de eingerichtet, unter der das DST für alle Beschäftigten der Mustermann GmbH und die Unternehmensleitung elektronisch erreichbar ist. Die E-Mail-Adresse wird allen Beschäftigten in geeigneter Weise mitgeteilt und muss für alle Mitarbeiter leicht aufzufinden sein. Dies kann z. B. durch Aushänge (analog/digital) erfolgen.

Aufgabe des DST ist es auch, das Wissen im Bereich Datenschutz und Informationssicherheit aufzubauen und aufrechtzuerhalten. Das DST pflegt hierzu Kontakte zu geeigneten Arbeitskreisen, Gremien oder Verbänden.

Das DST ist frühzeitig in alle Projekte einzubinden, um schon in der Planungsphase sicherheits- und datenschutzrelevante Aspekte zu berücksichtigen.

Datenschutzbeauftragte

Die Mustermann GmbH hat eine Datenschutzbeauftragte (DSB) benannt. Die DSB ist Ansprechpartner für das Thema Datenschutz im Unternehmen. Sie berät, kontrolliert und unterstützt die Unternehmensleitung und Beschäftigte hinsichtlich der Verarbeitung von personenbezogenen Daten im Unternehmen.

Ihre weiteren Aufgaben ergeben sich vor allem aus Art. 39 DSGVO.

Im Bereich der Verarbeitung von personenbezogenen Daten ist Sorge dafür zu tragen, dass eine frühe Einbindung der DSB bei der Planung und Einführung von neuen Prozessen, in deren Zusammenhang auch personenbezogenen Daten verarbeitet werden, erfolgt.

Gleiches gilt für Änderungen an bestehenden Prozessen. Die Einbindung der DSB kann auch im Zusammenhang mit der Einbindung des DST erfolgen.

Im Unternehmen wird sowohl für den Bereich der Informationssicherheit als auch für den Bereich des Datenschutzes ein Managementsystem eingerichtet. Hierfür wird im Unternehmen ein Prozess der kontinuierlichen Verbesserung mit dem Ziel implementiert, die einzelnen Maßnahmen in den Bereichen Datenschutz und Informationssicherheit so zu koordinieren, dass die Ziele dieser Leitlinie erreicht werden.

5. Maßnahmen

Die Maßnahmen zur Umsetzung dieser Leitlinie können in Form von technischen und organisatorischen Maßnahmen erfolgen. Dazu gehören auch Richtlinien, betriebliche Regelungen oder betriebliche Anweisungen. Diese sind von den Beschäftigten zu befolgen.

6. Sanktionen

Die auf Grundlage dieser Leitlinie getroffenen Richtlinien zu Datenschutz und Datensicherheit sind verpflichtend für alle Beschäftigten.

Verstöße gegen Richtlinien können eine arbeitsvertragliche Pflichtverletzung darstellen und entsprechend sanktioniert werden.

41.3. Datensicherheits-/Datenschutz-Team bilden

Wie im Muster der Leitlinie beschrieben, sollte ein „Datenschutz- und Informationssicherheitsteam" (DST) gebildet werden.

In KMU ohne einen Informationssicherheitsbeauftragten empfehle ich ein Setup aus diesen Personen:

1. Datenschutzbeauftragte/r
2. Person aus der IT-Abteilung
3. ggf. weitere Personen aus Vertrieb oder Personalverwaltung („HR")

Im Hinblick auf die Organisation habe ich im **Muster** der Leitlinie schon beschrieben, wie das exemplarisch aussehen könnte.

41.4. Verarbeitungsverzeichnis

Auch wenn das Verarbeitungsverzeichnis kein originäres Datensicherheitsthema ist, sollte ein Unternehmen auf jeden Fall ein Verarbeitungsverzeichnis haben. Nicht nur, weil es nach Art. 30 DSGVO rechtlich erforderlich ist. Sondern auch, weil es mit Blick auf die Konzeption von Datensicherheit Sinn macht.

So kann ich das Verarbeitungsverzeichnis z. B. nutzen, um die kritischen Verarbeitungen zu identifizieren und diese für eine „Risikoanalyse in dreckig" zu nutzen.

41.5. TOM-Dokument

Nach Art. 32 DSGVO sind technische und organisatorische Maßnahmen zur Datensicherheit zu treffen und nachzuweisen. Du solltest also auf jeden Fall ein Dokument zu den getroffenen technischen und organisatorischen Maßnahmen haben („TOM-Dokument").

Wie das z. B. aussehen kann, kannst du hier anhand eines Beispiels nachlesen:

41.6. Beispiel: TOM-Dokument

Technische und organisatorische Maßnahmen zur Datensicherheit

Bei der Mustermann GmbH sind nachfolgende technische und organisatorische Maßnahmen zur Datensicherheit i. S. d. Art. 32 DSGVO getroffen worden:

1. Vertraulichkeit

Zutrittskontrolle

Die Büroräume der Mustermann GmbH befinden sich in einem Bürohaus in Musterstadt.

Die Zugänge zum Bürohaus und auch zu den Büroräumen der Mustermann GmbH sind Tag und Nacht verschlossen. Zugang zu dem Bürohaus haben nur der Vermieter und die Mieter der Büroräume. Es kommt ein elektronisches Schließsystem zum Einsatz, das vom Vermieter verwaltet wird. Jeder Mieter des Bürohauses hat jedoch die Möglichkeit, die jeweils ausgehändigten Transponder-Schlüssel selbst zu verwalten und elektronische Zutrittsrechte zu erteilen und zu entziehen. Dies wird von der Personalabteilung der Mustermann GmbH verwaltet.

Die Schlüsselvergabe und das Schlüsselmanagement erfolgen nach einem definierten Prozess, der sowohl zu Beginn eines Arbeitsverhältnisses als auch zum Ende eines Arbeitsverhältnisses die Erteilung bzw. den Entzug von Zutrittsberechtigungen für Räume regelt.

Zutrittsberechtigungen werden einem Beschäftigten erst erteilt, wenn dies durch den jeweiligen Vorgesetzten und/oder die Personalabteilung entsprechend angefordert wurde. Bei der Vergabe von Berechtigungen wird dem Grundsatz der Erforderlichkeit Rechnung getragen.

Besucher erhalten erst nach Türöffnung durch den Empfang oder einen sonstigen Beschäftigten Zutritt zu dem Bürohaus und dann den Büroräumen. Der Empfang kann die Eingangstür einsehen und trägt Sorge dafür, dass jeder Besucher sich beim Empfang meldet.

Jeder Besuch einer Person wird in einem Besucherbuch protokolliert. Der Besucher wird dann von der Empfangsperson zu seinem jeweiligen Ansprechpartner begleitet.

Besucher dürfen sich nicht ohne Begleitung in den Büroräumen frei bewegen.

Die Eingänge und Fenster des Bürohauses und auch der Büroräume der Mustermann GmbH sind mit einer Alarmanlage gesichert. Diese kann manuell aktiviert und deaktiviert werden. Unabhängig davon wird die Alarmanlage täglich jedoch stets um 21 Uhr automatisch aktiviert.

Zugangskontrolle

Für die Zugangskontrolle sind nachfolgende Maßnahmen von der Mustermann GmbH getroffen worden:

Um Zugang zu IT-Systemen zu erhalten, müssen Nutzer über eine entsprechende Zugangsberechtigung verfügen. Hierzu werden entsprechende Benutzerberechtigungen von Administratoren vergeben. Dies jedoch nur, wenn dies von dem jeweiligen Vorgesetzten beantragt wurde. Der Antrag kann auch über die Personalabteilung gestellt werden.

Der Benutzer erhält dann einen Benutzernamen und ein Initialpasswort, das bei erster Anmeldung geändert werden muss. Die Passwortvorgaben beinhalten eine Mindestpasswortlänge von 12 Zeichen, wobei das Passwort aus Groß-/Kleinbuchstaben, Ziffern und Sonderzeichen bestehen muss.

Ein Passwortwechsel ist grundsätzlich nicht vorgesehen. Wenn Systeme oder Applikationen einen Passwortwechsel vorsehen, ist dieses nur in begründeten Fällen zulässig.

Eine Passworthistorie ist hinterlegt. So wird sichergestellt, dass die vergangenen 10 Passwörter nicht noch einmal verwendet werden können.

Fehlerhafte Anmeldeversuche werden protokolliert. Bei 3-maliger Fehleingabe erfolgt eine Sperrung des jeweiligen Benutzer-Accounts.

Remote-Zugriffe auf IT-Systeme der Mustermann GmbH erfolgen stets über verschlüsselte Verbindungen.

Auf den Servern der Mustermann GmbH ist ein Intrusion-Prevention-System im Einsatz. Alle Server- und Client-Systeme verfügen über Virenschutzsoftware, bei der eine tagesaktuelle Versorgung mit Signaturupdates gewährleistet ist.

Alle Server sind durch Firewalls geschützt, die stets gewartet und mit Updates und Patches versorgt werden.

Der Zugriff von Servern und Clients auf das Internet und der Zugriff auf diese Systeme über das Internet ist ebenfalls durch Firewalls gesichert. So ist auch gewährleistet, dass nur die für die jeweilige Kommunikation erforderlichen Ports nutzbar sind. Alle anderen Ports sind entsprechend gesperrt.

Alle Mitarbeiter sind angewiesen, ihre IT-Systeme zu sperren, wenn sie diese verlassen.

Passwörter werden grundsätzlich verschlüsselt gespeichert.

Zugriffskontrolle

Berechtigungen für IT-Systeme und Applikationen der Mustermann GmbH werden ausschließlich von Administratoren eingerichtet.

Berechtigungen werden grundsätzlich nach dem Need-to-Know-Prinzip vergeben. Es erhalten demnach nur die Personen Zugriffsrechte auf Daten, Datenbanken oder Applikationen, die diese Daten, Anwendungen oder Datenbanken warten und pflegen bzw. in der Entwicklung tätig sind.

Voraussetzung ist eine entsprechende Anforderung der Berechtigung für einen Mitarbeiter durch einen Vorgesetzten. Der Antrag kann auch bei der Personalabteilung gestellt werden.

Es gibt ein rollenbasiertes Berechtigungskonzept mit der Möglichkeit der differenzierten Vergabe von Zugriffsberechtigungen, das sicherstellt, dass Beschäftigte abhängig von ihrem jeweiligen Aufgabengebiet und ggf. projektbasiert Zugriffsrechte auf Applikationen und Daten erhalten.

Die Vernichtung von Datenträgern und Papier erfolgt durch einen Dienstleister, der eine Vernichtung nach DIN 66399 gewährleistet.

Alle Mitarbeiter der Mustermann GmbH sind angewiesen, Informationen mit personenbezogenen Daten und/oder Informationen über Projekte in die hierfür ausgewiesenen Vernichtungsbehältnisse einzuwerfen, wenn diese nicht mehr benötigt bzw. die Löschung angewiesen wurde.

Beschäftigten ist es grundsätzlich untersagt, nicht genehmigte Software auf den IT-Systemen zu installieren.

Alle Server- und Client-Systeme werden regelmäßig mit Sicherheits-Updates aktualisiert.

Trennung

Alle von Mustermann GmbH für Kunden eingesetzten IT-Systeme sind mandantenfähig. Die Trennung von Daten von verschiedenen Kunden ist stets gewährleistet.

Pseudonymisierung & Verschlüsselung

Ein administrativer Zugriff auf Serversysteme erfolgt grundsätzlich über verschlüsselte Verbindungen.

Darüber hinaus werden Daten auf Server- und Clientsystemen auf verschlüsselten Datenträgern gespeichert. Es befinden sich entsprechende Festplattenverschlüsselungssysteme im Einsatz.

2. Integrität

Eingabekontrolle

Die Eingabe, Änderung und Löschung von personenbezogenen Daten, die von der Mustermann GmbH im Auftrag verarbeitet werden, wird grundsätzlich protokolliert.

Mitarbeiter sind verpflichtet, stets mit ihren eigenen Accounts zu arbeiten. Benutzeraccounts dürfen nicht mit anderen Personen geteilt bzw. gemeinsam genutzt werden.

Weitergabekontrolle

Eine Weitergabe von personenbezogenen Daten, die im Auftrag von Kunden der Mustermann GmbH erfolgt, darf jeweils nur in dem Umfang erfolgen, wie dies mit dem Kunden abgestimmt oder soweit dies zur Erbringung der vertraglichen Leistungen für den Kunden erforderlich ist.

Alle Mitarbeiter, die in einem Kundenprojekt arbeiten, werden im Hinblick auf die zulässige Nutzung von Daten und die Modalitäten einer Weitergabe von Daten instruiert.

Soweit möglich werden Daten nur verschlüsselt an Empfänger übertragen.

Die Nutzung von privaten Datenträgern ist den Beschäftigten bei Mustermann GmbH im Zusammenhang mit Kundenprojekten untersagt.

Mitarbeiter bei der Mustermann GmbH werden regelmäßig zu Datenschutzthemen geschult. Alle Mitarbeiter sind zu einem vertraulichen Umgang mit personenbezogenen Daten verpflichtet worden.

3. Verfügbarkeit und Belastbarkeit

Daten auf Serversystemen der Mustermann GmbH werden mindestens täglich inkrementell und wöchentlich „voll" gesichert. Die Sicherungsmedien werden verschlüsselt an einen physisch getrennten Ort verbracht.

Das Einspielen von Backups wird regelmäßig getestet.

Die IT-Systeme verfügen über eine unterbrechungsfreie Stromversorgung. Im Serverraum befinden sich eine Brandmeldeanlage und eine CO2-Löschanlage. Alle Serversysteme unterliegen einem Monitoring, das im Falle von Störungen unverzüglich Meldungen an einen Administrator auslöst.

Es gibt bei der Mustermann GmbH einen Notfallplan, der auch einen Wiederanlaufplan beinhaltet.

4. Verfahren zur regelmäßigen Überprüfung, Bewertung und Evaluierung

Bei der Mustermann GmbH ist ein Datenschutzmanagement implementiert. Es gibt eine Leitlinie zu Datenschutz und Datensicherheit und Richtlinien, mit denen die Umsetzung der Ziele der Leitlinie gewährleistet wird.

Es ist ein Datenschutz- und Informationssicherheits-Team (DST) eingerichtet, das Maßnahmen im Bereich von Datenschutz und Datensicherheit plant, umsetzt, evaluiert und Anpassungen vornimmt.

Die Richtlinien werden regelmäßig im Hinblick auf ihre Wirksamkeit evaluiert und angepasst.

Es ist insbesondere sichergestellt, dass Datenschutzvorfälle von allen Mitarbeitern erkannt und unverzüglich dem DST gemeldet werden. Dieses wird den Vorfall sofort untersuchen. Soweit Daten betroffen sind, die im Auftrag von Kunden verarbeitet werden, wird Sorge dafür getragen, dass diese unverzüglich über Art und Umfang des Vorfalls informiert werden.

Bei der Verarbeitung von Daten für eigene Zwecke wird im Falle des Vorliegens der Voraussetzungen des Art. 33 DSGVO eine Meldung an die Aufsichtsbehörde binnen 72 Stunden nach Kenntnis von dem Vorfall erfolgen.

Auftragskontrolle

Die Verarbeitung der Daten erfolgt ausschließlich in der Europäischen Union.

Bei der Mustermann GmbH ist ein betrieblicher Datenschutzbeauftragter benannt.

Bei der Einbindung von externen Dienstleistern oder Dritten wird entsprechend den Vorgaben des jeweils anzuwendenden Datenschutzrechts ein Auftragsverarbeitungsvertrag nach zuvor durchgeführtem Audit durch den Datenschutzbeauftragten der Mustermann GmbH abgeschlossen. Auftragnehmer werden auch während des Vertragsverhältnisses regelmäßig kontrolliert.

Datenschutz durch Technikgestaltung und durch datenschutzfreundliche Voreinstellungen

Bei der Mustermann GmbH wird schon bei der Entwicklung der Software Sorge dafür getragen, dass dem Grundsatz der Erforderlichkeit schon im Zusammenhang mit Benutzer-Interfaces Rechnung getragen wird. So sind z. B. Formularfelder, Bildschirmmasken flexibel gestaltbar. Es können Pflichtfelder vorgesehen oder Felder deaktiviert werden.

Die Software der Mustermann GmbH unterstützt die Eingabekontrolle durch einen flexiblen und anpassbaren Audit-Trail, der eine unveränderliche Speicherung von Änderungen an Daten und Nutzerberechtigungen ermöglicht.

Berechtigungen auf Daten oder Applikationen können flexibel und granular gesetzt werden.

41.7. Kritische Prozesse identifizieren & Schutzbedarf feststellen

Da der Prozess der Schutzbedarfsfeststellung und Risikoanalyse, mit dem im Bereich der Informationssicherheit Datensicherheit „modelliert" wird, doch etwas „sperrig" und umfangreich scheint, empfehle ich mit einer „kleinen" Version zu starten.

Und zwar nehmen wir uns unser Verarbeitungsverzeichnis. Dort suchen wir die Verarbeitungen heraus, die für das Unternehmen „kritisch" sind. Das sind die Verarbeitungen, die so wichtig sind, dass wir nicht einmal einen Tag darauf verzichten könnten. Wenn sich da nicht eine Verarbeitung findet, setzt du die Zeit auf drei Tage herauf.

Die so „identifizierten" Verarbeitungen untersuchst du jetzt im Hinblick auf ihren **Schutzbedarf** für die Schutzziele **Vertraulichkeit**, **Verfügbarkeit** und **Integrität**. Und zwar verwendest du dort die Bewertungen „normal", „hoch" und „sehr hoch". Hilfreich sind diese Beschreibungen des BSI:

> ***normal***: *Die Schadensauswirkungen sind begrenzt und überschaubar.*
>
> ***hoch***: *Die Schadensauswirkungen können beträchtlich sein.*
>
> ***sehr hoch***: *Die Schadensauswirkungen können ein existentiell bedrohliches, katastrophales Ausmaß erreichen.*

Nun ordnest du die jeweilige Verarbeitung im Hinblick auf den Schutzbedarf ein.

Mein Beispiel für meine Kanzlei wäre **E-Mail**. Hier würde meine **Schutzbedarfsfeststellung** wie folgt lauten:

> ***Vertraulichkeit:*** *Sehr hoch*
>
> ***Verfügbarkeit:*** *Sehr hoch*
>
> ***Integrität:*** *Sehr hoch*

Hier brauche ich nicht einmal das Maximum-Prinzip, um den Schutzbedarf auf **sehr hoch** einzustufen.

Wofür brauche ich denn nun diese Schutzbedarfsfeststellung? Nun das kann zwei Vorteile haben.

Zunächst einmal habe ich so den Schutzbedarf meiner Daten dokumentiert. Ein Aspekt, der für den Nachweis meiner Datensicherheitsmaßnahmen aus der DSGVO durchaus hilfreich sein kann.

Ein zweiter wichtiger Aspekt ist die praktische Umsetzung von Datensicherheit. So kann ich, wenn ich einen Schutzbedarf für eine bestimmte Verarbeitung festgelegt habe, immer im sog. IT-Grundschutz-Kompendium des BSI nachschlagen, wie in einem bestimmten Bereich (z. B. der Netzwerksicherheit), die empfohlenen Maßnahmen für einen Schutzbedarf von z. B. „hoch“ konkret aussehen könnten.

41.8. Risikoanalyse in „dreckig“

Meine Risikoanalyse in „dreckig“ besteht aus diesen Schritten:

1. Wir nehmen uns wieder unsere „kritischen“ Verarbeitungen aus dem Verarbeitungsverzeichnis.
2. Identifizierung des Risikos
3. Risikobewertung

Die Identifizierung des Risikos kann gut anhand dieser typischen Gefährdungen identifiziert werden, mit denen du die **Schadenshöhe** bzw. **Schadenauswirkung** bewerten kannst (und sollst)

– Höhere Gewalt

– Organisatorische Mängel

– Menschliche Fehlhandlungen

– Technisches Versagen

– Vorsätzliche Handlungen

Bei der Risikoanalyse in „dreckig“ musst du jetzt nicht jede einzelne Gefährdung für die „kritische“ Verarbeitung betrachten. Du ermittelst vielmehr *„Pi mal Daumen“* eine Gesamtschadensbewertung auf Basis dieser **Schadenskategorien**:

> ***niedrig****: Ausfall hat eine geringe, kaum spürbare Auswirkung.*
>
> ***normal****: Ausfall hat spürbare Auswirkungen.*

***hoch**: Ausfall hat erhebliche Auswirkungen.*

***sehr hoch**: Ausfall oder Beeinträchtigung führen zu existentiell bedrohlichen Auswirkungen.*

Um auf mein „E-Mail"-Beispiel als kritische Verarbeitung zurückzukommen, würde ich die Schadenshöhe/-auswirkung hier als „hoch" bewerten.

Das Risiko wird aber nicht nur auf Basis der Schadenshöhe/-auswirkung bewertet, sondern es kommt noch ein zweiter Faktor hinzu: Die **Eintrittswahrscheinlichkeit**.

Bei der Bewertung der Eintrittswahrscheinlichkeit kannst du z. B. diese Bewertungskategorien verwenden:

***unwahrscheinlich**: alle 10 Jahre oder seltener*

***möglich**: etwa einmal pro Jahr*

***wahrscheinlich**: etwa einmal pro Monat*

***sehr wahrscheinlich**: einmal pro Woche oder öfter*

Hier komme ich wieder auf mein E-Mail-Beispiel zurück. Ich würde die Eintrittswahrscheinlichkeit hier als **„möglich"** einstufen.

Im Ergebnis ist für meine Verarbeitung „E-Mail" also von mir bewertet worden:

***Schadenshöhe/-auswirkung:** hoch*

***Eintrittswahrscheinlichkeit:** möglich*

Und jetzt kannst du z. B. folgende Tabelle als Einordnung wählen.

Risikobewertung

Eintrittswahrscheinlichkeit	Schadenshöhe/-auswirkung			
	Niedrig	Nomal	Hoch	Sehr hoch
Sehr wahrscheinlich	niedrig	mittel	hoch	sehr hoch
Wahrscheinlich	niedrig	mittel	hoch	hoch
Möglich	niedrig	niedrig	mittel	mittel
Unwahrscheinlich	niedrig	niedrig	niedrig	niedrig

Du kannst dir aber auch selbst eine eigene Tabelle machen.

Für mein E-Mail-Verarbeitungs-Beispiel bedeutet dies ein Risiko von „mittel“, denn meine Schadenshöhe/-auswirkung habe ich als „hoch“ eingestuft und die Eintrittswahrscheinlichkeit als „möglich“.

Risikobehandlung: Nun muss ich dieses Risiko aber auch noch behandeln. Und hier gibt es keine festen Vorgaben. Letztlich darfst du hier auch ein „Bauchgefühl“ walten lassen. Diese Möglichkeiten hast du für die Risikobehandlung:

1. Risiko akzeptieren
2. Risiko reduzieren
3. Risiko vermeiden
4. Risiko auf Dritte verlagern

Für mein Beispiel „E-Mail“ würde ich z. B. die Reduzierung des Risikos wählen, indem ich bei einem anderen Provider einen weiteren E-Mail-Account einrichten würde, den ich im Falle des Ausfalls verwenden könnte.

So…und das machst du jetzt im ersten Jahr mit allen Verarbeitungen im Verarbeitungsverzeichnis, die ihr im Unternehmen als „kritisch“ („Bauchgefühl“) eingestuft habt. Und im zweiten Jahr überlegst du dann, ob es Sinn macht, weitere Verarbeitungen im Hinblick auf ein Risiko zu bewerten.

Vor allem prüfst du aber spätestens nach einem Jahr, ob die von dir gemachten Risikobewertungen sachlich noch zutreffend sind oder nicht. Wenn nicht, dann bewertest du sie nach o. g. Schema einfach neu.

41.9. Richtlinien erstellen und verbindlich machen

Die Richtlinien zur Umsetzung deiner „Sicherheitskonzeption“ haben natürlich vor allem den Zweck, den Beschäftigten klare Vorgaben zum Umgang personenbezogenen Daten und sonstigen schützenswerten Daten zu machen.

Das könntest du natürlich auch einfach in „einem“ Dokument machen. Ich empfehle aber gleichwohl, die Überschriften der Richtlinien beizubehalten. Warum? Damit im Falle eines Falles ein von einem Gericht bestellter Sachverständige die Struktur sofort wiedererkennt. Du erinnerst dich vielleicht daran, dass du keine zweite Chance für einen ersten Eindruck bekommst. Also nutze das.

Ich empfehle, dieses Set von Richtlinien:

1. Richtlinie zum Datenschutz (für Beschäftigte)
2. Richtlinie zur Umsetzung von Datenschutzmaßnahmen
3. Richtlinie für die Umsetzung von Betroffenenrechten
4. IT-Richtlinie für Nutzer
5. Richtlinie für Speicherorte
6. Richtlinie für die Nutzung mobiler IT-Systeme
7. Richtlinie für die Nutzung mobiler Datenträger
8. Richtlinie Regelungen für Lieferanten und sonstige Auftragnehmer
9. Richtlinie für Störungen und Ausfälle
10. Richtlinie für Sicherheitsvorfälle
11. Notfallplan

Nachfolgend findest du die einzelnen Richtlinien.

41.10. Richtlinie zum Datenschutz (für Beschäftigte)

Richtlinie zum Datenschutz (für Beschäftigte)

1. Einleitung

Bei der **Mustermann GmbH** werden personenbezogene Daten verarbeitet. Die **Mustermann GmbH** ist gesetzlich verpflichtet, personenbezogene Daten unter Einhaltung der jeweils geltenden datenschutzrechtlichen Vorschriften zu verarbeiten.

Einschlägige Rechtsvorschriften sind dabei die Datenschutz-Grundverordnung (DSGVO), das Bundesdatenschutzgesetz sowie ggf. bereichsspezifische Rechtsvorschriften.

Jeder Geschäftsprozess, der mit einer Verarbeitung personenbezogener Daten einhergeht, ist von der **Mustermann GmbH** auf die Einhaltung der rechtlichen Vorgaben zu prüfen.

Zudem ist der **Datenschutzbeauftragte** der **Mustermann GmbH** für die Überprüfung der Einhaltung der gesetzlichen Vorschriften zum Datenschutz zuständig.

Um eine rechtskonforme Verarbeitung von personenbezogenen Daten zu gewährleisten, sind auch grundsätzliche Verhaltensanweisungen für die Beschäftigten erforderlich.

Diese sind Gegenstand dieser Richtlinie. Die Verhaltensanweisungen dieser Richtlinie können durch spezifische Anweisungen für einen Umgang mit personenbezogenen Daten in besonderen Fällen (z. B. in spezifischen Projekten) ergänzt oder konkretisiert werden.

2. Geltungsbereich

Diese Richtlinie gilt für die Verarbeitung personenbezogener Daten durch Beschäftigte der **Mustermann GmbH**.

Diese Richtlinie gilt für alle Standorte der **Mustermann GmbH**.

Diese Richtlinie verpflichtet alle Beschäftigten der **Mustermann GmbH** zur Einhaltung der hier festgelegten Pflichten und Vorgaben.

3. Ziele

Diese Richtlinie soll dazu beitragen, dass die Rechtsvorschriften zur Verarbeitung personenbezogener Daten eingehalten werden.

4. Grundsätze für den Umgang mit personenbezogenen Daten

Die nachfolgenden Grundsätze sind von allen **Beschäftigten** der **Mustermann GmbH** einzuhalten:

Personenbezogene Daten werden nicht eigenmächtig verarbeitet. Es wird ausschließlich die von der **Mustermann GmbH** bereitgestellte oder genehmigte Hard- und Software genutzt.

Sollten zusätzliche Verarbeitungsprozesse für die Geschäftsprozesse erforderlich werden, werden diese beim Vorgesetzten gemeldet. Der Vorgesetzte wird die Erforderlichkeit prüfen. Im Falle einer Erforderlichkeit wird der Vorgesetzte den gewünschten Verarbeitungsprozess beim **Datenschutz- und Informationssicherheitsteam (DST)** melden. Die Meldung kann per E-Mail an die E-Mail-Adresse des **DST** erfolgen. Der neue Verarbeitungsprozess darf erst nach Prüfung und Freigabe durch das **DST** eingesetzt werden.

Beschäftigte der **Mustermann GmbH** sind verpflichtet, alle sie oder ihre Tätigkeit betreffenden Richtlinienvorgaben oder Anweisungen im Umgang mit personenbezogenen Daten einzuhalten. Dies gilt insbesondere für Vorgaben, die die Sicherheit personenbezogener Daten betreffen.

Beschäftigte melden mögliche **Datenschutzvorfälle** unverzüglich an das **DST**. Ein Datenschutzvorfall liegt insbesondere vor, wenn die Annahme besteht, dass die Datensicherheit, insbesondere die Vertraulichkeit von Daten, gefährdet sein kann. Ein Datenschutzvorfall liegt auch bei jedem Sachverhalt vor, bei dem die Annahme besteht, dass Dritte unbefugt Zugriff oder Zugang zu personenbezogenen Daten haben oder hatten.

5. Ausnahmen

Die **Mustermann GmbH** kann Ausnahmen von den unter Ziff. 4 genannten Grundsätzen in begründeten Einzelfällen erlauben. Ausnahmen sind vom **DST** zu prüfen und mit der Unternehmensleitung abzustimmen. Genehmigte Ausnahmen sind inklusive einer Begründung zu dokumentieren.

6. Sanktionen

Ein Verstoß gegen diese Richtlinien kann eine arbeitsvertragliche Pflichtverletzung darstellen und entsprechend sanktioniert werden.

41.11. Richtlinie zur Umsetzung von Datenschutzmaßnahmen

Richtlinie zur Umsetzung von Datenschutzmaßnahmen

1. Einleitung

Bei der **Mustermann GmbH** werden personenbezogene Daten verarbeitet. Die **Mustermann GmbH** ist gesetzlich verpflichtet, personenbezogene Daten unter Einhaltung der jeweils geltenden datenschutzrechtlichen Vorschriften zu verarbeiten.

Einschlägige Rechtsvorschriften sind dabei die Datenschutz-Grundverordnung (DSGVO), das Bundesdatenschutzgesetz sowie ggf. bereichsspezifische Rechtsvorschriften.

Jeder Geschäftsprozess, der mit einer Verarbeitung personenbezogener Daten einhergeht, ist von der **Mustermann GmbH** auf die Einhaltung der rechtlichen Vorgaben zu prüfen.

Zudem ist der **Datenschutzbeauftragte** der **Mustermann GmbH** für die Überprüfung der Einhaltung der gesetzlichen Aufgaben zuständig.

Um die Rechtskonformität von Datenverarbeitungen im Unternehmen zu gewährleisten, macht die **Mustermann GmbH** durch diese Richtlinie Vorgaben für die **Einrichtung, Prüfung und Durchführung von Datenverarbeitungsprozessen**. Zudem wird mit dieser Richtlinie die Erstellung und Pflege des **Verzeichnisses von Verarbeitungstätigkeiten** i. S. d. Art. 30 DSGVO unterstützt. Gleiches gilt für die Unterstützung im Zusammenhang mit der Prüfung, ob (und erforderlichenfalls wie) **Datenschutz-Folgenabschätzungen** i. S. d. Art. 35 DSGVO durchzuführen sind.

Ferner sind von der **Mustermann GmbH** etwaige Meldepflichten nach Art. 33, 34 DSGVO einzuhalten.

2. Geltungsbereich

Diese Richtlinie gilt für die Beschäftigten, die für die Einrichtung oder Durchführung von Verarbeitungen personenbezogener Daten bei der **Mustermann GmbH** oder für eine Verarbeitung selbst als „Owner“/Eigentümer verantwortlich sind.

Diese Richtlinie gilt für alle Standorte der **Mustermann GmbH**.

3. Ziele

Diese Richtlinie soll dazu beitragen, dass die Rechtsvorschriften zur Verarbeitung personenbezogener Daten eingehalten werden.

4. Grundsätze für die Einrichtung oder Änderung von Verarbeitungen personenbezogener Daten

Bei der Verarbeitung personenbezogener Daten und auch bei der Einrichtung oder Änderung von den damit zusammenhängenden Prozessen sind folgende Grundsätze der Datenverarbeitung i.S.d. Art.5 DSGVO einzuhalten:

Personenbezogene Daten müssen

1. auf Basis einer Rechtsgrundlage oder Einwilligung, nach Treu und Glauben und in einer für die betroffene Person nachvollziehbaren Weise verarbeitet werden („Rechtmäßigkeit, Verarbeitung nach Treu und Glauben, Transparenz“);
2. für festgelegte, eindeutige und legitime Zwecke erhoben werden und dürfen nicht in einer mit diesen Zwecken nicht zu vereinbarenden Weise weiterverarbeitet werden („Zweckbindung“);
3. dem Zweck angemessen und erheblich sowie auf das für die Zwecke der Verarbeitung notwendige Maß beschränkt sein („Datenminimierung“);
4. sachlich richtig und erforderlichenfalls auf dem neuesten Stand sein; es sind alle angemessenen Maßnahmen zu treffen, damit personenbezogene Daten, die im Hinblick auf die Zwecke ihrer Verarbeitung unrichtig sind, unverzüglich gelöscht oder berichtigt werden („Richtigkeit“);
5. in einer Form gespeichert werden, die die Identifizierung der betrof-

fenen Personen nur so lange ermöglicht, wie es für die Zwecke, für die sie verarbeitet werden, erforderlich ist („Speicherbegrenzung“);

6. in einer Weise verarbeitet werden, die eine angemessene Sicherheit der personenbezogenen Daten gewährleistet, einschließlich Schutz vor unbefugter oder unrechtmäßiger Verarbeitung und vor unbeabsichtigtem Verlust, unbeabsichtigter Zerstörung oder unbeabsichtigter Schädigung durch geeignete technische und organisatorische Maßnahmen („Integrität und Vertraulichkeit“);
7. für jeden Geschäftsprozess, der die Verarbeitung personenbezogener Daten beinhaltet, muss es einen Verantwortlichen bei der **Mustermann GmbH** geben („Owner/Eigentümer“);

Bei Fragen zur Anwendung und Auslegung dieser Grundsätze kann sich jeder Beschäftige an den **Datenschutzbeauftragten** und/oder das **Datenschutzteam (DST)** wenden.

5. Ausnahmen

Die **Mustermann GmbH** kann Ausnahmen von den unter Ziff. 4 genannten Grundsätzen in begründeten Fällen erlauben. Ausnahmen sind vom DST zu prüfen und mit der Unternehmensleitung abzustimmen. Genehmigte Ausnahmen sind inklusive einer Begründung zu dokumentieren.

6. Verzeichnis von Verarbeitungstätigkeiten

Die **Mustermann GmbH** führt ein Verzeichnis von Verarbeitungstätigkeiten und – soweit die **Mustermann GmbH** als Auftragsverarbeiter tätig ist – auch ein Verzeichnis von Verarbeitungstätigkeiten für Auftragsverarbeiter i. S. d. Art. 30 Abs. 2 DSGVO.

Das Verzeichnis von Verarbeitungstätigkeiten wird vom **DST** geführt. Das DST kann ein DST-Mitglied als federführende Person für die Pflege des Verarbeitungsverzeichnisses bestimmen. Das DST trägt Sorge dafür, dass die Verarbeitungsverzeichnisse regelmäßig aktualisiert werden.

Alle Beschäftigten, die für die Einrichtung oder Durchführung von Verarbeitungen personenbezogener Daten bei der Mustermann GmbH oder für eine Verarbeitung selbst als „Owner/Eigentümer“ verantwortlich sind, sind bei einer geplanten Einrichtung oder Änderung von Verarbeitungen und/oder Geschäftsprozessen verpflichtet, dieses dem DST mitzuteilen. Die Mitteilung erfolgt per E-Mail an das DST bzw. die DST-Mitglieder.

7. Datenschutz-Folgenabschätzung

Das **DST** wird jeden neuen, gemeldeten Verarbeitungsprozess dahingehend prüfen, ob damit voraussichtlich ein hohes Risiko für personenbezogene Daten einhergeht. Gleiches gilt für die Veränderung von Verarbeitungsprozessen.

Wenn ein voraussichtlich hohes Risiko besteht, wird das DST der Unternehmensleitung die Durchführung einer Datenschutz-Folgenabschätzung (DSFA) empfehlen. Die Unternehmensleitung entscheidet über das „Ob“ und „Wie“ der Durchführung der DSFA.

Die jeweilige Verarbeitung darf grundsätzlich erst nach Durchführung der DSFA und entsprechender Freigabe durch die Unternehmensleitung begonnen werden.

Die DSFA kann vom DST durchgeführt werden. Die DSFA kann auch durch externe, fachkundige Personen durchgeführt werden. Der Datenschutzbeauftragten (DSB) steht bei der Durchführung der DSFA auf Anfrage für die Beratung zur Verfügung.

Das Ergebnis der DSFA wird der Unternehmensleitung mitgeteilt. Die Unternehmensleitung entscheidet über die Freigabe des Verarbeitungsprozesses.

Sollte die DSFA ergeben, dass das mit dem Verarbeitungsprozess verbundene Risiko nicht durch technische und organisatorische Maßnahmen eingedämmt werden kann, wird die Unternehmensleitung darüber entscheiden, ob eine vorherige Konsultation mit der Aufsichtsbehörde i. S. d. Art. 36 DSGVO durchzuführen ist.

8. Meldepflichten bei Datenschutzverletzungen

Das **Datenschutz- und Informationssicherheitsteam (DST)** untersucht unverzüglich jeden Vorfall oder jede Meldung („Vorfälle“) einer Verletzung des Schutzes personenbezogener Daten.

Jeder Vorfall wird vom DST in Textform dokumentiert. Dabei werden Zeitpunkt der Kenntnisnahme, Sachverhaltsdarstellung und getroffene Maßnahmen dokumentiert. Bei jedem Vorfall ist zunächst zu prüfen, ob eine Verletzung des Schutzes personenbezogener Daten vorliegt und die Verletzung voraussichtlich zu einem Risiko für die Betroffenen führt. Im Falle eines Risikos muss das DST unverzüglich die Unternehmensleitung informieren und Sorge dafür tragen, dass binnen 72 Stunden nach Kenntnis von dem Vorfall eine Meldung an die für die **Mustermann GmbH** zuständige **Aufsichtsbehörde für den Datenschutz** erfolgt.

Sollte die Frist von 72 Stunden bereits verstrichen sein, wird gleichwohl so schnell wie möglich eine Meldung an die Aufsichtsbehörde erfolgen. Dieser Meldung ist dann eine Begründung für die Verzögerung beizufügen. Die Meldung ist mit der Unternehmensleitung vorab abzustimmen.

Die Meldung muss insbesondere beinhalten:

- eine Beschreibung der Art der Verletzung des Schutzes personenbezogener Daten, soweit möglich mit Angabe der Kategorien und der ungefähren Zahl der betroffenen Personen, der betroffenen Kategorien und der ungefähren Zahl der betroffenen personenbezogenen Datensätze;
- den Namen und die Kontaktdaten des Datenschutzbeauftragten oder einer sonstigen Anlaufstelle für weitere Informationen;
- eine Beschreibung der wahrscheinlichen Folgen der Verletzung des Schutzes personenbezogener Daten;
- eine Beschreibung der von dem Verantwortlichen ergriffenen oder vorgeschlagenen Maßnahmen zur Behebung der Verletzung des Schutzes personenbezogener Daten und gegebenenfalls Maßnahmen zur Abmilderung ihrer möglichen nachteiligen Auswirkungen.

Sollten die genannten Informationen nicht binnen der 72-Stunden-Frist ermittelt oder zusammengestellt werden können, hat gleichwohl eine Meldung an die Aufsichtsbehörde zu erfolgen. Die o. g. Inhalte sind dann unverzüglich an die Aufsichtsbehörde nachzureichen.

Wenn die Verletzung des Schutzes personenbezogener Daten voraussichtlich ein hohes Risiko für von dem Vorfall Betroffenen hat, so benachrichtigt das **DST** die **betroffenen Personen** unverzüglich von der Verletzung. Das DST wird die Meldungen vorab mit der Unternehmensleitung abstimmen und dabei insbesondere etwaige Ausnahmeregelungen nach Art. 34 Abs. 3 DSGVO in Erwägung ziehen.

Sofern die **Mustermann GmbH** personenbezogene Daten im Auftrag anderer Unternehmen oder Organisationen verarbeitet, ist eine Meldung eines Vorfalls unverzüglich an den Auftraggeber der Datenverarbeitung vorzunehmen. Bezüglich Zeitpunkt und Art der Meldung ist sofort nach Kenntnis von einem Vorfall im betreffenden Auftragsverarbeitungsvertrag mit dem Auftraggeber nachzusehen, wann und wie die Meldung an den Auftraggeber zu erfolgen hat.

9. Schulungsmaßnahmen

Alle Beschäftigten der **Mustermann GmbH** sind zeitnah nach Beginn der Aufnahme ihrer Tätigkeit für die **Mustermann GmbH** und sodann regelmäßig (mindestens jährlich) in **Datenschutzschulungen** mit den Rechtsvorschriften zur Verarbeitung personenbezogener Daten vertraut zu machen.

Alle Beschäftigten, die für die Einrichtung oder Durchführung von Verarbeitungen personenbezogener Daten bei der **Mustermann GmbH** verantwortlich sind, tragen Sorge dafür, dass alle Beschäftigten, die über diese Verarbeitungen Zugang zu personenbezogenen Daten haben, zuvor zum Datenschutz geschult wurden.

Das DST wird ein Schulungskonzept entwickeln, dass die richtlinienkonforme Schulung der Beschäftigten gewährleistet, und der Unternehmensleitung vorlegen. Die Unternehmensleitung wird über die Durchführung des Schulungskonzeptes entscheiden und geeignete Schulungsmaßnahmen anordnen.

10. Sanktionen

Ein Verstoß gegen diese Richtlinien kann eine arbeitsvertragliche Pflichtverletzung darstellen und entsprechend sanktioniert werden.

41.12. Richtlinie für die Umsetzung von Betroffenenrechten

Richtlinie für die Umsetzung von Betroffenenrechten

1. Einleitung

Die Datenschutz-Grundverordnung (DSGVO) sieht in den Art. 12 ff. DSGVO Rechte der von einer Verarbeitung personenbezogener Daten betroffenen Personen vor, die von der **Mustermann GmbH** einzuhalten sind. Dies bedarf der Umsetzung von Maßnahmen bei der **Mustermann GmbH**.

2. Geltungsbereich

Diese Richtlinie gilt für alle Standorte der **Mustermann GmbH**.

Diese Richtlinie verpflichtet alle Beschäftigten der **Mustermann GmbH** zur Einhaltung der hier festgelegten Pflichten und Vorgaben.

3. Ziele

Diese Richtlinie soll dazu beitragen, dass die Rechtsvorschriften für die Wahrung der Rechte der betroffenen Personen eingehalten werden.

4. Informationspflichten

Das **Datenschutz- und Informationssicherheitsteam (DST)** führt das Verzeichnis der Verarbeitungstätigkeiten. Das DST trägt Sorge dafür, dass für jede Verarbeitung im Verarbeitungsverzeichnis seitens der „Owner/Eigentümer" der Verarbeitung Sorge dafür getragen wurde, dass Datenschutzinformationen für die betroffenen Personen im erforderlichen Umfang vorliegen und auch den betroffenen Personen in geeigneter Weise zur Verfügung gestellt werden. Die Informationen sind auch bei Änderungen der Verarbeitung auf ihre Aktualität vom „Owner/Eigentümer" zu prüfen.

Art und Umfang der Informationserteilung sind mit dem DST abzusprechen.

5. Rechte auf Auskunft, Löschung, Widerspruch und weitere Betroffenenrechte aus den Art. 15–22 DSGVO

Jede Person kann seine Betroffenenrechte nach den Art. 15–22 DSGVO gegenüber der **Mustermann GmbH** geltend machen.

Dies beinhaltet insbesondere das Recht auf **Auskunft, Berichtigung** und **Löschung** von personenbezogenen Daten sowie das Recht auf **Einschränkung der Verarbeitung** sowie das Recht auf **Widerspruch** gegen eine Verarbeitung von Daten (z. B. auch gegen die Verwendung von Daten für Werbezwecke).

Alle Beschäftigten der **Mustermann GmbH** sind verpflichtet, einen von einem Betroffenen geltend gemachten Anspruch auf Auskunft, Berichtigung, Löschung oder einen Widerspruch unverzüglich nach Zugang der Mitteilung an das **DST** weiterzuleiten. Die Weiterleitung kann z. B. auch per E-Mail an die E-Mail-Adresse des DST erfolgen.

Das DST wird die Anfrage dokumentieren und unverzüglich, spätestens aber binnen **innerhalb eines Monats** nach Eingang der Mitteilung des Betroffenen bei der **Mustermann GmbH** gegenüber dem Betroffenen, beantworten.

Das DST wird die Unternehmensleitung über schwierige oder umfangreiche Anfragen von Betroffenen informieren.

Das DST hat bei der Beantwortung von Anfragen von Betroffenen sicherzustellen, dass vor der Erteilung von Information an den Betroffenen sichergestellt wurde, dass die Person diejenige ist, für die sie sich ausgibt, um zu verhindern, dass personenbezogene Daten an Unbefugte gelangen. Im Fall einer Auskunftserteilung per E-Mail ist von dem Betroffenen vorab die Zustimmung einzuholen, dass die Informationen per E-Mail zur Verfügung gestellt werden. Bei Fehlen einer Zustimmung ist die Auskunft schriftlich zu erteilen.

6. Sanktionen

Ein Verstoß gegen diese Richtlinien kann eine arbeitsvertragliche Pflichtverletzung darstellen und entsprechend sanktioniert werden.

41.13. IT-Richtlinie für Nutzer

IT-Richtlinie für Nutzer

1. Einleitung

Die **Mustermann GmbH** verfügt über eine IT-Infrastruktur, die den Beschäftigten im Zusammenhang mit ihrer Tätigkeit für die **Mustermann GmbH** als Arbeitsmittel zur Verfügung steht. Die IT-Infrastruktur ist unerlässlich für den Geschäftsbetrieb der **Mustermann GmbH**.

2. Geltungsbereich

Diese IT-Richtlinien gelten für die **Mustermann GmbH**. Sie gelten für alle Standorte der **Mustermann GmbH**.

Diese IT-Richtlinien sind von allen Beschäftigten der **Mustermann GmbH** einzuhalten.

3. Ziele

Um die Integrität, Verfügbarkeit und Vertraulichkeit der IT-Systeme auf Dauer zu gewährleisten, sind die nachfolgenden IT-Richtlinien von allen Beschäftigten einzuhalten.

4. Allgemeine Nutzungsrichtlinien für IT-Systeme

Sofern nachfolgend von **IT-Systemen** die Rede ist, sind darunter ausnahmslos alle Geräte oder Anwendungen (Hard- und Software) zu verstehen, mit denen Informationen elektronisch verarbeitet oder übertragen werden können. Dazu gehören insbesondere PCs, Notebooks/Laptops, Tablet PCs (z. B. iPad), Telefone, Mobiltelefone, Server, Speichermedien, Netzwerktechnologie, Softwareprodukte und Drucker.

Die Nutzung der IT-Systeme und Applikationen im Unternehmen ist ausschließlich zu dienstlichen Zwecken und in jeweils erlaubtem Umfang zur Aufgabenerledigung zulässig. Abweichungen hiervon bedürfen der Erlaubnis des Arbeitgebers. Es darf nur die Software auf IT-Systemen des Unternehmens installiert werden, die vom Arbeitgeber oder der IT-Abteilung freigegeben worden ist.

Die Benutzung privater Hard-und Software zu dienstlichen Zwecken ohne Genehmigung ist nicht zulässig.

Die Nutzung von IT-Systemen bei der **Mustermann GmbH** erfolgt grundsätzlich nur für berufliche Zwecke. Eine private Nutzung von IT-Systemen der **Mustermann GmbH** ist grundsätzlich untersagt, sofern nicht diese oder eine andere Unternehmensrichtlinie Ausnahmen hiervon regelt.

5. Einhaltung von Rechtsvorschriften

Bei der Benutzung der IT-Systeme und Applikationen bei der **Mustermann GmbH** sind von den Beschäftigten die geltenden Rechtsvorschriften zu Datenschutz und Datensicherheit sowie sonstige Rechtsvorschriften und Unternehmensrichtlinien einzuhalten. Sollten

Beschäftigte unsicher sein, ob und inwieweit Rechtsvorschriften oder Unternehmensregelungen einzuhalten sind, haben sie sich an ihren Vorgesetzten zur Klärung zu wenden.

6. Schulung

Das Unternehmen trägt Sorge dafür, dass die Beschäftigten die erforderlichen Schulungen und Instruktionen/Anweisungen erhalten, die für den jeweiligen Umgang mit den IT-Systemen und/oder Applikationen erforderlich sind.

7. Generelle Vorgaben zur Minimierung von Risiken

Für die Minimierung der Risiken von Datenverlust und von IT-Notfällen sind die folgenden Vorgaben zu befolgen:

- Die Datenhaltung sowie der Betrieb von geschäftsrelevanten IT-Systemen erfolgt ausschließlich in den in der Richtlinie für Speicherorte festgelegten Speicherorten/-bereichen.
- Bei der Inanspruchnahme von externen Dienstleistern ist die Richtlinie mit „Regelungen für Lieferanten und sonstige Auftragnehmer" zu befolgen. Eine Inanspruchnahme von externen Dienstleistern, die entweder Daten im Auftrag verarbeiten oder Kenntnis von Daten der **Mustermann GmbH** erhalten könnten, ist zwingend mit dem **Datenschutz- und Informationssicherheitsteam (DST)** abzustimmen.

8. Vorgaben zur Gestaltung des Arbeitsplatzes

Der Arbeitsplatz ist von den Beschäftigten so zu gestalten, dass Besucher oder sonstige Dritte keinen Zugang zu personenbezogenen Daten bekommen können, ohne hierfür berechtigt zu sein. So sind Büros nach dem Verlassen des Arbeitsplatzes grundsätzlich zu verschließen.

Beim Verlassen des Arbeitsplatz-PCs muss der jeweilige Mitarbeiter sich „abmelden" bzw. seinen PC „sperren", so dass vor der erneuten

Nutzung des IT-Systems und/oder der Applikation(en) eine Authentifizierung (Benutzername/Passwort) erforderlich wird.

In Bereichen mit Publikumsverkehr sind die IT-Systeme – insbesondere die Bildschirme – so auszurichten, dass das Risiko der Kenntnisnahme durch Besucher oder Dritte nach Möglichkeit ausgeschlossen wird. Insbesondere sind in Meetingräumen die Verbindungen zu den Bildschirmen in den Pausen und am Ende des Meetings zu trennen und der Präsentationsrechner ist zu sperren.

Informationen in Papierform sind so abzulegen, dass Besucher oder sonstige Dritte keine Kenntnisnahme von den Daten erhalten können. Vertrauliche Informationen sind stets unter Verschluss zu halten.

9. Richtlinien für den Passwort-Gebrauch

Soweit technisch möglich sind alle IT-Systeme und Applikationen erst nach hinreichender Authentifizierung des Nutzers nutzbar. Die Authentifizierung erfolgt in der Regel durch die Verwendung der Kombination Benutzername/Passwort. Soweit möglich oder angeordnet, werden Zwei-Faktor-Authentifizierungs-Systeme verwendet.

Passwörter müssen eine Mindestlänge von 8 Zeichen haben. Das Passwort ist komplex zu gestalten und muss mindestens 3 der nachfolgenden 4 Kategorien enthalten:

1. Großbuchstaben
2. Kleinbuchstaben
3. Sonderzeichen
4. Ziffern

Soweit technisch möglich ist jeder Mitarbeiter verpflichtet, sein Initial-Passwort unverzüglich zu ändern.

Die Passwörter sind so zu wählen, dass sie nicht durch Dritte leicht zu erraten sind. Vor-und Familiennamen oder Geburtstage sowie Namen von Angehörigen sind nicht zur Passwortwahl geeignet. Gleiches gilt für trivial angeordnete Zahlenkombinationen (z.B. 12345678).

Ein Passwortwechsel ist grundsätzlich nicht vorgesehen. Wenn Systeme oder Applikationen einen Passwortwechsel vorsehen, ist dieses nur in begründeten Fällen zulässig.

10. Schutz vor Schad-Inhalten

Zum Schutz vor Schad-Inhalten werden im Unternehmen Virenschutzprogramme eingesetzt. Die Umsetzung des Virenschutzes erfolgt durch die IT-Administration.

Zudem kommen Systeme zum Einsatz, mit denen E-Mails mit unverlangter Werbung gefiltert werden. Entsprechende E-Mails werden in einem gesonderten Ordner abgelegt. Die Beschäftigten sind verpflichtet, diesen Ordner regelmäßig – mindestens 1x täglich – im Hinblick auf falsch eingeordnete E-Mails zu sichten.

11. Richtlinie zur Nutzung von E-Mail/Internet

Beschäftigte erhalten einen dienstlichen E-Mail Account. Die Nutzung von E-Mail darf nur für dienstliche Zwecke erfolgen.

Den Mitarbeitern kann gestattet werden, private E-Mails über ihren eigenen, privaten Webmail-Account zu empfangen und zu senden. Der Umfang dieser Nutzung kann aus betrieblichen Gründen vom Unternehmen eingeschränkt werden.

12. Verhalten bei Sicherheitsvorfällen

Sollte ein Mitarbeiter merken, dass der Schutz oder die Sicherheit von Daten in irgendeiner Weise gefährdet sein könnte, hat dieser sich unverzüglich an das DST und seinen Vorgesetzten zu wenden. Dies gilt insbesondere dann, wenn die Gefährdung sich auf personenbezogene Daten bezieht.

13. Weisungen

Die Mitarbeiter sind verpflichtet, den Weisungen der IT-Abteilung in Bezug auf den Umgang mit IT-Systemen Folge zu leisten. Sofern Zweifel an der Richtigkeit oder der Sinnhaftigkeit von Weisungen bestehen, kann der IT-Verantwortliche eingebunden werden.

14. Definition Notfall und Notfallplan

Ein Notfall kann den Geschäftsbetrieb nachhaltig gefährden. Falls es zu Notfällen kommt, die die Funktionsfähigkeit der IT-Systeme beeinträchtigen, kommt ein Notfallplan zur Anwendung. Im Notfallplan ist eine Notfalldefinition, eine Angabe der Verantwortlichen, die Benachrichtigungen sowie die Notfallmaßnahmen definiert. Im Falle eines Notfalls gelten die Richtlinien des Notfallplans mit dem Zweck, den Geschäftsbetrieb aufrechtzuerhalten bzw. unverzüglich wieder einen Zustand einer funktionsfähigen IT-Infrastruktur herzustellen.

Der Notfallplan ist in einem separaten Dokument geregelt und beschreibt diese Punkte.

15. Protokollierung

In der IT-Infrastruktur werden verschiedene Informationen protokolliert, um Störungen, Ausfälle und Sicherheitsvorfälle schnell identifizieren und beheben zu können. Dabei werden die einschlägigen datenschutzrechtlichen Bestimmungen eingehalten und die Persönlichkeitsrechte der Mitarbeiter gewahrt.

Während des Regelbetriebs der IT-Infrastruktur werden von verschiedenen Systemen (insbesondere von Servern und Firewalls) Verbindungsdaten (Datum, Uhrzeit, Adressen von Absender und Empfänger, die Art der übertragenen Daten, das übertragene Datenvolumen usw.) protokolliert.

Im Zuge der Nutzung der IT-Infrastruktur werden Daten protokolliert, aus denen auch das Nutzerverhalten ganz oder in Teilen nachvollzogen werden kann (Zeitpunkt der An- und Abmeldung an IT-Systemen, Datum und Uhrzeit von Änderungen in Dateien, usw.).

Um gesetzliche Anforderungen zu erfüllen, archiviert das Unternehmen alle ein- und ausgehenden E-Mails mindestens für die Dauer gesetzlicher Aufbewahrungspflichten. Diese können bis zu zehn Jahre betragen.

Das Erheben dieser Protokolldaten ist für den sicheren und rechtskonformen Betrieb der IT-Infrastruktur notwendig.

Die Protokolldaten werden ausschließlich zu folgenden Zwecken verwendet:

- Analyse und Korrektur von Störungen, Ausfällen und Sicherheitsvorfällen
- Gewährleistung der Sicherheit der IT-Infrastruktur
- Optimierung der IT-Infrastruktur
- für Statistiken über die Nutzung der IT-Infrastruktur sowie für
- nicht personenbezogene Stichprobenkontrollen sowie Auswertungen gemäß dieser Richtlinie (siehe Abschnitt „Missbrauchskontrolle“)
- Die Protokolldaten werden nicht zur Leistungs- und Verhaltenskontrolle der Mitarbeiter eingesetzt.

16. Missbrauchskontrolle

Für das Erkennen von Störungen, Ausfällen und Sicherheitsvorfällen findet eine nicht-personenbezogene Auswertung der Protokolldaten durch einen gesondert beauftragten Mitarbeiter statt. Eine personenbezogene Auswertung der Protokolldaten findet nur statt, wenn aufgrund einer Stichprobenkontrolle, einer Meldung oder anderer Verdachtsmomente ein konkreter Verdacht auf eine missbräuchliche, unerlaubte oder strafbare Nutzung der IT-Infrastruktur besteht. In diesem Falle ist folgende Vorgehensweise verbindlich:

- Eine personenbezogene Überprüfung der Protokolldaten erfolgt nur bei einem gewichtigen Missbrauchsverdacht, Bagatellfälle rechtfertigen die Überprüfung nicht.

- Sie wird nach dem Prinzip der Datensparsamkeit durchgeführt.
- Sie erfolgt unter zwingender Beteiligung des Datenschutzbeauftragten.
- Wird der Verdacht durch die Überprüfung nicht bestätigt, so werden die für die Überprüfung erhobenen Daten und Aufzeichnungen unverzüglich gelöscht. Der nicht bestätigte Verdacht darf keinerlei weitere Folgemaßnahmen – insbesondere keine gezielten Stichproben gegen den Mitarbeiter – nach sich ziehen.
- Bei Gefahr im Verzug werden durch die **Mustermann GmbH** weitere gefährdende oder strafbare Handlungen – eventuell unter Einschaltung der Strafverfolgungsbehörden – unmittelbar unterbunden, insbesondere werden die erforderlichen technischen Abwehrmaßnahmen ohne Verzögerung ergriffen, auch wenn hierbei personenbezogene Daten erhoben oder eingesehen werden müssen. Das DST wird schnellstmöglich über die Vorgänge informiert.

17. Sanktionen

Ein Verstoß gegen diese Richtlinien kann eine arbeitsvertragliche Pflichtverletzung darstellen und entsprechend sanktioniert werden.

41.14. Richtlinie für Speicherorte

Richtlinie für Speicherorte

1. Einleitung

Bei der **Mustermann GmbH** können Daten auf verschiedenen IT-Systemen gespeichert werden („Speicherorte“). Um die Verfügbarkeit, Integrität und Vertraulichkeit von Daten zu gewährleisten, macht diese Richtlinie Vorgaben für Beschäftigte der **Mustermann GmbH**, aus denen sich ergibt, wo Daten zu speichern sind.

2. Geltungsbereich

Diese Richtlinie gilt für die Speicherung von Daten im Zusammenhang mit der Tätigkeit für die **Mustermann GmbH**.

Diese Richtlinie gilt für alle Standorte der **Mustermann GmbH**.

Diese Richtlinie verpflichtet alle Beschäftigten der **Mustermann GmbH** zur Einhaltung der hier festgelegten Pflichten und Vorgaben.

3. Ziele

Diese Richtlinie soll dazu beitragen, dass die Integrität, Verfügbarkeit und Vertraulichkeit von Informationen durch eine Vorgabe von Speicherorten gewährleistet wird.

4. Grundsätze der Speicherung von Daten

Grundsätzlich sind Daten nicht auf lokalen Festplatten oder Datenspeichern von Endgeräten zu speichern. Hintergrund ist neben der dann fehlenden Verfügbarkeit der Daten vor allem auch, dass dann eine Sicherung der Daten nicht in hinreichender Weise erfolgt.

Die Speicherung von Daten hat grundsätzlich in den Verzeichnissen/ Ordnern von Servern bzw. IT-Systemen zu erfolgen, die für den Benutzer freigegeben sind. Sollte eine Zuordnung zu einem bestimmten Abteilungs-, Gruppen- oder Projektordner nicht möglich sein, sind Daten zunächst auf dem eigenen „Homelaufwerk“ zu speichern. Ansonsten sind Daten stets in den jeweils einschlägigen Abteilungs-, Gruppen- oder Projektordnern zu speichern.

Bei der Verwendung von mobilen IT-Systemen und mobilen Datenträgern sind die insoweit geltenden Richtlinien zu beachten.

5. Datensicherung

Die **Mustermann GmbH** stimmt mit ihren Administratoren ab, welche Daten in welchem Rhythmus und auf welchen Medien bzw. an welchen Orten gesichert werden. Die Datensicherungsstrategie ist von den zuständigen Administratoren zu dokumentieren.

Datensicherungen sind mindestens täglich anzufertigen. Darüber hinaus sind auch eine wöchentliche Vollsicherung und eine monatliche Vollsicherung anzufertigen.

6. Regelungen für Administratoren

Die Administratoren sind verpflichtet, alle für die **Mustermann GmbH** bereitgestellten Speicherorte zu dokumentieren und mit dem jeweiligen Zweck des Verzeichnisses in ein Verzeichnis aufzunehmen. In dem Verzeichnis sind ggf. auch die erforderlichen Berechtigungen (Gruppen/Rollen) zu hinterlegen.

Wenn neue Speicherstrukturen durch Administratoren erstellt werden, ist dies mit der Unternehmensleitung abzustimmen.

7. Sanktionen

Ein Verstoß gegen diese Richtlinien kann eine arbeitsvertragliche Pflichtverletzung darstellen und entsprechend sanktioniert werden.

41.15. Richtlinie für die Nutzung mobiler IT-Systeme

Richtlinie für die Nutzung mobiler IT-Systeme

1. Einleitung

Die **Mustermann GmbH** verfügt über eine IT-Infrastruktur, die den Beschäftigten im Zusammenhang mit ihrer Tätigkeit für die **Muster-**

mann GmbH als Arbeitsmittel zur Verfügung steht. Bei der **Mustermann GmbH** sind auch mobile IT-Systeme im Einsatz. Um den besonderen Risiken aus der Nutzung von mobilen IT-Systemen Rechnung zu tragen, wird die Nutzung dieser Systeme durch diese Richtlinie gesondert geregelt.

2. Geltungsbereich

Diese Richtlinie gilt für die Nutzung von mobilen IT-Systemen der **Mustermann GmbH**. Diese Richtlinie gilt für alle Standorte der **Mustermann GmbH**.

Diese Richtlinie verpflichtet alle Beschäftigten der **Mustermann GmbH** zur Einhaltung der hier festgelegten Pflichten und Vorgaben.

3. Ziele

Diese Richtlinie soll dazu beitragen, dass die Integrität, Verfügbarkeit und Vertraulichkeit von Informationen auf mobilen IT-Systemen gewährleistet ist.

4. Grundsätze der Nutzung von mobilen IT-Systemen

Mobile IT-Systeme bergen das Risiko in sich, dass unbefugte Dritte in Besitz von Informationen der **Mustermann GmbH** oder Kunden und/oder Geschäftspartnern der **Mustermann GmbH** kommen können.

Daher sind mobile IT-Systeme grundsätzlich nur von den Mitarbeitern einzusetzen, die aufgrund ihrer Tätigkeit bei der **Mustermann GmbH** auf die Nutzung eines mobilen IT-Systems angewiesen sind.

Grundsätzlich sind auf mobilen IT-Systemen nur dann Daten zu speichern, wenn dies für die Aufgabenerfüllung des Nutzers im Zusammenhang mit seiner Tätigkeit für die **Mustermann GmbH** oder für Zwecke der **Mustermann GmbH** erforderlich ist.

Soweit technisch möglich, sind Daten auf den mobilen IT-Systemen verschlüsselt zu speichern. Bei der Umsetzung der Verschlüsselung ist vom Nutzer Sorge dafür zu tragen, dass eine Entschlüsselung der Daten für die **Mustermann GmbH** jederzeit möglich ist. Der Mitarbeiter kann sich bei Fragen der Umsetzung an die IT-Abteilung wenden.

Der Nutzer darf das ihm zur Verfügung gestellte mobile IT-System nicht anderen Personen zur Nutzung überlassen.

Im Hinblick auf die Installation von Software auf den mobilen IT-Systemen gilt die „IT-Richtlinie für Nutzer“.

5. Verwendung von mobilen IT-Systemen außerhalb des Betriebsgeländes

Werden mobile IT-Systeme außerhalb des Betriebsgeländes der **Mustermann GmbH** verwendet, hat der Nutzer in besonderem Maße Sorge dafür zu tragen, dass Dritte keine Kenntnis von Informationen erhalten können, die mit dem mobilen IT-System verarbeitet werden.

Besonders schutzbedürftige Informationen sollten nach Möglichkeit nur an Orten verarbeitet werden, die von Dritten nicht einzusehen sind.

Sollte dies nicht möglich sein, muss der Nutzer einen Ort bzw. Platz zur Verarbeitung von Daten wählen, der gewährleistet, dass der Bildschirm nicht von Dritten eingesehen werden kann. Dabei sollte das mobile IT-System nach Möglichkeit mit Sichtschutzvorrichtungen ausgestattet sein (z. B. Sichtschutzfolie bei Notebooks).

6. Datensicherung

Der Nutzer hat Sorge dafür zu tragen, dass Daten, die ausschließlich auf dem Gerät gespeichert werden, bei nächster Gelegenheit auf Datenspeicher übertragen werden, die die **Mustermann GmbH** üblicherweise für die Speicherung von Unternehmensdaten verwendet.

Bei Fragen zu der Vorgehensweise der Übertragung der Daten hat sich der Nutzer an die IT-Abteilung zu wenden.

7. Diebstahl und Verlust

Sollte ein mobiles IT-System gestohlen werden oder verloren gehen, hat der Nutzer dies unverzüglich nach Kenntnisnahme an das **Datenschutz- und Informationssicherheitsteam (DST)** zu melden. Die Meldung muss so schnell wie möglich erfolgen, da in diesen Fällen gesetzliche Informationspflichten gegenüber Aufsichtsbehörden und Betroffenen bestehen können, die im Falle einer zu späten Meldung Bußgelder in erheblicher Höhe nach sich ziehen können. Die Meldung kann per E-Mail an die bekannte E-Mail-Adresse des **DST** erfolgen.

8. Sanktionen

Ein Verstoß gegen diese Richtlinien kann eine arbeitsvertragliche Pflichtverletzung darstellen und entsprechend sanktioniert werden.

41.16. Richtlinie für die Nutzung mobiler Datenträger

Richtlinie für die Nutzung mobiler Datenträger

1. Einleitung

Bei der **Mustermann GmbH** können zum Teil auch mobile Datenträger verwendet werden. Diese Richtlinie regelt die Nutzung von mobilen Datenträgern durch Beschäftigte der **Mustermann GmbH**.

2. Geltungsbereich

Diese Richtlinie gilt für die Nutzung von mobilen Datenträgern der **Mustermann GmbH**. Mobile Datenträger sind alle leicht transportablen Geräte, auf denen Daten gespeichert werden können. Dazu gehören insbesondere USB-Sticks, externe Festplatten, Speicherkarten, CD-ROMs und DVDs.

Diese Richtlinie gilt für alle Standorte der **Mustermann GmbH**.

Diese Richtlinie verpflichtet alle Beschäftigten der **Mustermann GmbH** zur Einhaltung der hier festgelegten Pflichten und Vorgaben.

3. Ziele

Diese Richtlinie soll dazu beitragen, dass die Integrität, Verfügbarkeit und Vertraulichkeit von Informationen auf mobilen Datenträgern gewährleistet ist.

4. Grundsätze der Nutzung von mobilen Datenträgern

Mobile Datenträger bergen das Risiko in sich, dass unbefugte Dritte in Besitz von Informationen der **Mustermann GmbH** oder Kunden und/oder Geschäftspartnern der **Mustermann GmbH** kommen können.

Daher sind mobile Datenträger grundsätzlich nur von den Mitarbeitern einzusetzen, die aufgrund ihrer Tätigkeit bei der **Mustermann GmbH** auf die Nutzung von mobilen Datenträgern angewiesen sind.

Daten auf den mobilen Datenträgern sind grundsätzlich verschlüsselt zu speichern, wenn diese personenbezogene Daten darstellen und/oder Betriebs- und Geschäftsgeheimnisse der **Mustermann GmbH** oder Dritten enthalten können.

Bei der Umsetzung der Verschlüsselung ist vom Nutzer Sorge dafür zu tragen, dass eine Verschlüsselungsmethode verwendet wird, die von der IT-Abteilung der **Mustermann GmbH** freigegeben wurde.

Eine unverschlüsselte Speicherung von o.a. Daten ist nur in Ausnahmefällen zulässig. Sie ist vom Vorgesetzten in Textform (z.B. E-Mail) zu genehmigen.

Daten auf mobilen Datenträgern sind, sofern diese für die dauerhafte Speicherung bei der **Mustermann GmbH** vorgesehen sind, unverzüglich auf die hierfür vorgesehenen Serverlaufwerke der **Mustermann GmbH** zu übertragen, sofern sie dort nicht schon vorhanden sind. Bei der Übertragung der Daten ist in besonderer Weise darauf zu achten, dass eine Prüfung der Inhalte auf dem Datenträger im Hinblick auf Schadsoftware erfolgt. Die betroffenen Beschäftigten haben ferner Sorge dafür zu tragen, dass eine Entschlüsselung der Daten für die **Mustermann GmbH** jederzeit möglich ist.

Beschäftigte können sich bei Fragen der Umsetzung an die IT-Abteilung wenden.

Beschäftigte dürfen das ihnen zur Verfügung gestellte mobile IT-System nicht anderen Personen zur Nutzung überlassen.

Im Hinblick auf die Installation von Software auf den mobilen IT-Systemen gilt die „IT-Richtlinie für Nutzer".

5. Verwendung von mobilen IT-Systemen außerhalb des Betriebsgeländes

Werden mobile IT-Datenträger außerhalb des Betriebsgeländes der **Mustermann GmbH** verwendet, hat der Nutzer in besonderem Maße Sorge dafür zu tragen, dass Dritte keine Kenntnis von Informationen erhalten können. Dies beinhaltet insbesondere die sorgfältige und sichere Verwahrung des mobilen Datenträgers, um diesen vor Diebstahl und Verlust zu schützen.

6. Mobile Datenträger von Dritten

Sollten Beschäftigte einen mobilen Datenträger auf dem Betriebsgelände oder an sonstiger Stelle auffinden, so dürfen solche Datenträger niemals an IT-Systeme der **Mustermann GmbH** angeschlossen werden. Es ist nicht auszuschließen, dass sich auf dem Datenträger Schad- oder Spionagesoftware befindet. Gefundene Datenträger sind der IT-Abteilung zu melden und von dieser sorgfältig im Hinblick auf schädliche Inhalte zu inspizieren oder zu vernichten.

7. Diebstahl und Verlust

Sollte ein mobiler Datenträger gestohlen werden oder verloren gehen, hat der Nutzer dies unverzüglich nach Kenntnisnahme an das **Daten-**

schutz- und Informationssicherheitsteam (DST) zu melden. Die Meldung muss so schnell wie möglich erfolgen, da in diesen Fällen gesetzliche Informationspflichten gegenüber Aufsichtsbehörden und Betroffenen bestehen können, die im Falle einer zu späten Meldung Bußgelder in erheblicher Höhe nach sich ziehen können. Sollte eine unmittelbare Kontaktaufnahme zum DST (z.B. per Telefon) nicht möglich sein, wird der Mitarbeiter dem **DST** unverzüglich eine Mitteilung über den Vorfall an die bekannte E-Mail-Adresse des **DST** senden.

8. Sanktionen

Ein Verstoß gegen diese Richtlinien kann eine arbeitsvertragliche Pflichtverletzung darstellen und entsprechend sanktioniert werden.

41.17. Richtlinie Regelungen für Lieferanten und sonstige Auftragnehmer

Richtlinie Regelungen für Lieferanten und sonstige Auftragnehmer

1. Einleitung

Bei der **Mustermann GmbH** können auch Lieferanten oder sonstige Auftragnehmer für die Durchführung von Leistungen beauftragt werden. Um die Verfügbarkeit, Integrität und Vertraulichkeit von Daten zu gewährleisten, macht diese Richtlinie Vorgaben für Beschäftigte der **Mustermann GmbH**, aus denen sich ergibt, ob und wie Lieferanten oder sonstige Auftragnehmer im Hinblick auf die Wahrung der Vertraulichkeit und des Datenschutzes beauftragt werden können.

2. Geltungsbereich

Diese Richtlinie gilt für die Beauftragung von Lieferanten oder sonstigen Auftragnehmern durch die **Mustermann GmbH**.

Diese Richtlinie gilt für alle Standorte der **Mustermann GmbH**.

Diese Richtlinie verpflichtet alle Beschäftigten der **Mustermann GmbH** zur Einhaltung der hier festgelegten Pflichten und Vorgaben.

3. Ziele

Diese Richtlinie soll dazu beitragen, dass die Integrität, Verfügbarkeit und Vertraulichkeit von Informationen bei Erbringung von Leistungen durch Lieferanten oder sonstige Auftragnehmer gewährleistet wird.

4. Grundsätze der Inanspruchnahme von Lieferanten oder sonstigen Auftragnehmern

Wenn Lieferanten oder sonstige Auftragnehmer im Zusammenhang mit ihrer Tätigkeit für die **Mustermann GmbH** Zugriff auf Informationen des Unternehmens und oder personenbezogene Daten, die vom Unternehmen verarbeitet werden, erhalten können, ist die Beauftragung vorher vom Vorgesetzen zu genehmigen. Der Vorgesetzte wird sich mit dem **Datenschutz- und Informationssicherheitsteam (DST)** der **Mustermann GmbH** in Verbindung setzen, um die datenschutzrechtliche Zulässigkeit und rechtliche Absicherung der Inanspruchnahme des Lieferanten oder sonstigen Auftragnehmers zu prüfen und zu klären.

Wenn eine Kenntnisnahme von personenbezogenen Daten durch den Lieferanten oder sonstigen Auftragnehmer nicht möglich ist, so sollte gleichwohl eine Geheimhaltungsverpflichtung mit dem jeweiligen Auftragnehmer abgeschlossen werden. Eine entsprechende Vorlage für eine solche Erklärung ist bei der Unternehmensleitung zu erhalten.

Alle Mitarbeiter sollten beachten, dass für den Fall, dass der Lieferant oder sonstige Auftragnehmer personenbezogene Daten im Auftrag verarbeitet und/oder eine Wartung oder Pflege von IT-Systemen durchgeführt wird, bei der eine Kenntnisnahme von personenbezogenen Daten theoretisch möglich ist, zwingend ein sog. Auftragsdatenverarbeitungsvertrag abzuschließen ist. Vor dem Abschluss hat eine Kontrolle des Auftragnehmers durch das **DST** der **Mustermann GmbH** zu erfolgen. Es ist daher wichtig, dass hier frühzeitig eine Information an das DST erfolgt, damit die Prüfung zügig durchgeführt und eine Beauftragung rasch erfolgen kann.

5. Regelungen für Lieferanten und sonstige Auftragnehmer

Um die IT-Infrastruktur vor Störungen zu schützen und die Sicherheit der in ihr verarbeiteten, gespeicherten und übertragenen Informationen zu gewährleisten, sind Lieferanten und sonstige Auftragnehmer, die Zugriff auf IT-Systeme der **Mustermann GmbH** haben, zwingend auf nachfolgende Regelungen zu verpflichten:

- Das unrechtmäßige Abrufen oder Verbreiten von Inhalten, die urheberrechtlich geschützt sind, ist untersagt.
- Ebenfalls untersagt ist das Abrufen oder Verbreiten von strafrechtlich relevanten oder sittenwidrigen Inhalten.
- Jede in der IT-Infrastruktur eingesetzte Hard- und Software wird vor ihrem Einsatz erst nach Prüfung durch den Informationssicherheitsbeauftragten der **Mustermann GmbH** freigegeben.
- Das eigenmächtige Herunterladen von Software sowie die Installation oder Verwendung nicht freigegebener Hard- und Software ist den Lieferanten oder sonstigen Auftragnehmern nicht gestattet.
- Der Zugriff auf das Internet oder auf Netzwerke die nicht vom Unternehmen betrieben werden, erfolgt grundsätzlich nur über die vom Unternehmen speziell dafür bereitgestellten Zugänge.
- Zugangskennungen für die Nutzung der IT-Infrastruktur (wie z.B. Passwörter) sind von einem Lieferanten oder sonstigen Auftragnehmer geheimzuhalten und dürfen grundsätzlich nicht an Dritte weitergegeben werden. Auch innerhalb der jeweiligen Organisation des Lieferanten oder sonstigen Auftragnehmers ist dieser verpflichtet, die Daten vor anderen Beschäftigten des Auftragnehmers geheimzuhalten. Ausnahmen hiervon können gemacht werden, wenn die

Leistungen des Auftragnehmers von einem Team von Personen für **Mustermann GmbH** durchgeführt werden.

- Die **private Nutzung** von IT-Systemen der **Mustermann GmbH** ist jedem Lieferanten oder Auftragnehmer untersagt.
- Bei einem Einsatz von IT-Dienstleistern sind stets folgende Punkte zu berücksichtigen: IT-Systeme des Dienstleisters müssen über grundlegende Sicherheitsmaßnahmen verfügen:
- Das IT-System muss ausreichend vor Schadsoftware gesichert sein. Es ist ein Virenscanner zu verwenden, der eine tagesaktuelle Versorgung mit Updates von Virendefinitionen gewährleistet. Der Virenscanner muss permanent aktiviert sein.
- Betriebssysteme auf den IT-Systemen müssen auf dem jeweils aktuellen Stand von Sicherheitsupdates des jeweiligen Betriebssystemanbieters sein. Es sind nur Betriebssysteme zu verwenden, die vom Hersteller noch unterstützt und gepflegt werden („Support").

6. Sanktionen

Ein Verstoß gegen diese Richtlinien kann eine arbeitsvertragliche Pflichtverletzung darstellen und entsprechend sanktioniert werden.

Die Verträge mit den Lieferanten oder sonstigen Auftragnehmern sollten ebenfalls Sanktionsmöglichkeiten für Verstöße der Auftragnehmer gegen die jeweils vereinbarten Pflichten im Zusammenhang mit Datenschutz und Informationssicherheit vorsehen.

41.18. Richtlinie für Störungen und Ausfälle

Richtlinie für Störungen und Ausfälle

1. Einleitung

Diese Richtlinie regelt den Umgang mit Störungen und Ausfällen von IT-Systemen bei der **Mustermann GmbH.**

2. Geltungsbereich

Diese Richtlinie gilt für die gesamte IT-Infrastruktur der **Mustermann GmbH** und gilt für alle Standorte der **Mustermann GmbH**.

Diese Richtlinie verpflichtet alle Beschäftigten der **Mustermann GmbH** zur Einhaltung der hier festgelegten Pflichten und Vorgaben.

3. Ziele

Diese Richtlinie soll dazu beitragen, dass die Integrität, Verfügbarkeit und Vertraulichkeit von Informationen der IT-Infrastruktur der **Mustermann GmbH** gewährleistet ist.

4. Grundsätze

Die **IT-Infrastruktur** der Mustermann GmbH umfasst ausnahmslos alle Geräte, die auf elektronischem Wege Informationen verarbeiten, übertragen oder speichern wie z. B. Arbeitsplatz-PCs, Server, Drucker, Speichermedien, Telefone, Fax-Geräte, mobile Telefone, Smartphones, Tablet-PCs u. ä.

Eine **Störung** ist eine Situation, in der Prozesse oder Ressourcen der Mustermann GmbH nicht wie vorgesehen funktionieren. Die dadurch entstehenden Schäden sind als *gering* einzustufen. Die Beseitigung einer Störung kann im allgemeinen Tagesgeschäft vorgenommen werden.

Ein **Ausfall** liegt vor, wenn ein Teil oder Teile der IT-Infrastruktur ihre Funktionsfähigkeit verloren haben.

5. Meldung

Störungen und Ausfälle beeinträchtigen die Funktionsfähigkeit des Unternehmens und können zu Kosten und weiteren Schäden führen. Wenn Störungen und Ausfälle nicht oder zu spät gemeldet werden, kann dies zu Folgeschäden führen, die zu vermeiden sind.

Um Störungen und Ausfälle schnell beheben zu können, ist eine unverzügliche Meldung entsprechender Vorfälle notwendig.

Jeder Mitarbeiter meldet mögliche Störungen und Ausfälle an einen **Administrator**. Sollte ein Administrator nicht zur Verfügung stehen, erfolgt die Meldung an den Vorgesetzten. Dieser wird die Meldung entsprechend an einen Administrator oder die Unternehmensleitung weiterleiten.

Bei gravierenden Ausfällen wird die Unternehmensleitung ebenfalls sofort von dem Mitarbeiter informiert. Ein Ausfall gilt als gravierend, wenn eines der folgenden Merkmale zutreffend ist:

- Verletzung von Leib oder Leben von Menschen
- Störung der Finanzbuchhaltung
- Störung der Auftragsbearbeitung
- Es besteht ein Verstoß gegen Gesetze, Verträge oder Normen und es sind Haftungsrisiken entstanden, die für das Unternehmen oder für einzelne Verantwortliche beträchtlich sind, insbesondere mögliche Verstöße im Bereich des Datenschutzes.

6. Sanktionen

Ein Verstoß gegen diese Richtlinien kann eine arbeitsvertragliche Pflichtverletzung darstellen und entsprechend sanktioniert werden.

41.19. Richtlinie für Sicherheitsvorfälle

Richtlinie für Sicherheitsvorfälle

1. Einleitung

Diese Richtlinie regelt den Umgang mit Sicherheitsvorfällen bei der **Mustermann GmbH.**

2. Geltungsbereich

Diese Richtlinie gilt für die gesamte IT-Infrastruktur der **Mustermann GmbH** und gilt für alle Standorte der **Mustermann GmbH**.

Diese Richtlinie verpflichtet alle Beschäftigten der **Mustermann GmbH** zur Einhaltung der hier festgelegten Pflichten und Vorgaben.

3. Ziele

Diese Richtlinie soll dazu beitragen, dass die Integrität, Verfügbarkeit und Vertraulichkeit von Informationen der IT-Infrastruktur der **Mustermann GmbH** gewährleistet ist.

4. Grundsätze

Die **IT-I**nfrastruktur der Mustermann GmbH umfasst ausnahmslos alle Geräte, die auf elektronischem Wege Informationen verarbeiten, übertragen oder speichern wie z. B. Arbeitsplatz-PCs, Server, Drucker, Speichermedien, Telefone, Fax-Geräte, mobile Telefone, Smartphones, Tablet-PCs u. ä.

Ein **Sicherheitsvorfall** ist ein unerwünschtes Ereignis, das Auswirkungen auf die Informationssicherheit und/oder den Schutz von personenbezogenen Daten hat und in der Folge große Schäden nach sich ziehen kann.

5. Meldung

Sicherheitsvorfälle können erhebliche, negative Konsequenzen für das Unternehmen haben. Schon bei einem Verdacht eines Sicherheitsvorfalles muss sofort eine Meldung durch Mitarbeiter erfolgen, die den Sicherheitsvorfall bemerken.

Ausnahmen hierzu gibt es nur, wenn dem jeweiligen Mitarbeiter sicher bekannt ist, dass der Sicherheitsvorfall bereits von einem anderen Mitarbeiter gemeldet worden ist. Im Zweifel muss eine Meldung erfolgen.

Sicherheitsvorfälle sind **vorrangig**. Das bedeutet, dass die Meldung von Sicherheitsvorfällen stets dem Tagesgeschäft oder sonstigen aktuellen Arbeiten vorgeht.

Die Meldung erfolgt an das **Datenschutz- und Informationssicherheitsteam (DST)** des Unternehmens und die Unternehmensleitung.

6. Behandlung des Sicherheitsvorfalls

Das **DST** wird den Sicherheitsvorfall unverzüglich analysieren und – soweit erforderlich – alle Sofortmaßnahmen treffen, die zur Gewährleistung der Integrität, Verfügbarkeit und Vertraulichkeit der Informationen erforderlich sind. Die weitere Analyse und das Treffen von weiteren Maßnahmen werden mit der Unternehmensleitung abgestimmt.

7. Sanktionen

Ein Verstoß gegen diese Richtlinien kann eine arbeitsvertragliche Pflichtverletzung darstellen und entsprechend sanktioniert werden.

41.20. Notfallplan

Notfallplan

1. Definition Notfall

Ein Notfall ist ein unerwünschtes, zeitlich nicht vorhersehbares Ereignis, das den Geschäftsbetrieb nachhaltig gefährden kann. Im Falle eines Notfalls gelten die nachfolgenden Richtlinien mit dem Zweck, den Geschäftsbetrieb aufrechtzuerhalten bzw. unverzüglich wieder einen Zustand einer funktionsfähigen IT-Infrastruktur herzustellen.

2. Generelles Verhalten

Beim Auftreten eines Notfalles ist ein besonnenes Vorgehen besonders geboten. Vorrangig ist in einem Notfall Ruhe zu bewahren. Die Situation ist unverzüglich zu analysieren, und der Meldeplan ist unbedingt einzuhalten.

Bei einem reinen Verdacht auf Unregelmäßigkeiten, die auf einen Notfall oder sich ankündigenden Notfall hindeuten, ist in jedem Fall der Vorgesetzte und im Zweifel auch die IT-Abteilung zu informieren.

3. Feuer

In allen Räumen, in denen sich IT-Systeme befinden, die für den laufenden Geschäftsbetrieb zwingend erforderlich oder kritisch sind, sind Rauchmelder und/oder Brandmeldeanlagen in Betrieb.

Darüber hinaus befinden sich in allen Gebäuden an mehreren Stellen die erforderlichen Feuerlöscher. Diese sind gut sichtbar angebracht und im Bedarfsfall zu nutzen. Im Falle eines Brandes ist zudem unverzüglich die Feuerwehr zu informieren.

Ferner sind der Vorgesetzte, die IT-Abteilung und das **Datenschutz- und Informationssicherheitsteam (DST)** sofort zu informieren.

Im Falle eines größeren Brandereignisses werden die Beschäftigten an den jeweiligen Betriebsstätten umgehend evakuiert. Fluchtwegepläne hängen in jedem Gebäude an gut sichtbarer Stelle aus.

4. Wasser

Größere Wasserschäden, die die für den Geschäftsbetrieb erforderlichen, kritischen IT-Systeme negativ beeinträchtigen könnten, stellen an allen Betriebsstätten aufgrund der Lage nur ein sehr geringes Risiko dar. Es ist regelmäßig nicht damit zu rechnen, dass ein Wasserschaden zu einer Beeinträchtigung der kritischen IT-Systeme führt. Die IT-Systeme befinden sich an Orten, an denen kein Hochwasser zu befürchten ist. Auch Schäden durch Wasserleitungen sind aufgrund der räumlichen Gegebenheiten äußerst unwahrscheinlich.

Sollte dennoch ein Wasserschaden auftreten, der eine Gefahr für die kritischen IT-Systeme oder andere IT-Systeme darstellen könnte, sind sofort der Vorgesetzte und die IT-Abteilung zu informieren. Diese werden dann nach Sichtung der Lage eine Risikobewertung und die weiter erforderlichen Maßnahmen vornehmen.

5. Stromausfall

Alle kritischen IT-Systeme, die für den Geschäftsbetrieb unerlässlich sind, verfügen über eine unterbrechungsfreie Stromversorgung (USV). Diese tragen Sorge dafür, dass Stromausfälle von mehreren Minuten überbrückt und im Falle eines längeren Stromausfalls die IT-Systeme geordnet heruntergefahren werden können, um die Integrität der Daten zu gewährleisten.

Der wesentliche Teil der kritischen IT-Systeme befindet sich in einem Rechenzentrum, das über Generatoren mit alternativer Stromerzeugung im Falle eines Stromausfalls verfügt und so auch bei längeren Stromausfällen eine Verfügbarkeit der IT-Systeme gewährleistet.

6. Ausfall von IT-Systemen

Alle kritischen IT-Systeme unterliegen einem Monitoring, mit dem die Verfügbarkeit und etwaige Störungen überwacht werden.

Im Falle eines Ausfalls wird der diensthabende IT-Mitarbeiter automatisch informiert. Dieser wird unverzüglich den Vorfall prüfen und bei nicht nur kurzen, vorübergehenden Störungen unverzüglich den Vorgesetzten informieren.

Der Grund für den Ausfall ist umgehend zu beheben. Bei kritischen IT-Systemen ist Sorge dafür zu tragen, dass immer ausreichend Ersatzteile und/oder Ersatzsysteme vorrätig sind, mit denen der Ausfall kurzfristig überbrückt bzw. beseitigt werden kann.

7. Angriffe von außen

Alle Server-IT-Systeme und alle kritischen IT-Systeme werden durch Firewall-Technologie gesichert und überwacht. Ein Zugriff unbefugter Dritter von außen wird auf diese Weise wesentlich erschwert. Die Firewall-Technologie wird regelmäßig gewartet und aktualisiert, um eine Anpassung an neue Gefahrenlagen zu gewährleisten.

8. Einbruch und Diebstahl

Alle Büro- und Geschäftsräume sind vor dem Zutritt unbefugter Dritter gesichert. Dies gilt insbesondere für den Zutritt zu Gebäuden außerhalb der Büro- und Geschäftszeiten.

Alle kritischen IT-Systeme befinden sich in besonders gesicherten Räumlichkeiten (z. B. Rechenzentren), die nur nach entsprechender Authentifizierung betreten werden können.

Für den Fall, dass ein Einbruch und/oder ein Diebstahl von IT-Systemen bemerkt wird, hat er jeweilige Mitarbeiter unverzüglich den Vorgesetzten sowie die IT-Abteilung zu informieren.

9. Ausfall von IT-Administratoren

Im Unternehmen verfügen zwar nur wenige Personen über Administrator-Rechte. Diese Personen sind entsprechend geschult und ausgebildet. Im Falle eines Ausfalls eines IT-Administrators (z. B. durch Krankheit) ist Sorge dafür getragen worden, dass mindestens ein weiterer Mitarbeiter mit Administrator-Rechten sofort erreichbar ist, um ggf. erforderliche Administrator-Handlungen durchzuführen.

10. Notfall-Verantwortlicher

Im Unternehmen gibt es einen Notfall-Verantwortlichen, der bei Vorliegen eines Notfalles für die Veranlassung der jeweils vorgesehenen und gebotenen Maßnahmen verantwortlich ist.

Hierbei handelt es sich um den Informationssicherheitsbeauftragten.

11. Wiederanlaufplan

Die IT-Abteilung trägt Sorge dafür, dass für kritische IT-Systeme stets die erforderlichen Ersatzteile bzw. Alternativsysteme vorrätig sind und Wiederanlaufpläne vorliegen. Die Wiederanlaufpläne sind in jedem Fall auch in Papierform zu dokumentieren und an einer Stelle zu hinterlegen, die im Falle eines Notfalls schnell zugänglich ist und sicherstellt, dass die in den Wiederanlaufplänen aufgezeigten Aktionen unverzüglich begonnen werden können.

Im Falle eines Funktionsausfalles eines IT-Systems wird die Ursache des Vorfalls unverzüglich untersucht. Parallel dazu werden sofort Maßnahmen in die Wege geleitet, um einen Wiederanlauf des IT-Systems oder eines Alternativsystems kurzfristig zu ermöglichen.

In der IT-Abteilung werden alle verantwortlichen Personen dahingehend geschult, Funktionsauswahl zu untersuchen und ein Wiederanlaufen der kritischen IT-Systeme schnellstmöglich vorzunehmen. Dabei ist in besonderer Weise dafür Sorge zu tragen, dass die Integrität der Daten gewährleistet ist.

12. Adressliste/Meldeliste

Hier finden Sie eine Übersicht der verantwortlichen Personen für die genannten Bereiche:

Hier Namen und Kontaktmöglichkeiten (Telefon, E-Mail) einfügen ...

41.21. Evaluierung

So...jetzt bist du am Ende der Richtlinien und dieses Skripts angekommen. Das einzige, was du jetzt noch „regeln" darfst, ist, dass du eine Evaluierung der Datensicherheitsmaßnahmen einplanst.

Wenn du die Richtlinien aufmerksam gelesen hast, dann wirst du dort schon einige Vorgaben erkannt haben. Das sind jedoch nur Vorschläge, die du an deine eigenen Bedürfnisse anpassen darfst.

Du solltest allerdings mindestens jährlich eine Überprüfung der „Wirksamkeit" aller von dir für die Datensicherheit getroffenen Maßnahmen durchführen. Das beinhaltet insbesondere eine Sichtung und Evaluierung der Wirksamkeit deiner Richtlinien.

42. Schlusswort

Wir sind am Ende dieses Buches angelangt. Ein kleines Wort zum Schluss habe ich noch für dich.

Auch wenn der „Stoff“ dich manchmal zu erschlagen scheint. In diesen Momenten heißt es, sich einmal durchzuschütteln und sich darauf zu besinnen, dass es Sinn macht, Stück für Stück vorzugehen. Hier hilft die „Zwiebeltheorie“. Du fängst „außen“ an, verschaffst dir einen groben Überblick. Und dem Grundsatz der kontinuierlichen Verbesserung entsprechend arbeitest du dich dann Schale für Schale tiefer in die Details ein.

Entscheidend ist, sich zunächst einmal auf den Weg zu begeben und in Bewegung zu bleiben. Schritt für Schritt. So hat das Leben einer DSB dann auch am Ende doch ein bisschen etwas mit Bewegung und Fitness zu tun. In diesem Sinne: „Keep it moving and make it happen!“.